행정과 지방자치

국립중앙도서관 출판시도서목록(CIP)

행정과 지방자치 / 아키즈키 겐고 지음 ; 하정봉,
길종백 옮김. -- 서울 : 논형, 2008
    p. ;   cm

원표제: 行政/地方自治
원저자명: 秋月謙吾
참고문헌과 색인 수록
일본어 원작을 한국어로 번역
ISBN 978-89-90618-95-5 94350 : ₩14000
ISBN 978-89-90618-29-0(세트)

행정(관리운용)[行政]
지방자치[地方自治]

350.01-KDC4
351.01-DDC21   CIP2008002608

이익 제도 이데올로기 시각에서

행정과 지방자치

아키즈키 겐고 지음 | 하정봉·길종백 옮김

논형

Public Administration/Local Government[行政/地方自治,秋月謙吾]
by Kengo AKIZUKI, 2001
(Theories and Models in the Social Sciences 9; yoshiaki KOBAYASHI-Series Editor)
© 2001 by Kengo AKIZUKI

Originally published in Japanese by UNIVERSITY OF TOKYO PRESS, 2001
This Korean language edition published in 2008 by Nonhyung, Seoul
by arrangement with the author c/o UNIVERSITY OF TOKYO PRESS, Tokyo
All rights reserved

행정과 지방자치
이익 | 제도 | 이데올로기 시각에서

지은이 아키즈키 겐고
옮긴이 하정봉 · 길종백

초판 1쇄 인쇄 2008년 8월 25일
초판 1쇄 발행 2008년 8월 30일

펴낸이 소재두
펴낸곳 논형
편 집 최주연, 김현경
표 지 김예나
홍 보 박은정

등록번호 제2003-000019호
등록일자 2003년 3월 5일
주 소 서울시 관악구 봉천2동 7-78 한립토이프라자 5층
전 화 02-887-3561
팩 스 02-887-6690

ISBN 978-89-90618-95-5 94350
값 14,000원

옮긴이의 글

    행정학 및 지방자치 관련 서적이 시중에 넘쳐나는 가운데 그 두 가지를 모두 제목에 단 책을 번역 출판하는 것은 과연 어떤 의미가 있을까? 이러한 질문에 대해 이 책은 현대통치시스템상의 행정과 지방자치를 통합적으로 이해할 수 있는 틀을 제공한다는 점에서 기존의 관련 서적들과 차이가 있다.

    이 책은 행정과 지방자치를 국가와 사회 간에 이루어지는 상호작용의 관점에서 다루고 있다. 행정의 주요 임무가 사회를 건전하게 유지, 관리하는 일이라고 한다면 행정은 국가가 사회에 대해서 어떤 작용(규제, 조장)을 행하는 것이라고 생각하기 쉽다. 그러나 사회가 국가에 대해서 어떠한 요구(지지, 비판)를 하는 경우도 많으며, 사회 내의 세력분포나 기존의 선호체계를 완전히 무시하고서 국가 의사를 관철시키는 것은 거의 불가능하다. 한편, 국가와 사회 사이에서 두 영역의 매개체 역할을 하는 것이 지방정부다. 국가 입장에서 보면 가장 말단의 행정조직이라고 볼 수 있지만 주민 입장에서 지방정부는 가장 가까운 행정이 된다. 이처럼 국가와 사회 속에서 분석할 때 행정과 지방자치의 위치가 명확하게 이해될 수 있다는 것인데 이러한 국가와 사회와의 관계론적 시각은 최근 행정학에서 강조되는 거버넌스Governance론과도 그 맥

5

락이 맞닿아 있다고 할 수 있다.

또한 이 책은 행정과 지방자치에 관련된 여러 가지 현상을 설명하는 핵심 개념으로서 이익interest, 제도institution, 이데올로기idea라는 세 가지 시각을 제시한다. 행정현상을 설명하는 다양한 모델들의 배후에는 공통적으로 이러한 세 가지 시각이 자리 잡고 있다는 것이다. 이 책은 다양한 사례를 통해 국가 - 사회 네트워크 속에서 이익, 제도, 이데올로기가 행정 및 지방자치 현상을 각각 어떻게 설명할 수 있는지를 보여준다.

이 책에서 소개되는 대부분의 이론모델들은 주로 유럽과 미국 등에 축적된 기존 연구 성과에서 탄생한 것이지만 앞서 소개한 국가와 사회 간의 관계라는 관점과 세 가지 시각을 통해 비서구 사회인 일본의 행정 및 지방자치에도 충분히 응용될 수 있음을 알려준다. 일본의 경우 우리나라와 행정 및 지방자치 제도 면에서 유사한 측면이 많은데 이 책의 분석틀은 우리나라 행정 및 지방자치에 대해서도 상당한 설득력을 가질 수 있으리라 생각된다. 또한 일본 행정학의 특징을 잘 보여준다. 주지하다시피 일본 행정학의 연원도 우리나라와 마찬가지로 미국을 비롯한 서구 행정학의 흡수에서 출발하였으나 서구 이론의 이해정도에서는 우리나라보다 앞선 면이 있다. 즉, 이 책에는 서구의 행정 및 지방자치관련 이론모델이 다수 등장하지만 이를 단순히 나열, 소개하는 데 그친 것이 아니라 나름대로의 시각을 가지고 통합적으로 이해하려고 노력하고 있다. 특히 책의 후반부에서 최근 우리 사회의 화두이기도 한 사회복지와 지방분권을 소재로 이익, 제도, 이데올로기 각각의 측면에서 정부간 관계를 치밀하게 분석하고 있다. 이러한 예는 행정학이 이론적 근거가 부족한 가운데 그때그때의 대중요법을 강구하는데 그치고 있다는 비판에 대해서도 어느 정도 해결책을 제기하고 있는 것으로 생각된다. 그리고 지방자치 분야를 중시하는 일본 행정학의 전통에 의해 주로 중앙정부의 행정보다는 지방자치를 설명하는 데 많은 부분을 할애하고 있다. 다만 일본 행정학 역시 독자적인 이론 모델이 많지 않다는 점은 아쉬운 점이기도 하며 일본 행정학의 과제를 보여주는 것이기도 하다.

이 책은 행정실무에 종사하는 사람은 물론 행정학에 입문하려는 학생들에게 행정과 지방자치를 깊이 있게 이해하고 관련 현상을 분석하는 데 유용한 도구를 제공할 것으로 본다. 또한 관련 분야 연구자들에게는 우리나라 행정 및 지방자치 이론모델을 구축하는 데 도움이 될 것으로 기대해 본다.

이 책의 번역 작업은 일본 유학시절과 귀국 후에 역자들이 행정학에 대해 함께 공부하고 토론하였던 작은 결과물이다. 역자들의 박사학위 논문 지도 교수이신 나카무라 기이치中村紀一 쓰쿠바筑波 대학 명예교수와 각각 역자들을 학문의 길로 이끌어 주신 정정길 전 울산대 총장님, 염재호 고려대 교수님께도 이 자리를 빌려 감사드린다. 그리고 어려운 여건 속에서도 이 책의 출판을 허락해 주신 논형출판사 소재두 사장님께도 진심으로 감사드린다.

2008년 7월

옮긴이

'사회과학의 이론과 모델' 시리즈

　'사회과학의 이론과 모델' 시리즈는 경제학, 법률학, 정치학, 사회학 등 다양한 사회과학의 이론과 모델을 정리·소개하고 나아가 논의를 심화시키는 것을 목적으로 한다. 이러한 목적의 시리즈가 일본에서 간행된 것은 처음 있는 일이다.

　본 시리즈는 사회과학을 다시 쓰기 위한 기초를 제공하려는 염원 속에서 기획되었다. 사실 지금까지의 사회과학은 각 전문분야별로 저마다의 '언어'로 말하고 서로 다른 설명방식을 채택하여 왔다. 하지만 같은 인간의 행위임에도 불구하고 경제적인 행동을 한 경우, 법률 혹은 정치적 행동을 한 경우, 또는 사회적 행동을 한 경우 각각의 행위를 설명하는 데 '공통적 요소가 없다'는 가정은 명백히 문제가 있다.

　우리들이 지향해야 할 바는 모든 사회과학 분야에 적용할 수 있는 '공통의 언어'를 손에 넣는 일이다. 본 시리즈는 공공선택론과 같은 수리적 모델뿐만 아니라 계량모델까지 폭넓게 포함시켜 이러한 목적을 달성하고자 하였다.

　우선 공공선택론은 인간행동의 수리數理적 통찰을 통해 내적정합성이 높은 이론을 구축하고자 하는 소위 이론지향성에 현상 분석의 주안점을 두고 있다. 그리고 방법론적 개인주의 입장에서 이론화의 기초에는 변화하지 않는 속성을 갖는 독립적인 개인을 상정한다. 나아가 사회는 그러한 개인들로 구성되어 있다는 가정 하에 개인 또는 집단행동에 관한 일반명제를 도출한다. 그런데 이러한 방법론 속에서 발전한 수리 모델은 자칫 잘못하면 탁상공론에 그칠 우려가 있다. 따라서 계량분석에서 탄생한 이론과 모델을 수리적으로 일반화한 이론과 모델로 변환하는 한편, 역으로 수리적 이론 및 모델에서 계량분석을 위한 분석틀을 도출하고 다시 이를 검증한다고 하는 상호보완 관계가 필요하다. 이러한 상호보완 절차에 의거하면 수리모델이 탁상공론화 되는 것을 막을 수 있는 것은 물론 사회과학의 공통언어도 손에 넣을 수 있게 된다.

독자들이 사회과학 이론 및 모델들의 성과를 배우고, 해결되지 않은 과제를 발견하며 나아가 독창성Originality 있는 이론과 모델을 새로이 구축하는 데 본 시리즈가 조금이라도 도움이 될 수 있기를 바란다.

2000년 5월

시리즈 편집자 고바야시 요시아키小林良彰

차례

서장

1. 국가와 사회의 관계

국가와 사회의 관계는 사회과학 특히 정치학의 핵심 주제다. 정치학의 직접적인 관찰대상인 권력 혹은 영향력의 작용은 국가와 사회 간에 있어서뿐만 아니라 국가 간(점령, 외교교섭, 국제기관 내부), 국가의 내부(중앙부처 간의 소관 다툼, 대통령과 의회지도자의 대립), 또는 사회 내부(기업과 노조의 다툼, 인근 주민간의 관계 등)에서도 흔히 관찰할 수 있는 현상이다. 그러나 권력 작용에 수반되는 강제력 또는 배타성을 고려한다면 가장 적합한 분석대상은 국가와 사회 간 관계라고 할 수 있다.

'국가와 사회' 사이에는 크고 깊은 간극이 존재한다. 사회 속의 다양한 행위자actor들 중 그 최소 분석단위는 개인individual(더 이상 나눠지지 않는 것)이다. 우리들 한 사람 한 사람은 사회의 구성원이며 또한 국가의 구성요소이기도 하다. 그런데 과연 개개인이 국가에 대해 의미 있는 투입input을 행할 수 있을 것인가라고 묻는다면 확고하게 그렇다고 대답하기는 망설여진다. 선거에서 깨끗한 한 표를 행사한다. 세금을 납부한다. 이러한 것들도 중요하지만 그 한 표와 소액의 납세로써 국가의 성향이나 구조를 변화시킨다는 기대는 하기 어렵다. 국가정책에 크게 불만을 가진 개인이 거리에서 그 부당함을 호소하는 경우가 있지만 이러한 행위로 국가정책의 변경을 가져오리라고는 아무도 생각하지 않는다.

하지만 때로는 개인의 의견이 여론의 물줄기를 돌려놓는 경우도 있고, 한 사람 한 사람의 투표행동의 변화가 정권을 교체시키기도 한다. 다시 말해 사회로부터 국가에 대해 영향을 미치려고 할 때에는 매스컴, 이익단체, 정당, 커뮤니티 등과 같은 매개체가 필요하다. 이러한 매개체는 이미 존재하고 있는 것일 수도 있고 개인 차원에서 처음부터 조직화에 나서야 하는 경우도 있다. 어떤 경우이든 개인의 사고와 행동들을 단순히 더하는 방식으로는 국가에 큰 영향을 미치기는 힘들 것이다.

한편, 국가로부터 사회에 대해, 혹은 사회 속에서 살고 있는 개인에 대하여 영향력을 행사하는 과정에서도 문제가 발생한다. 국가(정부라고 해도 좋다)에는 다양한 자원과 권한이 부여되어 있지만 그것을 잘 활용하여 사회에 의도한대로의 변화를 일으키는 것은 간단한 일이 아니다. 저자가 미국에 유학할 당시 현지 경기가 별로 좋지 못했다. 서점에서 피터 홀P. Hall의 저서 *Governing the Economy*를 사려고 할 때 서점 아주머니가 책 제목을 보더니 갑자기 웃음을 터뜨렸다. '그래 맞아, 이게 필요한 거야. 하지만 이런 일이 일어날 리가 없잖아. 그렇지?'(This is what exactly we need, but that ain't gonna happen, right?) 한바탕 웃고 나서 진지한 모습으로 이렇게 말하고는 계산버튼을 두드렸다. 그 책은 국가가 사회의 경제적 활동을 통치하고 제어하려는 패턴을 분석한 것이었다. 그러나 결과적으로 국가의 그러한 시도는 서점 아주머니가 말한 것처럼 잘 실현되지 못한다.

"2000년에 2000엔 지폐를". 일본 정부는 이러한 아이디어를 실행에 옮겼다. 대량의 신권이 준비되었다. 뭐 그리 복잡한 경제정책도 아니다. 그저 돈일뿐이다. 2를 단위로 하는 지폐가 쓰기에 편리한가 불편한가, 혹은 아이디어 제안자를 정치적으로 지지하는가 지지하지 않는가라는 문제는 제쳐놓고 우선 발권이 되면 모두 순순히 받아들일 것이라고 생각되었다. 그런데 시중에 신권은 전혀 유통이 되지 않는 사태가 발생했다. 지폐를 인출하는 은행 ATM 기계, 지폐교환기, 그리고 자동판매기의 대부분이 새 2000엔 지폐를 취급하지 못하였던 것이다. 새로운 종류의 화폐를 유통시킨다고 하는 국가로부터의 단순한 입력 행위조차도 정부와 일본은행이 움직이면 그것으로 끝나는 것이 아니라 시중은행과 자동판매기라는 메커니즘, 그리고 자동판매기에 의지하는 우리들의 일상생활과 유통 패턴이 새로운 화폐에 적합하도록 변경되어야 하는데 이러한 변경에는 사회의 협력이 필요하다.

원시공동사회 이래로 인간은 좋든 싫든 간에 국가라는 틀 안에서 통치자와 피치자라는 관계로 규정되어 왔다고 할 수 있다. 아마도 우리들은 일상생활에서 그러한 관계 속에 있다는 것을 거의 의식하지 못하고 지낼지도 모른다. 그렇지만 예컨대 운전면허를 취득하거나 갱신하려고 할 때, 해외여행을 위해 최초로 여권을 발급받을 때, 세금을 납부할 때 등등, 우리는 국민이며 국가의 통치, 규제, 비호 혹은 지배의 틀 속에 있다는 것을 분명하게 느끼게 되는 때가 반드시 있다.

국가가 개인이나 단체를 통제하려는 의사와 능력의 강도는 시대에 따라, 국가의 성격에 따라, 상황에 따라 그리고 국가가 상대하는 사회의 행위자의 종류에 따라 다르다는 것은 누구나 짐작할 수 있다. 국가의 사회에 대한 작용들 가운데 가장 오래되고 그리고 가장 평판이 나쁜 것은 세금 징수다. 역사적으로 볼 때 세금을 걷는 방식은 큰 변화를 겪었다. 현재 우리들에게 친숙한 징세 형태의 하나가 소득세다. 그러나 소득세의 도입은 비교적 최근의 일로 예컨대 미국에서는 1913년까지(헌법에 연방정부에게 과세권이 있다는 규정에도 불구하고) 소득세 징수는 헌법위반이었다. 소득세는 경제성장을 재빠르게 반영하기 때문에 정부에게는 매력적인 세금이다. 하지만 장부검사 및 징세사무에 많은 인원과 기술이 필요하다. 20세기에 들어서 국가는 이 소득세라는 큰 재원을 확보하는 동시에 국민과 기업의 호주머니에 직접 손을 넣을 수 있는 권한과 수단(반드시 목적을 달성한다는 보장은 없지만)을 획득하였다. 알 카포네Al Capone가 시카고에서 위세를 떨치고 있을 때 연방정부가 그에게 가할 수 있었던 유일한 법적제재는 소득세 탈세에 관한 죄를 묻는 것뿐이었다는 것은 시사적인 에피소드다.

정치학자는 때때로 국가와 사회를 대비하여 강하다 혹은 약하다는 표현을 사용하는데 과연 그것이 어느 정도 정확한 표현이라고 할 수 있는지는 의문이다. 비교정치론에서는 소위 강한 국가의 대표로서 프랑스와 일본 등이, 약한 국가의 대표로서는 미국과 영국이 거론된다. 그러나 일본이라는 국가가 과연 강한 국가인지에 대해서는 충분한 논의를 거쳐서 결론이 내려졌다고 하기는 어렵다. 또한 '강하다', '약하다'라는 것이 무엇을 기준으로 평가하느냐 하는 것도 명확하지 않다.

1989년 6월 4일 중국의 수도 베이징에서 일어난 학생시위에 대해 군사력이 동원되어 정치적 대립이 해소되었던 일이 있었다. 그것이 '강한' 국가의 모습인 것일까. 물리적 강제력을 전면에 내세워서 사회와 대결하는 것이 가능하기 때문에 당연히 중국과 같은 나라는 강하다고 말할 수도 있고, 물리적 수단으로써만 국민의 지지를 겨우 유지할 수 있기 때문에 약하다고 말할 수도 있다. 이것은 단순히 수사의 문제가 아니다. 이처럼 국가와 사회의 관계에는 단순화하기 어려운 복잡한 문제가 존재한다.

2. 정책 사례: '도하의 비극'과 'BS는 전부 보여준다'

사회과학은 다양한 이론모델을 통해 국가와 사회의 상호관계에 관한 문제들을 설명해 왔다. 크게 분류하면 상호관계를 사회로부터(아래로부터) 분석하는 접근방법과 국가로부터(위로부터) 분석하는 접근방법으로 나누어 볼 수 있다.[1] 여기서는 국가로부터 분석하는 방법과 사회로부터 분석하는 방법의 차이를 사회과학의 초보자도 이해하기 쉽게 설명해 보고자 한다. 어떤 하나의 정책을 예로 들어서 검토해 보자.

1994년에 개최된 월드컵예선에서 일본 대표팀은 역대 최초의 본선진출을 목전에 두고 이라크에 덜미가 잡혔다. 축구 팬들 사이에 소위 '도하의 비극'[2]으로 불리게 되는데 인저리 타임injury time에 이라크 팀에게 골을 허용하고 말았다. 그런데 일본이 본선에 진출하지 못하게 되었음에도 불구하고 일본방송협회NHK는 다음과 같은 선전 문구로 미국에서 열린 월드컵 중계에 나선

1 예를 들어 다원주의 모델은 전형적인 사회로부터의 분석이다. 또한 사회의 성립에 대해서 근본적으로 다원주의 모델과 대립되는 견해를 취하는 마르크스 이론모델도 사회로부터의 분석시각이라는 점에서는 동일한 것이다.
2 우리나라에서는 '도하의 기적'으로 불린다. 당시 한국팀은 일본팀에 0:1로 패배하여 일본팀이 이라크에 승리하는 경우 월드컵 본선진출이 불가능한 상황이었다. 다행히 한국은 북한에 3:0으로 승리를 거뒀고 동시에 열린 일본과 이라크전에서 일본에 1:2로 뒤지던 이라크가 종료직전에 동점골을 터뜨려 한국은 극적으로 일본을 제치고 미국행 티켓을 차지할 수 있었다—역자주.

다. 'BS는 전부 보여준다.' 즉, 본 대회 예선부터 결승까지 전 시합을 위성 생중계한다는 것이다. 이것은 설명이 필요한 정책이다. NHK의 프로그램 편성이 과연 정책인가 하는 의문도 있겠지만 공공의 이익과 관심에 관한 것이 며 국가가 그 필요성을 인정해서 세금의 일부를 제공하고 있는 조직에 의해 결정된 것이기 때문에 공공정책으로 취급하기로 한다.

어떤 과정을 거쳐서 이러한 정책이 만들어지고 집행되었던 것일까. 이 의문에 대한 대답을 찾기 위해서 사회에 관한 유형화를 시도하였다.

세로축은 축구를 좋아하는가, 싫어하는가를 나타낸다. 가로축은 위성방 송의 수신 기회가 개개인에게 있는가, 없는가를 나타낸다. 세로축은 연속적 (매우 좋아한다, 약간 싫어한다, 어느 쪽도 아니다 등)인데 가로축은 불연속 이다. 여기서는 논의를 단순화하기위해 세로축도 좋다, 싫다는 이분법으로 처리한다. 이렇게 하면 사회 내부를 다음과 같은 4개의 그룹으로 나눌 수 있다. 즉 ① 축구를 좋아하고 위성방송 수신이 가능, ② 축구를 좋아하나 위성

[그림 0-1] 정책을 둘러싼 사회에 있어서 이익의 배치

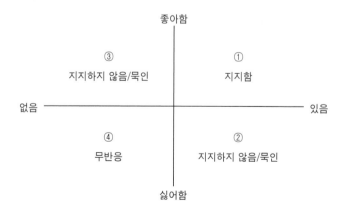

방송 수신이 불가능, ③ 축구를 싫어하는데 위성방송 수신이 가능, ④ 축구를 싫어하며 위성방송 수신이 불가능. 그런데 문제는 NHK의 월드컵중계 정책에 대해 각각의 사회내부 그룹segment인 ①, ②, ③, ④가 어떤 반응을 보이는가다.

우선 ①은 말할 것도 없이 NHK의 'BS는 전부 보여준다'는 정책을 지지할 것이다. 자신이 좋아하는 프로그램을 시청할 수 있다는 것뿐만 아니라 자신 이외에 BS를 가지고 있지 못한 사람들이 시청할 수 없다는 사실이 높은 비용(고가의 전자제품과 비싼 수신요금)을 지불하고 있는 그들의 만족감을 더욱 높인다. ④ 그룹은 정책에 대해 전혀 반응을 보이지 않을 것이다. 정책의 존재 자체를 인식하지 못할 가능성도 있다. 정책추진자 입장에서는 이 두 그룹은 지지집단으로 간주된다. ④ 그룹은 지지도 반대도 하지 않지만 공공정책에서 많은 경우 침묵은 지지의 동의어로 치부된다.

문제는 ②, ③이다. 먼저 ③ 그룹의 사람들은 이 정책에 가장 강력하게 반대하면서 '지상파에서 방송하라'고 요구할 것이다. 4년에 한번 열리는 축구 제전을 위성방송이라고 하는 배타적인 미디어에서만 볼 수 있다고 하는 것은 말이 안 된다. 고교야구와 마찬가지로 지상파도 동시에 중계해야 한다고 주장할 것이다. ② 그룹 사람들은 귀중한 방송전파를 축구 따위에 낭비하기보다는 차라리 '테니스 시합을 중계하라'고 할 것이다. ②, ③ 그룹에 속하는 반대자들이 그 비판을 정책형성자들에게 입력하는 방법으로는 예컨대 NHK에 대해서 시위, 수신료거부, 항의전화, 예산권을 가지고 있는 국회 체신위원회위원(국회의원)에 대한 진정 등이 가능할 것이다.

3. 두 가지 설명

그런데 왜 사회구성원 전원을 만족시키지 못하고 일부의 강한 반발을 사는 정책이 형성되는 것일까. 그것은 NHK가 시청률, 위성방송수신기의 보급상황, 기타 시장조사에 의거해서 완벽하지는 못하지만 사회 내에 존재하는 ①, ②, ③, ④ 그룹의 배치상황을 숙지하고 있으며 더구나 ①, ④ 그룹의 수가 많다는 것, ②, ③ 그룹의 수가 한정되어 있으며 또한 그 불만의 강도가 그다지 크지 않다고 판단했기 때문이다. 다시 말해 ②, ③ 그룹의 사람들조차, 앞서 언급했던 것과 같은 비판의 입력을 행사할 정도로 강한 불만을 갖고 있지 않으며 따라서 대개 묵인의 태도를 취할 것으로 기대되기 때문이다.[3]

이러한 분석이 앞서 언급한 사회로부터의 접근방법인 것은 명백하다. 이 접근방법에서는 정책형성자는 사회 내부의 이익배치 상황을 파악한 후에 그것에 적합한 정책만을 추진할 수 있다. 즉 사회의 이익배치는 주어진 것이고 그것에 배치되는 정책은 만들지 못하거나 만일 만든다고 하더라고 집행되지 못하거나, 집행된다고 하더라도 실패로 끝나고 만다는 것이다. 월드컵 사례에 적용시키면 축구가 국민적인 인기를 얻지 못하던 시절에는 NHK의 정책은 채택되지 않았을 것이며 만약 채택되었다 하더라도 항의 전화나 그밖의 반대 입력에 직면하여 정책을 철회하지 않을 수 없게 되었을 것이다.

이것은 나름대로 하나의 설명이 된다. 그러나 과연 이것으로 충분한 것일까. 이러한 설명이 성에 차지 않는 사람도 있을 것이다. 우선 앞서 언급한

---

[3] 후술하는 허쉬만 모델이 이러한 설명의 원형이라고 할 수 있다. 다만 허쉬만 모델과는 달리 여기서의 충성이라는 선택지 속에는 적극적으로 정책지지 쪽으로 선회할 가능성이 내포되어 있다.

분류축의 그림으로 돌아가 보자.

그림의 2개의 축은 각각 축구에 대한 관심과 위성방송 수신 가능성을 나타내는데 이것들은 개개인에게 부여된 속성이다. 그런데 이러한 속성이 개인의 선호를 결정하는 데 있어서 어느 정도 중요성을 갖는 것일까. 사회로부터 접근하는 방식 중에 하나인 마르크스주의 이론모델에 따르면 가장 중요한 개인의 속성은 생산수단의 소유·비소유에 의해 결정된다고 한다. 그러나 같은 사회로부터의 접근방식인 다원주의모델은 이러한 사회적 속성 중에 무엇이 더 중요하고 덜 중요한지는 선험적ª prion⁴으로 결정되어 있지 않다고 주장한다. 다시 말해 다원주의모델에서는 계급과 같이 다른 모든 속성을 압도하는 속성이 전제되지 않고 각각의 정책에 따라서 성별이 중요해지기도 하고 종교가 중요해지기도 하고 앞서 축구 사례처럼 축구를 좋아하느냐 싫어하느냐 하는 것이 중요해지기도 한다.

그런데 속성의 중요성뿐만 아니라 가변성可變性에 대해서도 주목할 필요가 있다. 중요성에는 차이가 있지만 개인이 가지고 있는 속성은 무한할 정도로 다양하다. 그 중에서 시간의 경과에 따라 쉽게 변하는 속성('나는 19세인데 선거권이 없다'), 본인의 의사와 노력에 의해 비교적 손쉽게 변화하는 속성('나는 영어회화를 잘 못한다')이 있고 변화에 상당한 비용과 위험이 뒤따르는 속성('나는 남자다'), 절대로 변하지 않는 속성('나는 남자로 태어났다')도 있다. 축구 사례에서는 두 가지 속성이 모두 쉽게 변화하는 것이라 할 수 있다. 그런데 사회로부터 접근하는 방식에 의한 분석은 사람들의 속성을 고정적인 것으로 간주한다. 그러나 이는 위의 사례에서 알 수 있듯이 반드시 그렇다고는 할 수 없다.

4 '선천적으로' 또는 '경험과는 독립적인'이라는 의미다—역자주.

다시 말해 사회로부터 분석하는 시각에 따르면 정책에 대한 반응은 이미 주어진 속성에 의해 사전에 결정되어 있는 것이고 사회적 조건이 정책형성자의 정책대안을 크게 제약한다는 것이다. 이는 곧 사회(정책을 수용하는 측)에 의해서 국가(정책을 형성하는 측)가 규정되어진다는 구조다. 그러나 축구 사례는 속성의 가변성이 높기 때문에 정책에 대한 반응은 고정적 속성을 전제로 한 지지, 반대(혹은 묵인)라는 식으로 파악하는 것은 타당하지 못하다. 구체적으로 살펴보면 ② 그룹에서 해당정책에 불만을 가지고 있는 사람들은 불만을 삭히고 묵인하든지 항의행동에 나서든지 양자택일을 해야 하는 것은 아니다. 테니스를 보려고 밤늦게까지 텔레비전을 시청하다가 축구를 처음으로 제대로 접하게 되어 의외로 재미를 느낄지도 모른다. 그런 경우 그 사람은 ② 그룹에서 ① 그룹으로, 즉 해당정책을 지지하는 만족 층으로 이동하게 된다. ③ 그룹에서 불만을 가지고 있는 사람들의 행동을 예측하는 것은 보다 쉽다. 그들은 저축을 헐어서 위성방송 수신 장치를 구입함으로서 간단히 ① 그룹으로 이동할 수 있다.

정책결정자는 사회의 선호, 이익배치 상황의 구속에서 어느 정도 벗어나서 자율적인 정책결정을 행할 여지가 있으며 나아가 선호 및 이익배치 상황을 변경시킬 수도 있다는 것이다. 축구를 예로 들면 위성방송 수신 가능 그룹 속에 축구 팬이 증가하며 또한 축구 팬들 사이에서도 위성방송을 수신하는 사람이 늘어난다고 해보자. 정책형성자가 일본방송협회와 일본축구협회 간부들이었다고 가정해보자. 이렇게 가정하면 특정 정책에 대한 사회의 반응이 그 정책형성자의 이익과 얼마나 부합되는지 여부를 쉽게 판단할 수 있다. 축구 팬이 늘어나면 축구방송의 시청률이 높아지고 이는 다시 방송권료의 상승으로 이어지며 BS가입이 늘면 늘수록 수신료 수입이 증가하게 된다.

[그림 0-2] 정책을 둘러싼 사회에 있어서 이익의 변동

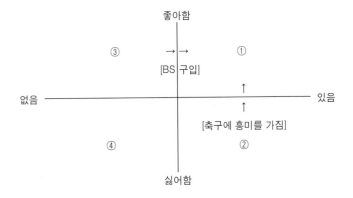

이처럼 국가로부터의 분석시각은 정책이 사회의 이익 배치상황에 의해 결정되는 것이 아니라 오히려 국가가 정책을 통해서 사회를 규정한다는 측면을 부각시킨다.

한 가지 더 덧붙이자면 '국가로부터'라는 표현방식을 사용한다고 해서 여기서 등장하는 정책의 형성 및 집행에 종사하는 사람들(NHK간부, 사실은 편성국의 젊은 직원들)이 바로 국가인 것은 아니다. 현재 도둑을 뒤쫓고 있는 경찰관이 있다고 하자. 이것은 국가가 사회 속에서 벌어지는 범죄를 통제하려는 행위라고 간주되는 한에는 경찰관은 국가 쪽, 도둑은 사회 쪽을 대변한다고 할 수 있다. 하지만 일본에서 경찰관은 한사람의 지방공무원에 불과하다. 경찰관을 통솔하는 경찰서장, 현경찰 본부, 경찰청, 국가공안위원회, 그리고 수상이라는 계층제가 국가 시스템 전체를 구성하고 있다.

초심자 수준에서는 정치 분석에 이러한 두 가지 상반된 접근방법이 존재한다는 것을 이해하면 그것으로 족하다. 그런데 나의 설명에 대해 학생들은 자주 다음과 같은 두 가지 질문을 제기한다. 첫째는 '둘 중에 어느 모델이

더 나은 것입니까? 둘째는 '두 가지 모델을 함께 적용한다면 완벽하지 않을까요?'라는 것이다. 첫 번째 질문에 대해서는 케이스 바이 케이스case-by-case이기 때문에 단언하기는 어렵지만 마르크스주의와 다원주의 모델이 강한 영향력을 끼쳤기 때문에 사회로부터의 분석시각이 더 우세하였다는 점을 지적해 두고자 한다. 두 번째 질문은 더욱 대답하기 어려운 문제인데 다만 '인생은 짧고 인간의 능력은 한정되어 있다는 것', '모든 것을 설명한다는 것은 아무것도 설명하지 못하는 것과 같다는 것'을 지적해 두고자 한다. 정치현상을 분석하는 작업이라는 것은 무엇인가를 버리는 작업이다. 모델이라는 것은 미로처럼 복잡하게 얽힌 사실들과 대면할 때 길을 찾게 해주는 역할을 하는데 모델에는 단순화를 지향하는 편향성bias이 존재하기 마련이다.

　　본서의 구성은 다음과 같다. 본서의 대상인 행정·지방자치를 파악하는 데 있어서 기본이 되는 분석틀은 국가와 사회와의 관계다. 1장에서는 국가와 사회와의 관계에 대한 모델을 검토함과 동시에 이익·제도·이데올로기라는 세 가지 분석시각을 제시한다. 2장에서는 현대통치시스템에서 지방정부가 차지하는 위치를 밝힘으로서 지방정부·지방자치에서 출발하여 행정을 논하는 접근방식의 가능성을 검토한다. 4장에서는 지방정부 분석에서 지방자치의 규범이론과는 다른 접근방법을 시도하는 정부간관계라는 모델을 소개한다. 나머지 2개장은 각론적인 성격을 가지고 있다. 5장은 복지라는 영역을 소재로 지방의 위치와 역할을 분석한다. 6장에서는 분권화라는 동태적인 개혁과정을 분석하는데, 분석에는 본서에서 제시한 몇 가지 모델을 이용하기로 한다. 또한 각론 부분에서도 이익·제도·이데올로기라는 세 가지 시각을 적용하기로 한다.

【서장 칼럼】
강한 국가의 조건

　　미 존스홉킨스 대학 석좌교수인 프랜시스 후쿠야마(2004)는 작은 정부/큰 정부와 같은 정부 기능의 범위라는 개념과 더불어 '국가의 역량' 내지는 '강한 국가'라는 개념을 제시하면서, 제3세계를 포함한 많은 국가들이 빈곤이나 질병 등의 문제를 해결하는데 필요한 것은 국가적 역량의 강화라고 주장하였다.

　　후쿠야마가 말하는 강한 국가란 정책을 적절하게 입안 및 시행하고 법을 깨끗하고 투명하게 집행하는 능력이 높은 국가를 뜻하는데, 국가의 역량은 구체적으로 ① 정책을 확정하고, 시행하며, 법률을 제정하는 능력, ② 최소한의 관료제로 효율성 높게 국정을 관리하는 능력, ③ 독직이나 부정부패, 수뢰 등을 감시하는(통제하는) 능력, ④ 제도 내에서 높은 수준의 투명성과 책임감을 유지하는 능력, ⑤ 법을 집행하는 능력을 말한다. 이러한 국가의 역량은 경제발전의 필수 조건이라는 점에서 중요할 뿐만 아니라, 경제적·사회적 개혁에 있어 그 개혁을 성공적으로 이끌 수 있도록 하는 기본적인 조건이라는 점에서도 그 의미가 크다. 이러한 기준을 적용하면 미국은 국가권력의 사회에 대한 행사범위를 엄격히 제한한다는 점에서는 약한 국가이지만 국가의 법에 사회가 따르도록 하는 능력 면에서는 매우 효율적이고 강력한 국가라는 것이다. 그런데 많은 국가들이 작은 정부의 유행과 함께 국가기능의 범위를 줄이면서 국가역량까지도 줄이는 실수를 범하였다고 후쿠야마는 비판하고 있다. 우리나라의 역대 정부중에는 작은 정부를 표방한 정부가 많았고 2008년 출범한 이명박 정부도 작은 정부를 추구하고 있는데 후쿠야마의 논의는 국가기능의 축소와 함께 국가역량의 제고가 강한 국가의 필수조건임을 일깨워 준다.

▌읽어볼 책: 프랜시스 후쿠야마(안진환 옮김)(2005), 『강한 국가의 조건』, 황금가지.

1장

국가와 사회 간 관계 속의 행정 · 지방자치

본장에서는 국가와 사회와의 관계라는 본서의 가장 중요한
분석틀(수직축)에 관한 모델을 검토한다. 나아가 본서를 관
통하는 분석시각인 이익 · 제도 · 이데올로기 시각(수평축)을
제시하면서 국가와 사회 사이에 행정과 지방이 어떻게 위치
하는가를 밝히고자 한다.

1. 국가·사회와 행정·지방의 정리를 위한 모델

서장에서 국가와 사회에 대하여 살펴보았는데, 그것은 저자가 본서에서 행정, 특히 그 중에서도 중요한 위치를 차지하는 지방자치, 지방정부를 국가와 사회와의 관계라는 틀 속에서 파악해보고자 하기 때문이다. 서장의 내용을 정리함과 동시에 논의를 앞으로 더 진전시키기 위해 이스턴 모델을 살펴보기로 한다. 데이비드 이스턴D. Easton은 정치 분석에 시스템system모델을 도입한 선구자의 한 사람이다(Easton 1965). 이스턴의 시스템모델은 [그림 1-1]과 같이 나타낼 수 있다.

이스턴은 그림 1-1의 네모 상자 부분을 시스템이라고 불렀는데 여기서는 그림 전체를 시스템으로 생각하는 편이 이해하기 쉽다(伊藤·田中·真渕 2000, p.87). 이 시스템을 하나의 국가, 예컨대 일본이라고 한다면 서장에서 소개한 두 가지 접근법은 지지와 요구 등 사회로부터 국가·정부에 대한 투입이 정책에 영향을 미치는 점에 중점을 둘 것인가, 아니면 정책이 사회에 영향을 미치는(이스턴 모델에서는 피드 백) 점에 중점을 둘 것인가의 차이라고 할 수 있다.

그런데 이 모델에는 큰 '구멍'이 하나 있다. 그것은 복수의 시스템, 예를

[그림 1-1] 이스턴 모델

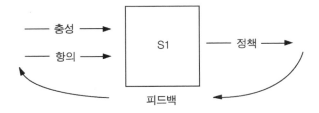

[그림 1-2] 허쉬만 모델

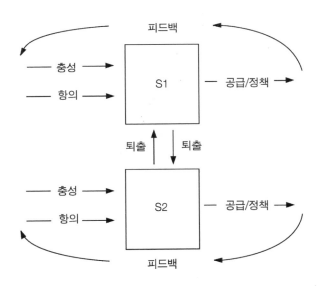

들면 미국, 캐나다, 멕시코가 인접해 있다고 할 때 구성원이 시스템 간을 이동할 가능성에 대한 고려가 없다는 것이다. 그 가능성을 명확하게 설명해 주는 것이 [그림 1-2]와 같은 허쉬만 모델이다(Hirschman 1970. 山川 1998, 森脇 2000도 참조).

허쉬만A. O. Hirschman은 원래 기업과 소비자 간의 관계에 적용하기 위해 이 모델을 고안했다. 안 좋은 제품을 구입한 고객은 불만을 참고 그 기업의 제품을 계속 사용하는 '충성loyalty', 기업에 불만을 말하는 '항의voice', 체념하고 타사의 제품으로 바꾸는 '퇴장exit'이라는 선택을 할 수 있다. 항의와 퇴장에 대해서 기업이 대응하지 않는다면 그 기업은 위기에 빠질 것이다. 허쉬만은 자신의 모델이 기업과 소비자로 이루어진 시장관계에만 국한되는 것이 아니라 국가와 국민간의 관계에도 적용될 수 있다고 생각했다. 이스턴 모델이 '국민은 국가로부터 탈출하는 것은 불가능하다'는 전제에 입각한 보수적인 모델인 것인데 반해 허쉬만 모델은 '정치적으로 급진적' 성격을 가지고 있다 (山川 1998, p.38). 또한 허쉬만 모델은 5장의 피터슨 모델(그리고 또한 티보 모델)과 깊은 관계가 있다. 즉 허쉬만 모델의 시스템을 지방정부와 주민간의 관계로 치환한 것이 피터슨 모델과 티보 모델이라고 할 수 있다. 여기에 두 모델에 대한 설명은 일단 뒤로 미루어두고 지금은 시스템을 하나의 국가로 생각하기로 한다.

한 국가 시스템 속에 행정과 지방정부는 어떤 위치를 차지하고 있는가에 관해서는 나중에 자세히 살펴보겠지만 우선 기본적으로 양자는 통치시스템 (국가)의 핵심을 차지 한다는 것, 그리고 지방정부는 때때로 국가와 사회를 이어주는 매개체 역할을 한다는 것을 기억해 두자. 이 때 지방정부의 역할은 서브 내셔널sub-national(하위국가) 모델이라고 지칭할 수 있다.

그런데 지방정부와 도시를 국가라는 틀을 뛰어 넘는 존재로 보는 모델도 생각해 볼 수 있다. 이 모델을 여기서는 글로벌 모델이라고 부르기로 하자.5 글로벌 모델에서는 국가는 하나의 완결된 시스템이 아니며 국가의 영향력은

---

5 다만 현시점에서 지방정부에 관한 일반이론 모델로서 글로벌 모델이 제시되어 있지는 않다.

매우 약하다고 본다. 지방정부와 도시는 국가라는 틀에서 해방되어 국제적인 환경, 예를 들면 금융시장의 동향, 국경을 넘나드는 NGO의 상호작용, 도시 간의 국제적 경쟁 등에 의해 영향을 받는다. 도시 중에서도 금융 등 국제화 및 정보화의 급속한 진전에 좌우되는 섹터에 특화된 소위 글로벌 도시, 즉 뉴욕, 런던, 파리, 도쿄 등은 그 전략적 지위로 인해 국가라는 낡은 틀을 벗어나 서로 연계된 별개의 시스템을 형성하고 있다(Sassen 1991). 또한 각 도시가 속하고 있는 지방정부도 글로벌 도시의 번영을 촉진시키기 위한 새로운 정책을 추진하는데 이는 금융자본과 주민들이 도시에서 이탈하지 못하도록 하기 위한 것이기도 하며 한편으로는 다른 도시로부터 자본과 주민들을 유치하기 위한 것이기도 하다.

글로벌 모델은 경제와 문화가 고도로 발달하여 사람들의 이동비용이 낮아지고 세계가 공통의 문제를 공유하게 된 지금 이 시대에 적합한 모델이라고 생각된다. 의심할 여지없이 고도 정보화와 국제화의 조류는 현대 통치시스템에 커다란 영향을 주고 있다. 국가라는 시스템은 우리들이 직면하고 있는 여러 가지 문제에 대해 많은 경우 제대로 대응하지 못하고 있다. 거의 대부분의 문제가 국가가 취급하기에는 너무 크거나(예컨대 지구 온난화) 아니면 너무 작다(예컨대 쓰레기 처리)는 것이다. 더구나 양자는 깊이 관련되어 있기 때문에(예컨대 환경·자원이용의 문제) 국가를 뛰어넘는 인간, 조직, 지역공동체 간의 협력을 통해서 비로소 문제가 해결될 수 있다. 이는 '글로컬리즘 glocalism'6론으로 이어진다.7 이 글로벌·모델은 꽤 설득력이 있지만 현대 도시

6 세계통합주의(globalism)와 지역중심주의(localism)가 결합해 탄생한 새로운 개념의 용어다. 지역의 전통을 계승 발전시키되 세계화의 흐름을 능동적으로 받아들이는 방식으로 지역화와 세계화를 배타적으로 생각하지 않고 양자의 조화를 모색하는 것을 내용으로 한다-역자주.

및 지방정부를 이해하고 설명하는 일반화 가능한 기술記述 모델로서의 타당성은 여전히 확고하지 못하다.

본래 허쉬만 모델에서 퇴장이라는 선택은 국가시스템에서는 큰 위험과 비용을 수반하기 때문에 실제로는 거의 일어나지 않는 일이다. 만일 대규모로 한 국가에서 퇴장이라는 선택이 이루어지게 되면 그것은 국가의 붕괴를 의미한다. 베를린 장벽 붕괴를 비롯한 동유럽의 일련의 정치적 격변은 국가 수준에서의 퇴장이 현실로 나타날 수 있음을 우리들에게 보여준다(山川 1998). 그러나 그럴 가능성이 있다고 해도 지방정부나 행정이 각 나라별로 구축되어 있는 국가(통치자)와 사회라는 시스템을 벗어나서 존재한다거나 국가라는 틀로부터 해방된다거나 하는 것은 불가능하다. 왜냐하면 상식적인 것이지만 기업, 개인과 달리 지방정부나 행정은 법적으로나 물리적으로나 한 국가의 바깥으로 이동하는 것이 불가능한 존재이기 때문이다.[8]

지방정부의 경우 한 국가의 법체계 하에서 그 소관과 권한이 규정되며 그 물리적 위치는(합병이나 경계분쟁 등의 예를 제외하고는) 불변이다. 지방정부를 포함하든 포함하지 않든 행정 시스템은 국가 통치 시스템의 핵심부분

7 大前研一, 岩国哲人 등이 대표적인 논자다. 그들이 함께 국제적인 활약을 거쳐서 지방정치의 실천에 관심을 가지게 된 것은 흥미로운 사실이다.

8 매우 예외적인 예로 중국 반환전의 홍콩에 대한 논란이 떠오른다. 일찍이 대영제국의 황실령 식민지였던 홍콩은 현재 중화인민공화국 주권 하에 다시 귀속되어 특별행정구로서 일정한 자치가 인정되고 있다. 천안문사건 당시 중국정부의 대응방침에 반발하였던 일부 홍콩시민들은 소위 홍콩 폭파론을 제안했다. 즉 반환예정일인 1997년 7월 1일 0시를 기해 홍콩전역에 폭탄을 설치하고 그 전에 미리 구입해 놓은 어떤 섬에 홍콩의 모든 기능, 자본, 주민을 이주시킨다는 것이었다. 물론 이는 농담 삼아 한 이야기였겠지만 독립이라는 선택이 아니라 토지는 반환하지만 인적자본과 재산은 다른 곳으로 이전하자고 하는 발상 자체는 정말 재미있다.

[그림 1-3] 서브내셔널 모델과 글로벌 모델

서브내셔널 모델   글로벌 모델

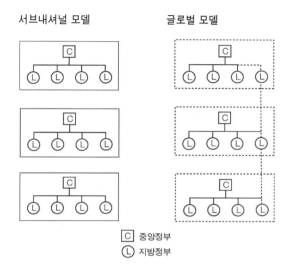

Ⓒ 중앙정부
Ⓛ 지방정부

일 뿐만 아니라 그 국가와 분리된 상태로는 기능하지 못한다. 따라서 행정전
체를 글로벌 모델로 설명하려는 견해는 아직 나타나고 있지 않다. 하지만
행정 관료들이 국가의 틀을 벗어나 나름대로의 공통된 인식과 이익에 기반을
두고 행동하는 것을 강조하는 견해가 불가능한 것은 아니다(櫻井·小野塚
1988, p.167).[9]

　초심자들은 여기서 약간의 주의가 필요하다. 그것은 규범과 기술記述·설
명과의 구별이다. 사회과학, 특히 무엇이 정의이고 무엇이 악인가에 대한
가치판단과 무엇이 사실인가 하는 인식이 분리되기 어려운 정치(행정)의
영역에서 사실과 규범은 뒤섞여 있다고 할 수 있다. 그럼에도 불구하고 아니
그렇기 때문에 가능한 한 '지금 현실은 이렇다', '이제까지의 경과는 이렇다',

9 이렇듯 국경을 초월한 연계를 지식공동체(epistemic com-
munity)라고 한다.

'앞으로 이렇게 전개될 것 같다'라는 사실기술의 측면과 '이렇게 되었어야만 했다', '앞으로는 이렇게 되어야만 한다'라는 규범의 측면을 의식적으로 분별하는 노력이 필요하다(高坂 1996, pp.203~204 참조).

주권국가와 그 정부라는 행위자는 근대 이후 국제사회는 물론 국내의 통치에서도 주역이었다고 할 수 있다. 주역이라는 것은 바꿔 말하면 미움의 대상이기도 하다. 실제로 국가는 전쟁을 일으키고 민중을 착취하였으며 게다가 질병이나 공황에 대한 대처도 실패나 혼란으로 끝나는 등 그 무능을 드러낸 경우가 많았다. 어쩌면 점점 더 그러한 경향이 심해지고 있는 것 같아서 국가에 고별을 고하는 편이 낫겠다는 생각이 드는 것도 무리는 아니다. 그러나 국가가 무능하기 때문에 지방이나 NGO 혹은 기업에 일처리를 맡겨야 한다는 규범의식에 기초한 판단(이는 때때로 제대로 된 판단일 가능성이 있다)과 국가는 현재 어느 정도 유효한가, 국가는 지방정부 및 행정을 어떻게 규정하고 있는가라는 사실인식을 혼동해서는 안 된다.

세계화라는 파도는 개인뿐만 아니라 국가의 통치시스템에도 밀려들어와 있다. 세계화의 영향은 6장에서 본격적으로 검토하는데 현 단계에서는 우선 행정과 지방정부는 한 국가 내부의 국가와 사회관계 속에서 이해하는 것이 가장 유효하다는 점, 즉 지방정부의 경우에는 글로벌 모델이 아니라 서브·내셔널 모델이라는 틀로 파악한다는 점을 확인해 두자. 이점을 염두에 두고 이제부터는 국가와 사회와의 관계라는 문제로 되돌아가서 지금까지 정치학에서 다루어져 왔던 다양한 모델과 시각에 대해 검토하기로 한다.

2. 다원주의 · 코포라티즘 · 스테이티즘

국가와 사회와의 관계에 관한 모델은 다양하다. 여기서는 그 중 대표적인 모델[群]인 다원주의pluralism, 코포라티즘corporatism(조합주의), 스테이티즘 statism(국가중심주의) 모델에 관해서 간략하게 알아보자.

다원주의 모델은 사회 내의 개인과 단체가 자율적인 활동을 한다는 것을 대전제로 한다. 개인은 민주주의체제 하에서 투표로 자신의 정치적 의사를 표현한다. 뿐만 아니라 단체에 가입하거나, 단체를 설립하거나, 단체 내에서 지도자로 나서거나 하면서 투표를 거치지 않고도 정치적 영향력을 획득할 가능성이 열려 있다. 단체들은 사회의 다양한 이익을 대표하기 위해 새로 생겨나기도 하고 여러 가지 이유로 사라지기도 한다. 자본 · 노동이라는 계급적 이익을 기반으로 단체가 형성되기도 하고 기업 등 경제적 목적을 위해 설립된 조직이 정치에 참여하는 경우도 있다. 직업, 종교, 문화, 성gender, 취미, 주소 등 어떠한 요소이든지 그것을 공유하는 개인들이 단체를 만들어서 정치 세계에 참여할 수 있다. 기본적으로 정치의 세계에서는 어떠한 행위자도 압도적인 지배력을 가지고 있지 못하다는 것이다. 정치란 복수의 행위자가 서로 영향력을 주고받으며 때로는 협상하고 때로는 대립하고 또한 때로는 연합하는 일련의 과정으로 파악할 수 있다(Dahl 1961).

이에 대해서 코포라티즘은 정부 · 자본(비즈니스) · 노동이라는 세 행위자가 각각 통일성 있는 단체를 만들어(자본 · 노동의 중앙본부를 가리켜 정상단체라는 표현을 사용하기도 한다) 이 단체들이 정치의 주역이 된다(Schmitter and Lehmbruch 1979). 원래 이탈리아 파시즘체제하에서 국가조합주의를 가리키는 용어였는데 현대에는 국가정책을 삼자가 협의해서 만들어가는 구조를 의미하는 일종의 이론 모델로 사용된다. 다원주의는 18세기 후반 이후 미국에서 발전한 자유시장과 개인의 기업가 정신에 바탕을 둔 고전적 자본주의를 배경으로 탄생하였다. 코포라티즘은 20세기 들어 대량생산, 기업과 노동의 조직화에 바탕을 둔 20세기형 자본주의를 배경으로 탄생한 것으로 유럽대륙에 자리한 몇몇 국가들의 역사적 경험을 이론화한 것이라 할 수 있다.

코포라티즘 모델은 사회 내부의 이익이라는 것이 자본과 노동섹터로 분화되어 있으며 각 섹터의 내부는 계층제적 통일성이 유지되고 있다고 생각한다. 매년 '춘투春鬪'에서 보이는 노사교섭과 파업 장면을 상기해 보자. 각 대표들은 도쿄에서 임금협상을 행한다. 그 결과 노조(중앙)의 지도자가 만족스러운 회답을 얻었다고 판단하면 지체 없이 파업 중지 지시가 개별 노동조합에 전달된다. 각 노동조합이나 개별 노동자의 입장에서는 노사대표 간에 합의된 임금인상 내용이 불만일지도 모른다. 그럼에도 불구하고 파업은 중지된다. 이러한 섹터내부의 통합이 있기 때문에 섹터의 정상단체는 삼자간 교섭을 통해 이익을 표명하고 정책을 결정하는 것뿐만 아니라 그 정책을 집행하는 일, 그리고 정책에 대한 수용을 책임지는 일까지도 떠맡게 된다.

마지막으로 스테이티즘은 현대의 '국가주도' 자본주의, 바꾸어 말하면 전후 몇몇 선진공업국(프랑스, 일본 등)의 경제 및 산업정책 형성과정에서 국가가 중요한 역할을 담당하였다는 경험으로부터 촉발된 모델이다. 이 모델은 다원주의나 코포라티즘 모델보다 월등히 국가 그 자체에 중요한 역할을 부여한다. 다원주의에서 국가는 사회 속의 행위자들이 다툼을 벌이는 '무대[場]' 또는 심판의 역할에 한정된다. 코포라티즘에서 국가는 사회 속의 행위자인 기업(비즈니스)과 노동의 이해 대립을 조정하는 기능을 담당한다.

그런데 스테이티즘에서는 국가도 독자적인 이익을 추구하며 그 이익을 달성하려는 의사와 능력이 있다고 본다(Krasner 1978). 이를 위해 국가는 일정한 전략을 가지고 사회 내의 행위자들에게 영향력을 행사한다. 스테이티즘은 중요한 정책결정이 사회의 주도initiative하에서 이루어지는 것이 아니라 오히려 국가주도에 의해 이루어진다는 것, 그리고 이를 위해 국가가 사회로부터 자율적인 행동을 취할 수 있다는 것을 강조한다.10 세 가지 모델은 하나의 현상에 대해 서로 다른 설명과 해석을 부여한다. 예를 들어 어떤 나라에서 철강 산업을 국내제조업 중 가장 우대하는 정책을 취해오다 어떤 시기를 기점으로 자동차산업을 최우선시 하는 정책으로 전환하였다고 하자. 각 모델은 이 현상을 어떻게 해석할 것인가.

다원주의 모델에서는 그것은 단순히 사회 내의 행위자로서 자동차업계(개별기업, 업계단체, 업계의 노동조합, 관련업계)의 영향력이 확대되고 조직화가 진전되었으며 탁월한 전략(다른 행위주체들과의 연합 등)을 채택했기 때문으로 해석된다. 다원론자들은 정치에서 영향력의 배열관계는 항상 유동적이라고 생각하기 때문에 지금까지의 승자였던 철강이 자동차에게 패한 것은 자연스러운 현상이라고 본다.

코포라티즘에서는 일국의 경제발전을 위해서, 혹은 고용이나 소득의 향상을 위해서 어떤 산업을 중심으로 국제적 경쟁에서 승리하려고 하는가라는 중요한 선택에 대한 답이 정부·자본·노동의 삼자협의의 결과로 변경되었다고 설명한다. 비즈니스 섹터 내부에서는 당연히 철강 산업의 기업과 업계단체, 노동내부에서는 철강업계의 노조가 불만을 제기하겠지만 그것은 무시, 설득 혹은 억압되어질 뿐이다.

스테이티즘에서는 사회경제의 동향을 객관적으로 평가하여 두 업계의

---

10 이 세 가지 모델은 각각 1960년대까지, 1970년대, 1980년대에 미국정치학계에서 지배적, 혹은 '유행'했던 것이다.

생산성, 외국의 경쟁업체와의 비교우위, 해외시장의 규모 등에 관한 데이터 분석을 통해 앞으로는 철강이 아니라 자동차에 중점을 두자고 국가 내부의 행위자(예컨대 통산성)[11]가 판단을 변경한 결과라고 설명한다. 물론 패자인 철강업계는 반발할 것이다. 또한 이러한 국가적 우대책에 의해 자동차업계의 내부질서가 변화하는 경우도 예상되고 이에 따라 승자인 자동차업계 내부에서도 반대의 목소리가 나올 수도 있다(1위 업체의 반발 등). 그러나 국가 내 행위자는 그러한 사회 내 행위자의 영향력 행사를 차단할 수 있으며 나아가 사회 내 행위자의 영향력에 대항하면서 스스로 결정한 정책을 집행에 옮길 수 있다는 것이다.

3. 이익·제도·이데올로기

앞에서 다원주의, 코포라티즘, 스테이티즘이라는 것이 누가 통치과정에서 힘을 가지고 있는가, 어떤 과정을 거쳐서 정책이 결정되는가, 어떤 경우에 어떤 정책이 만들어지는가라는 질문에 대한 답을 준다는 의미에서 '모델'이라고 불렀다. 모델을 통해서 과거와 현재의 현상들을 설명할 수 있고 미래에 대한 예측도 가능하게 된다. 그리고 만일 어떤 나라에 혹은 어떤 시대에 특정한 모델이 체계적으로 적용가능하다는 주장을 하게 된다면 그것은 '체제'론으로 발전하게 된다.

지금부터는 '모델'이 아닌 '시각'으로서 이익·제도·이데올로기에 대해

11 2001년 중앙성청 재편으로 통산산업성이 폐지되고 현재는 경제산업성이 구 통산산업성의 대부분의 기능을 담당하고 있다—역자주.

검토해 보자. 앞서 언급한 바와 같이 다원주의, 코포라티즘, 스테이티즘 등의 모델은 모두 역사적인 경험을 바탕으로 정립된 것이다. 국가와 사회의 관계를 분석하는 경우, 마르크스주의 이론 모델을 비롯한 여러 모델들이 존재하며 앞으로도 정치 환경의 변화에 따라 어떤 새로운 모델이 출현할 가능성은 항상 존재한다. 내가 대표적이라고 소개하였던 모델 중에서도 앞으로 학설사외에는 그에 대한 언급을 찾아보기 힘들게 될 모델도 있을지 모른다. 이는 모델의 유효성이 현실정치 상황과 대단히 밀접한 관계에 있기 때문이다.

그러나 세 가지 '시각'으로서 이익·제도·이데올로기는 보다 안정적이다. 시각이란 인간과 단체 등 정치적 행위자의 행동패턴에 관한 결정요인이라고 바꾸어 말할 수 있다. 그리스 시대의 정치를 다룬 역사서를 살펴보면 오늘날과는 너무 다른 정치구조와 참가자들 간의 관계가 그려져 있다. 그러나 거기에 등장하는 인간들의 행동양식은 비록 시대배경이나 문화의 구속을 받기 때문에 완전히 같다고는 할 수 없을지라도 오늘날과 크게 다르다고 할 수도 없다는 것을 느끼게 된다. '그리스 시대의 코포라티즘'을 논하는 것은 무리가 있지만 그리스 시대에서 제도와 이익의 상호작용이 어떻게 일어나는가, 그리스 지도자들의 이데올로기와 정책은 무엇이었나에 관해서는 현대 정치학과 공통된 시각에서 논할 수 있다.

(1) 이익(Interest)

인간의 정치적·사회적·경제적 행동의 근원에 있는 것은 무엇인가라는 질문에 대해 가장 먼저 떠오르는 생각은 개인적 차원의 이익(이득, 효용)이라는 대답일 것이다. 서장에서 BS의 예는 이러한 이익이 인간행동을 좌우하는 것을 전제로 한 것이었다. 보고 싶은 프로그램을 가능하면 공짜로 보고 싶다,

값비싼 전자제품을 사는 것이 싫다, 항의 전화를 하고 싶지만 바쁘기도 하고 전화요금도 비싸서 그만두었다, 이참에 축구 팬이 되어버리자, 이것들은 모두 의식을 하든 못하던 간에 이익을 고려한 인간행동이라고 할 수 있다. 개인의 이익은 종종 단체와 정당 등에 의해 집약·표출된다. 개인의 이익이 집단과 단체의 이익으로, 나아가 지역의 이익, 국가의 이익으로 통합되기도 한다 ('테니스 팬들을 위한 방송을 하라', 'NHK입장에서는 수신료 수입이 늘어나면 좋다'). 그러나 이를 위해서는 제도적 장치가 마련되어야 하며 때로는 개인의 이익과 이익의 전체 합이 모순되기도 한다.

이 이익이라는 측면은 어쩌면 지극히 당연하거나 아니면 단순한 이야기인 것처럼 보이지만 깊이 생각해 보면 그렇지 않다. 예를 들어 명예에 대해 생각해 보자. 세상에는 돈 한 푼 되지 않지만 이웃을 돕는 사람이 있다. 그 사람의 행동을 설명하는 것은 명예라는 관념이 될 것이다. 그렇다면 명예는 이익이라고 할 수 있을까. 냉소적인 사람은 그렇다고 할 것이다. 여기에는 두 가지 보충설명이 가능한데 첫째는 단기적으로는 손해를 보지만 명예를 얻어서 나중에 이익을 본다는 측면이 있을 것이다. 둘째는 맛있는 음식을 먹어서 만족을 얻는 것과 같이 명예라는 것도 어차피 뇌 속의 쾌락물질이 분비되는 것이기 때문에 일종의 효용획득이라는 것이다. 그러나 나는 명예는 이익으로 환산될 수 없는 이데올로기적인 것으로 생각한다.[12] 이처럼 이익이란 무엇인가에 대해 간단히 결정할 수 없다는 점을 주의할 필요가 있다.

그럼에도 불구하고 이익은 정치적 행동을 이해하고 설명하는데 가장 중요한 시각인 동시에 정치적 행위자의 행동을 규정하는 가장 중요한 요인이

[12] 종교인의 순교행위는 이익의 시각에서 설명할 수 있을지에 대해서 친구와 논의해 본적은 있으나 아직도 결론을 내리지 못하고 있다.

다. 합리적 선택 모델13과 공공선택 모델14은 행위자가 그 이익을 스스로 규정하며 그 이익의 확대를 위해 일관성 있게 행동한다는 것을 전제로 한다.

(2) 제도(Institution)

정치의 세계에서 개인과 단체의 이익들이 아무 원칙 없이 마치 물리학에서 말하는 브라운 운동과 같이 불규칙한 충돌양상을 나타내는 것은 아니다. 공원에서 어린아이들이 놀고 있는 모습을 관찰해 보면 처음에는 무질서밖에 없지만 차츰 어떤 형태의 패턴이나 질서, 혹은 약속 같은 것이 출현하는 경우가 있다. 정치와 경제에도 일정한 제도가 있어서 이러한 제도가 이익에 바탕을 둔 개인과 단체의 행동·전략을 규정하고 있는 측면이 있다. 앞서의 예에서는 NHK라는 공공방송 체제와 그 조직 그리고 그것을 정당화하는 방송법이라는 법률, 수신료제도, 시청률 등을 제도적 요인으로 볼 수 있다. 제도가 가지는 의미에 대해서는 다음 절에서 자세히 살펴보기로 한다.

(3) 이데올로기(Ideologie)

추상적인 아이디어, 개념, 사고패턴 등은 이익, 제도와 밀접한 관계를 가

13 합리적 선택이론(rational choice theory)은 행위자의 합리성을 전제로 하는 사회이론의 일종이다. 경제학을 중심으로 발달하였으나 정치학에서도 일정한 지지 세력을 형성하고 있다. 방법론적 개인주의에 입각하여 사회현상을 해명하려는 경향이 강하며 합리적 선택이론에서 말하는 '합리성'이란 개인의 효용을 극대화하려는 행동을 말한다—역자주.

14 공공선택론(public choice theory)은 민주주의와 관료제 등 정치학 분야의 주요 주제에 대해 미시 경제학적 접근방법을 적용하여 분석하려는 이론적 입장을 지칭한다. 정치학과 경제학의 양 영역의 교류 역할을 하고 있으며 최근에는 '정치경제학'이라는 표현도 많이 사용되고 있다—역자주.

지면서 인간행동에 영향을 미친다. 여기서는 이데올로기라는 용어를 사용하기로 하는데 이데올로기라는 것은 '어떤 종류의 행동양식을 형성하고 유도하며 조직화 및 정당화하는 동시에 그 외에 행동양식은 부정하는 것을 목적으로 현실을 묘사·해석·평가하는 신조 및 언어의 패턴'이라고 할 수 있다. 이데올로기는 종종 부정적이거나 정치 선전적이라는 인상이 짙지만 여기서는 폭넓게 정치 및 정책에 관련된 아이디어의 체계라는 의미 정도로 정의해 두고자 한다. 다만 앞서 소개한 정의가 시사하는 것처럼 이데올로기는 무엇이 선이며 무엇이 악인가 그리고 해결해야할 문제는 무엇인가라는 규범적인 성격을 가지는 경향이 있다.

4. 제도의 문제

본서의 대상인 지방자치, 지방정부 및 행정은 제도와 매우 밀접한 관계에 있다. 중앙·지방에 상관없이 행정기능이라는 것은 일정한 제도적 틀을 전제로 그 틀 안에서 기능하는 것이기 때문이다. 따라서 제도가 어떻게 행위자의 정치적 행동과 결과에 영향을 미치는가 하는 문제는 지방자치, 행정의 영역에서 매우 중요한 문제다.

또한 최근 정치학에서는 제도를 중시하는 경향이 주목할 만한 조류로 대두하였는데(真渕 1987) 논자에 따라 강조점이 약간 다르기는 하지만 제도론자들은 기본적으로 마치J. March와 올슨J. Olsen이 지적한 바와 같이 '제도 없이 institution-free'정치를 말할 수 없다는 데 일치하고 있다(March and Olsen 1989). 구체적으로 미국의 예를 살펴보면, 한 때 잊혀져가던 국가state를 비롯한 여러 제도를 분석대상으로 삼을 필요성이 강조되고 있으며 정치의 결과를 사회의 다양한 이익들 간 경쟁의 결과로 간주하던 구 주류파는 '사회적 환원주의자 social-reductionist'라는 낙인이 찍히게 되었다.

그런데 한 가지 주의할 점이 있다. 제도를 중시하는 논자 사이에서도 '제도'로서 다루는 범위가 어디까지인가에 대해서 명확히 일치된 합의가 존재하지 않는다는 것이다. 예를 들면 대장성을 분석대상으로 삼았던 마부치 마사루 真淵勝는 제도를 법률에 기초한 공식적 규정rule에 한정하였다(真渕 1994, p.54). 한편 제도의 범위를 법제도에 한정하지 않고 국가와 사회의 상호작용 패턴 … 행위자의 위신과 정책과정에 대한 침투능력 등 … 까지 포함시키는 입장도 있다. 또한 제도를 '행동의 규정, 제약, 구속, 방향, 조건 짓는 규범 틀'이라고 폭넓게 생각하는 입장도 있다(武智 1996, p.3). 제도를 좁게 한정하는 논자들도 법제도의 틀 밖에 있는 요소들이 인간의 정치적 행동에 영향을 미친다는 것을 부정하지 않는다. 하지만 그것을 추출하는 문제, 반증가능성의 문제, 개념의 조작화 문제 때문에 애매한 요소를 제거하려는 것이다(真渕 1994, p.55). 모델의 진가를 관계가 있을 것 같은 요소들을 감축parsimony[15]하는 것에 두는 경우 제도를 좁게 보는 경향이 있다. 반면 모델을 사실발견을 위한 틀로서 간주하는 경우 제도의 범위를 확산시키는 경향이 있다.[16]

---

15 검약성(儉約性) 혹은 간결성의 원칙(principle of parsimony)이란 동일한 현상을 설명함에 있어서 가급적 적은 수의 변수로 보다 많은 설명하고자 하는 것이다－역자주.
16 나아가 제도를 개별 국가의 특유한 심층구조로서 이해하려는 입장도 있다. 더글라스 애쉬포드는 각 국가별로 '깊이 뿌리를 내린 전통적인 틀(deeply imbedded national tradition)'이 있으며 이것이 사회뿐만 아니라 국가의 전략을 규정하는 요인이라고 보았다. 그리고 어느 정도 공통적인 환경변화 및 경제적인 과제(예: 전세계적인 동시불황)에 대해서 개별 국가가 저마다 다른 정책적 대응(예: 정도가 서로 다른 복지국가화)을 하는 것

그림 1-5. 제도의 연속

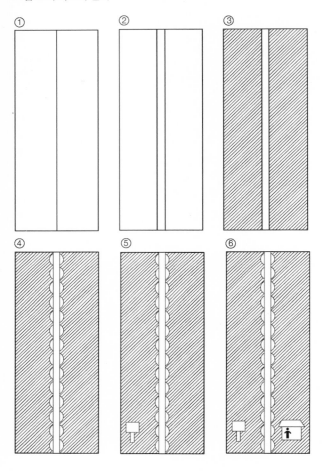

이러한 '넓은' 제도와 '좁은' 제도의 영향, 각각의 관계를 보다 알기 쉽게 설명하기 위해서 가상적인 실험을 해보자([그림 1-5] 참조). 사람들의 통행이

은 국가정책이 실은 이러한 틀에 의해 조건 지워져 있기 때문이라고 하였다. 이정도 까지 나아가면 제도론은 일종의 정치문화론의 영역에 속한다고 할 수 있을 것이다(Ashford 1986).

빈번한 공터가 있다고 하자. 그 공터에는 아무데서나 들어올 수 있기 때문에 사람들은 무질서하게 여러 방향으로 지나다닌다고 하자. 이 상태에서 우선 공터 한가운데 직선을 하나 그어보자. 아마 선을 하나 그렸다고 해도 사람들은 신경 쓰지 않을 것이다. 그렇다면 앞서 그은 선과 평행되는 선을 하나 더 그어서 도로 비슷하게 만들어 보자. 이렇게 하더라도 사람들의 통행은 여전히 무질서 할지도 모른다. 그럼 도로 바깥쪽에 잔디를 심어보면 어떻게 될 것인가. 아마 군이 잔디를 밟지 말라고 말하지 않더라도 사람들의 통행은 도로를 따라서 이루어지게 될 것이다. 한 발 더 나아가 도로와 잔디의 경계면에 넘어 다니기 힘들도록 반원형의 철책을 설치한 후 '잔디밭 출입금지'라는 푯말을 세워 놓고 거기다가 '위반 시 벌금 10만원'이라고 덧붙여 놓자. 그러고 나서 푯말 옆에 조그만 간이 건물을 세워놓고 경비원 복장을 한 노인을 상주하게 한다.

이 정도까지 하면 사람들의 통행경로는 처음의 무질서상태로부터 어떤 식으로든 변화가 생길 것이다. 인간 행동은 다양한 틀에 의해 일정한 방향으로 유도되는 경우가 많으며 틀에서 벗어나는 위반자, 일탈자에 대한 제재 sanction가 강할수록 그 틀의 구속력도 커진다. 푯말과 철책은 위반행위를 명시하는 효과를 가진다. 또 위반으로 초래되는 결과는 푯말과 철책이 없는 경우에는 제재라고 할 수 없을 정도(직선에서 벗어나서 걷는 것은 좀 찜찜하다. 혹은 잔디를 밟으면 죄책감이 든다)에 불과하였지만 푯말에 벌금부과를 공시함으로써 제재의 내용도 구체화되었다. 간이 건물, 노인, 유니폼은 그 제재를 실행하겠다는 의사표시다. 제도는 이런 방식으로 그 실효성을 높여간다.

지금까지의 실험은 누가 행하는가의 문제는 논하지 않았다. 만일 공터가 사유지였고 소유자가 실험을 행하였다고 한다면 그것은 사회의 한 개인이 제멋대로 한 일이 된다. 일본의 경우 위와 같은 제재를 개인이 공시하는 것만으로는 그 효력이 보장되지는 않는다. 주차장 등에서 자주 '무단주차 10만원 징수'라는 경고문을 보게 되는데 실제로 경고문대로 벌금을 받을 수는 없다. 무단으로 주차한 시간 등 여러 가지 요소를 감안해서 얼마나 권리자에게 손해를 끼쳤는가를 감안해서 배상하게 된다. 그러나 지방정부나 국가의 행정이 법률에 의거해서 위와 같은 벌금집행에 나선다고 한다면 제도의 구속력이 단번에 높아진다. 이렇게 되면 하나의 직선도 인간의 행동을 규정하는 제도인 것이다. 그런데 뒤집어 생각해보면 '잔디밭 출입금지 벌금 10만원 시청공원과'라고 권위적인 푯말을 세워둔다 하더라도 그 본질은 단지 하나의 직선에 불과한 것이라고 할 수 있다.

제도가 인간의 행동을 제약하는 메커니즘은 매우 다양한 양상을 보이기 때문에 위와 같이 단선적 효과의 연속적 변화만을 나타내지는 않는다. 제도의 특징 중 하나는 시간적인 연속성이다. 물론 조령모개朝令暮改처럼 생명이 짧은 제도도 있지만 대개의 제도는 장기간 지속된다. 일반적으로 제도는 인간이 특정한 목적을 가지고 만든 것이 많은데 어떤 제도는 그 창설자의 수명을 넘어서도 존속한다. 또한 창설자의 목적과 의도를 뛰어넘는 일도 많다.

왜 제도는 그렇게 오랫동안 살아남는가. 하나의 예로서 자동차의 좌측통행[17]에 대해 생각해보자. 세계에는 차량이 우측통행하는 나라도 많다. 오히려 일본과 같은 나라는 소수파다. 과연 일본의 제도는 올바른 것일까. 가령 인간의 뇌기능에 대한 과학적 조사가 발전하여 우측통행이 더 합리적이라는 결론이 내려졌다고 하자. 국제화 시대에 발맞추어 다수파인 우측통행으로

---

17 일본은 우리나라와 차량통행이 반대임 – 역자주.

통일하는 것이 좋겠다는 의견도 제기되었다고 하자. 그렇다면 현실적으로 도로교통법을 개정해서 좌측통행이라는 규칙을 바꾸는 것은 가능할까. 아마도 굉장히 어려울 것이다.

우선 첫째로 운전자들이 좌측통행에 익숙해져 있기 때문에 어느 날 갑자기 우측통행으로 바꾼다면 사고가 빈발할 것이다. 그뿐만이 아니다. 신호기, 표지판, 요금소, 고속도로변의 광고탑 등도 전부 바꿔야 한다. 즉 제도는 사회 내 개인의 행동을 일정한 패턴으로 유도하며 이익의 배치상황까지 좌우한다.

일본에서는 몇 차례 지방제도를 근본적으로 변경하려는 구상(예를 들면 부현府縣을 없애고 중앙정부와 시정촌市町村이라는 두 개의 계층으로 재편하려는 구상과 현을 통합해서 도道 또는 주州를 설치하려는 구상)이 있었다. 그러나 현재까지 실현되고 있지 못한데 그 이유는 첫째, 시정촌, 부현이라는 제도구조에 따라 사회의 조직화(예를 들면 의사회, 변호사회 같은 전문 직능단체와 고교야구연맹의 지부 등)가 이루어져 있기 때문이다. 부현이 없어지게 되면 지사직과 의원직이 없어지는 것은 물론이고 사회의 여러 행위자들도 혼란에 빠지게 될 것이다. 중앙정부의 행정기구도 마찬가지다.[18] 2001년부터 시작된 일본의 성청재편(중앙부처 기구개편)은 매우 어려운 작업이었다.

---

18 최근 일본에서는 지방분권의 후속조치로서 초광역자치단체(도주제)의 도입이 논의되고 있다. 이는 47개 도도부현을 6~12개의 도주(道州)로 개편한 다음 중앙정부의 권한과 개정을 도주정부로 대폭 이양하는 내용으로 도주제는 2004년 중의원 선거에서 고이즈미(小泉) 수상의 공약으로 제시된 바 있으며 야당인 민주당에서도 집권공약인 매니페스토 내용에 '도주제의 도입'을 통한 지역중심국가 구상이 발표된 바 있다. 구체적으로 살펴보면 수상의 자문기관인 지방제도조사회에서 2003년에 도주제도입을 공식적으로 건의하였으며 현재 전국지사회에서는 25곳의 도부현지사가 참가하는 도주제연구회를 결성하여 실행방안에 관한 연구에 착수하고 있다—역자주.

이렇게 성청재편이 난항을 겪은 것은 각 성청별로 잘 조직화되어 있는 관료들의 저항과 함께 각 성省·국局·과課와 밀접한 관련을 맺고 있는 사회 내 이익단체의 힘이 중요한 요인으로 작용하였다.

한번 탄생한 제도는 변경·폐지되기 어렵기 때문에 장기간 존속하는 경우가 많다. 제도가 장기간 존속하게 되면 제도는 중립성과 익명성이라는 성격을 획득하게 된다. 예를 들어 토지를 취득해서 집을 지으려는 목적으로 지방정부에 필요한 서류절차를 하러 갔다고 하자. 그런데 지방정부로부터 도시계획법상 용도지역지정제도에 의해 그 주소에는 집을 지을 수 없다는 설명을 듣게 되었다고 하자. 토지 소유주는 화가 나겠지만 담당공무원은 단순히 제도에 의거하여 결정을 집행한 것에 불과하다. 만일 소유주가 이 결정을 번복시키고 싶다면 용도지정을 해제시켜야 하는데 쉬운 일은 아니다. 하물며 한 개인의 문제를 가지고 도시계획법의 용도지정제도 그 자체가 악법이기 때문에 폐지해야 한다는 생각이 공감을 얻기는 불가능에 가깝다. 이와 같이 중립성과 정통성을 획득한 제도는 더더욱 장기간 존속하게 된다.

한 가지 예를 더 들어보자. 일본에서는 위헌법률심사가 헌법에 규정되어 있다. 이 규정의 연원이 되는 것은 미국의 마버리 대 매디슨Marbury vs Madison 사건의 판례다. 입헌주의의 기본적인 제도를 탄생시킨 기념비적인 선례이지만 사건 그 자체는 사소한 것에서 비롯되었다고 할 수 있다. 이 사건의 배경에는 건국 직후 미국에서 벌어진 연방파와 반反연방파의 대립이 있었다. 연방파는 중앙집권적 제도를 확립하기 위해 근대국가건설을 추진하려고 하였는데 반해 반연방파는 분권체제인 주의 권한을 지키려고 하였다. 사건을 담당한 연방최고재판소의 마샬 수석판사는 원고인 마버리와 같이 연방당원이었다. 마샬 판사는 원고에 유리한 판결을 내리면 당시의 정부(제퍼슨 대통령,

피고 매디슨 국무장관 모두 반연방파였다)가 무시해 버릴 우려가 있고 그렇게 되면 연방최고재판소의 권위가 실추될 우려가 있었기 때문에 소송의 근거가 된 법률을 위헌이라고 판결하였던 것이다. 물론 당시 이 판결은 평판이 좋지 못하였다. 그러나 이후 이 판결에 의해 헌법위반에 대한 판단을 연방최고재판소가 담당한다는 관례가 확립되었고 미국의 삼권분립 정착에 큰 기여를 하게 되었다. 게다가 마샬 판사는 전혀 상상하지 못했겠지만 일본을 비롯한 여러 나라가 위헌입법심사 제도를 채택하게 되었다. 제도를 탄생시킨 산파역의 의도는 당파성에 기초한 것이었지만 오늘날 이러한 점 때문에 위헌입법심사제도의 정통성을 의문시하는 사람은 없다.

　제도에는 또 하나 보완성이라는 성격이 있다. 제도는 단독으로 존재하기보다는 몇 가지 관련된 제도가 상호의존적으로 기능한다. 초등교육, 중등교육, 대학 등의 교육제도가 그 좋은 예다. 중학교 교육과정에 문제가 있기 때문에 근본적인 개혁이 필요하다고 주장하면 바로 고교입시가 있기 때문에 그러한 개혁은 불가능하다는 반론이 제기된다. 고교, 대학, 기업도 이와 비슷한 제도의 상호의존 논리가 성립한다. 어떤 계기로 하나의 제도가 변하면(예컨대 국제화로 인해 기업의 채용제도가 변화하는 것) 이에 관련된 제도들의 변화가 도미노처럼 이어질 가능성이 크기 때문에 제도의 보완성이라는 성격은 그만큼 제도개혁이 어렵다는 점을 나타낸다고 할 수 있다.[19]

19 교육제도에 대해서는 다수의 논고가 있지만 나는 특히 계간 『아스테이언』 1995년 여름호의 여러 논문에서 자극을 받았다.

5. 이익 · 제도 · 이데올로기의 상호관계

　앞서 살펴본 다원주의 · 코포라티즘 · 스테이티즘이라는 세 가지 모델은 각각 이익 · 제도 · 이데올로기라는 시각을 반영하고 있다.

　먼저 다원주의 모델에서는 사회 내에 다양하게 경합하는 여러 가지 이익이 그 출발점이다. 제도적 측면에서 여러 이익에 대해 복수의 접근 포인트를 보장하는 정부조직 예컨대 삼권분립과 지방정부가 있다. 이데올로기 측면에서는 로버트 달R. Dahl이 말한 것과 같이 엘리트 간의 공유된 민주주의적 신조democratic creed 등이 있다. 코포라티즘에서 이익이라고 하면 슈미터P. C. Schmitter가 정의한 바와 같이 계급에 기반을 둔 배타적 · 기능분화적 이익이 대표적이며 정부 · 자본 · 노동의 삼자협의방식이라는 제도가 있다. 그리고 '안정'과 '번영'에 높은 가치를 두는 이데올로기가 코포라티즘의 기저에 깔려 있다. 스테이티즘은 이미 언급한 바와 같이 국가가 자율성 및 독립된 이익을 가지고 있다는 전제에서 출발한다.[20] 스테이티즘에서 제도는 다양한 양상을 보이는데 예를 들면 국가관료제, 집권적 의사결정의 구조로서의 대통령제 등이 있다. 그리고 이것을 떠받치는 이데올로기는 헤겔류의 국가권위를 중시하는 사상, 국가에 의한 경제개입을 허용하는 사고방식 등 다양한 변종이 있다.[21]

---

20 스테이티스트(국가중심주의자)가 말하는 국가의 이익이라는 것은 국제관계론의 리얼리스트(현실주의자)들이 말하는 국가이익과는 다르다. 다시 말해 이성적인 단일 행위자인 국가의 행동은 국제시스템에서 국가의 위상에 의해 결정된다고 하는 리얼리스트의 연역적인 견해에 대해 스테이티스트들은(마치 당구공과 같이 외부의 힘, 그리고 장소의 성격에 의해서 국가의 움직임이 결정된다고 리얼리스트들이 주장하는) 국가의 내부구조를 파헤쳐서 국가이익을 귀납적으로 발견하고자 하는 것이다.

그런데 무엇이 가장 중요한 측면인가, 개인과 단체의 정치적 행동을 규정하는 근원적인 힘driving force이 무엇인가를 확정하는 것은 쉬운 일이 아니다. 지금 어떤 사람이 걸어가다가 만엔짜리 지폐가 길에 떨어져 있는 것을 발견했다고 하자. 과연 그 사람은 어떤 행동을 취할 것인가. 그 사람이 지폐를 주워서 경찰에 신고했다. 왜 그랬던 것일까. 이익의 시각에서 보면 그러한 행동은 단순히 (1) 만엔을 자기 호주머니에 넣는다, (2) 모르는 척하고 지나쳐 버린다, (3) 경찰에 신고한다고 하는 3개의 선택을 비교한 결과로 해석된다. 비교의 결과는 그 사람이 지금 어느 정도 바쁘냐, 파출소까지의 거리가 얼마나 떨어져 있느냐, 그리고 어느 정도 돈이 궁한가, 횡령사실이 들킬 염려는 어느 정도인가에 좌우된다. 즉 이익의 시각에서는 상황을 종합해 볼 때 경찰에 신고하는 편이 가장 이익이 크다고 생각하였기 때문에 그러한 행동을 한 것이라고 설명한다. 제도의 시각에서 보면 경찰조직, 파출소제도, 습득물 반환과 답례절차가 얼마나 정비되어 있는가, 그리고 습득자가 그러한 제도를 어느 정도 인식하고 얼마만큼 신뢰하고 있는가에 따라서 선택이 달라진다. 아이디어 및 이데올로기 시각에서는 '훔치지 말라'는 성경말씀, '남에 물건에 손대서는 안 된다'는 어릴 때부터의 부모의 훈계를 얼마만큼 수용하고 있는지가 행동을 결정짓는 요인이 된다. 그러나 때로는 자신도 왜 신고했는가를 설명할 수 없는 경우도 있다. 만일 어떤 사람이 어제는 주운 돈을 경찰에 신고하고

21 이처럼 3개의 모델은 각각 이익, 제도, 이데올로기의 측면을 그 모델내부에 포함시키고 있지만 논자에 따라 분석 및 논의의 초점에 차이가 있다. 로버트 달(적어도 초기의 달)은 그 초점을 이익에 두고 제도는 주어진 것, 그것도 좋은 것(적어도 중립적인 것)으로 간주하였다. E. E. 샤트 슈나이더도 또한 초점을 둔 것은 이익으로 제도는 주어진 것이며 조직화된 기업계(비즈니스)에 항상 유리하다고 주장하였다. 그러나 예를 들어 제임스 매디슨까지 거슬러 올라가면 당연히 그 초점은 … 당시 형성 중에 있었던 … 제도에 두어질 것이다.

같은 조건임에도 불구하고 오늘은 자기 호주머니에 넣었다고 한다면 아마도 그는 제도, 이데올로기에 따라서 행동하지 않고 이익에 따라서 행동하고 있다고 추측할 수 있을 것이다. 위의 두 가지 상황에서 제도와 이데올로기는 불변이었기 때문이다.

정치영역에 있어서도 아담 스미스의 자유방임 사상, 시장에 대한 국가의 개입이 약한 제도 구조, 자본가와 기업을 중심으로 한 이익배치간의 상관관계는 명확하게 설명하기 어렵다. 하나의 설명은 고전적 자유주의 이데올로기가 먼저 존재하고 그 이데올로기에 의해서 제도적으로 '약한' 국가가 탄생하고 그 결과 경제정책은 거시적이며 비차별적인 것에 한정되었기 때문에 기업이 번성했다고 하는 것이다. 또 다른 하나의 설명은 먼저 제도로서 '약한' 국가가 먼저 존재하고 이에 따라 거시경제정책만이 활용되었으며 거시경제정책을 정당화하기 위해 고전적 자유주의가 자주 인용되었다는 것이다.

여기서는 이익·제도·이데올로기라는 세 가지 시각이 있다는 것, 그리고 모델을 만들거나 이용하거나 혹은 정치현상을 분석할 때 세 가지 시각을 의식하는 것이 유용하다는 것을 강조해 두고 싶다. 또한 이 세 가지 시각은 앞으로 본서에서 수시로 등장할 것이다.

6. '행정'은 어디에 위치하는가

지금까지 국가와 사회는 복잡한 상호관계를 맺고 있으며 그 관계는 정치학의 주요한 대상이라는 것, 그리고 그 분석과 설명의 도구로서 다양한 모델이 있으며 이익·제도·이데올로기라는 세 가지 시각이 있다는 것을 살펴보았다. 다음으로 검토해야할 것은 행정과 지방이 국가와 사회와의 관계 속에서 어디에 위치하는가라는 것이다. 여기서 먼저 행정에 대해서 고찰해보자.

국가와 사회와의 관계 속에서 행정이 어디에 위치하는가 하는 질문에 대해 단순하지만 꽤 설득력 있는 견해로서 '국가=행정'라는 것이 있다. 즉 국가와 사회의 관계는 행정과 사회의 관계와 다르지 않다는 것이다.

국가의 통치기능을 삼권분립의 틀 속에서 정리한다면 입법·행정·사법은 저마다 고유의 기능이 있다. 그렇지만 '행정국가화'현상이 지적하는 바와 같이 행정의 기능이 질적으로나 양적으로도 확대되어 그 결과 '국가=행정'이라는 표현이 별 위화감 없이 받아들여지게 되었다고 말할 수 있다(Waldo 1984). 이는 20세기 들어서 본격화된 비교적 최근의 동향이다. 그 예로 전 세계 성문헌법 중에서 역사적으로 가장 오래된 축에 속하는 미국 헌법을 살펴보자. 이 헌법은 연방과 주의 권한과 기능을 어떻게 배분할 것인가라는 과제와 씨름을 하였다고 할 수 있는데 주와 연방정부의 권한과 기능이 대부분 의회에 주어졌다. 헌법상으로는 대통령의 권한이 비교적 제한되어 있고 오히려 의회가 결정한 방침을 충실하게 수행하는 역할이라는 인상을 받게 된다. 현재 미국 연방의회는 다른 나라의 의회보다 강한 권한을 가지고 있지만 대통령과의 관계에서는 대통령의 우위현상이 관찰된다. 이러한 경향은 많은 산업민주국가에 공통된 현상이라고 할 수 있다.

'국가=행정'이라는 관념이 설득력을 획득하게 된 배경에는 행정이라는 부문의 양적인 확대가 있었다. 입법(법률을 제정하는 것) 및 사법(법에 의거해서 재판을 행하는 것)의 경우 그 행동양식과 조직원리가 특수하기 때문에 행정과 같은 양적인 확대에 일정한 제한이 가해진다. 사법부 혹은 재판관은 국가의 통치 및 정치에서 중요한 역할을 할 때가 있다. 하지만 재판관은 개개인이 법률의 전문가로서 발생한 사건이 소송이라는 형태로 재판에 부쳐질 때 비로소 활동을 개시한다. 의회의 경우도 법률을 제정하는 작업은 개개 의원들이 평등한 자격으로 참여한다는 전제가 있다. 의장, 위원장이라는 직책의 경중이 있기는 하지만 의사형성의 마지막 단계에서는 똑같은 한 표를 행사하게 된다.

그런데 행정의 경우에는 군주, 의회 등의 주권자에 의해 형성된 의사를 실행한다고 하는 집행부executive branch라는 좁은 영역에서 벗어나 보다 폭넓은 업무를 담당하는 행정부administrative branch로 일단 변화하게 되면 스스로 확대 경향을 제어하기 어려워진다. 우선 사법, 입법과 같이 단일한 핵심 행태를 특정할 수 없다. 의회는 법률을 제정하고 사법은 재판을 행한다. 그러나 행정은 다양한 일을 한다. 행정부는 준입법적인 규칙을 제정하기도 하고 직권중재와 같은 준사법적인 행위도 한다. 또한 재판관의 독립성, 의원의 평등성이라는 원리가 없기 때문에 대개 행정은 계층제적인 조직형태를 보이게 된다. 위원회 등의 형태도 가능하지만 대부분은 단독의 장이 정점에 위치하고 그 지휘명령 하에 활동이 이루어진다. 재판소의 소장과 재판관, 의회의 의장과 의원 등의 관계에도 일정한 상하관계가 있지만 행정과는 달리 매우 느슨하다. 이렇게 계층제적 특성을 띠는 행정조직의 특성은 활동 확대에 강력한 무기로 활용된다. 그리고 조직이 확대되면서 행정활동 중에서도 내부 관리활동이 중요성을 더하게 된다. 즉 기획·조직·인사·지휘명령·조정·보고·예산이라고 하는 조직관리 기능(귤릭은 이러한 기능들의 앞 글자를 모아서 POSDCoRB라고 표현하였다)이 중요하게 되었다.

'국가=행정'이라는 관점이 등장한 또 하나의 배경은 앞서 언급하였듯이 행정과 의회 관계의 질적 변화다. 주권자는 국민이고 국민의 의사를 직접 반영하고 있는 기관이 의회라는 헌법적 형식, 혹은 의회가 최고 의사결정기관이라고 하는 헌법 조문의 표현에도 불구하고 실제로는 행정이 실질적 결정을 거의 담당하고 있는 것. 그리고 의회가 행정을 통제하여야 함에도 불구하고 실제로는 거의 통제가 이루어지지 못하고 있다는 것이다.

일본 사례를 대상으로 국가의 경제에 대한 관여를 분석한 찰머스 존슨 C. Johnson은 통상산업성이라는 하나의 행정조직을 거의 국가 그 자체로 다루고 있다. 존슨에 의하면 유능한 엘리트 집단인 통산성은 국회와 자민당이라고 하는 완충장치buffer를 통해 사회로부터 일정한 거리를 확보할 수 있었고 그로 인해 사회경제의 동향을 객관적으로 파악하고 보다 적절한 산업정책을 형성할 수 있었다(Johnson 1982). 과거 통산관료들 중에는 통산성을 '우리성' 그리고 일본을 '우리나라'라는 식으로 호칭하는 국가 제일주의형 관료가 존재하였다. 그들의 사고방식이나 행동양식은 '국가=행정'이라는 이미지와 부합하는 것이었다고 말할 수 있다.

그러나 '국가=행정'이라는 견해는 너무 단순화된 것으로 현실을 정교하게 묘사할 수 없다. 국가와 행정 사이에는 여러 가지 차이가 존재한다. 우선 '행정'이라는 개념의 정의 그리고 행정 기능의 담당자는 놀랄 만큼 다양하고 애매하다. 여기서는 국가와 행정의 차이를 '지방'과 관련된 행정개념을 중심으로 살펴보기로 한다.

첫째, 행정은 중앙의 행정부와 지방정부로 구성된다. 일본의 행정관료도 국가공무원과 지방공무원으로 구분된다. 그러나 국가와 중앙-지방 관계의 구성에 관해서는 다양한 견해가 존재한다. 중앙정부만이 국가라는 견해도 있고 지방은 중앙의 하부기관이며 중앙과 지방이 하나가 되어 국가를 구성한다는 견해도 있다. 또한 5장에서 소개할 '이중국가론'처럼 중앙과 지방이 각기 다른 기능을 분담하면서 국가의 일부를 구성한다는 견해도 있을 수 있다. 지방정부를 국가와 사회의 관계 속에서 어떤 위치에 놓을 것인가에 따라서 행정의 위치도 변하게 된다. 지방정부를 한 국가 내에서 어떻게 자리매김 할 것인가 하는 문제야말로 본서의 가장 중요한 주제다.

둘째, '정치'와 관련되는 국가와 행정의 차이다. 앞서 지적한 '행정국가' 현상에도 불구하고 민주주의체제 하에서는 선거에 의해 주권자의 신임을 얻은 정치가가 시험이나 기타 수단에 의해 선발된 관료보다 정통성 면에서 우위에 서는 것이 변할 수 없는 원칙이다. 행정은 다수의 행정관료와 소수의 정치가에 의해 구성된다. 일본의 지방정부는 주민선거에 의해 선출된 단체장(지사와 시정촌장)과 지방공무원으로 구성되며 중앙관청은 대신 및 부대신(대부분은 국회의원이 임명된다)과 국가공무원으로 구성된다. 또한 정치가의 거점인 정당과 행정의 관계도 상당히 복잡하다. 경우에 따라서는 정치가와 정당인이 국가의 중추를 담당하고 행정은 부수적인 것 혹은 통제를 받는 수동적 대상에 불과하다.

셋째, 행정의 조직구조와 관련되는 차이다. 다시 일본의 중앙관청을 예로 들면 중앙관청을 하나의 거대한 관료제로 보는 것도 가능하고 복수의 잡다한 관료조직의 묶음이라고 볼 수도 있다. 관청별로 독립성이 높은 일본에서는 관청 간 대립이 자주 밖으로 드러난다. 중앙차원에서조차 행정은 균질적인 단일집합이라기보다는 복수의 그리고 통합성이 떨어지는 조직들의 집합체라고 보는 것이 더 정확한 견해다. 이는 복수의 관료조직이 상호대립하고 있다(앨리슨의 관료정치 모델)는 것뿐만 아니라 대립의 배경에는 사회 내 다양한 집단, 다양한 이익의 대립이 있으며 관료조직은 단지 대리전쟁을 치루고 있다고 볼 수도 있다(Allison 1971). 따라서 국가는 사회와 단절되어 있는 것이 아니라 사회 내 분쟁을 반영하는 장소이며 진정한 국가, 즉 통치의 담당자는 별도로 있다는 견해로 이어진다. 이러한 견해는 특히 미국의 규제 정책과 관련된 정치에서 명확하게 나타난다. 규제를 담당하는 관청(대개 의회로부터 권한을 위임받은 독립위원회)과 규제를 받는 사회단체의 관계는 종종 전자가 후자에 포섭되어 피규제기관의 의사를 그대로 수용하거나 의회의 관련위원회도 기득권의 보호에 가담하는 등 소위 '철의 삼각동맹'을 형성하고 있다.

이처럼 국가와 사회와의 관계에서 행정의 위치는 유동적이다. 행정의 위치는 행정의 정의에 따라 다르며 행정과 정치와의 관계, 즉 어떤 방식을 통해 정치가 행정을 통제하는가 그리고 사회 내 다양한 이익이 행정에 어느 정도 침투하는가라는 것에 따라 변화한다.

7. '지방'은 어디에 위치하는가

그렇다면 국가와 사회의 관계 속에서 '지방'의 위치는 무엇일까. 지방자치의 담당자는 크게 지방의 주민 local inhabitants 과 지방정부 local government로 나눌 수 있다. 그 중에서 주민은 명백히 국가가 아니다. 사회에 소속된 각 개인은 국민인 동시에 지방의 주민이기도 하다. 지방세와 국세를 납부하고 지방 및 국가의 규제에 의해 구속당하는 한편, 투표와 그 밖에 여러 가지 수단을 동원해서 국정과 지방정치에 정치적 통제를 가한다.

그에 비하면 지방정부는 대단히 어중간한ambivalent 존재다. 국가와 사회의 관계에서 지방정부는 양자의 중간에 위치한다. 보다 정확하게는 국가와 사회의 중간지대에 부유하고 있다고 표현할 수 있다. 그것은 다음과 같은 의미에서 그렇다.

첫째, 사회로부터 분석하는 시각에서는 지방정부는 다양한 사회의 행위자, 즉 개개의 주민·선거민·기업·단체·매스컴 등이 손쉽게 정치적 결정에 접근할 수 있는 일종의 접점이라 할 수 있다. 이렇게 다원주의적 입장에서는 권력이란 사회 쪽에 존재하며 지방정부는 - 국가(중앙)정부도 마찬가지이지만 - 일종의 '무대[場]'에 불과하다고 본다.

특히 지방정부는 국가와 비교할 때 물리적으로도 심리적으로도 시민과의 거리가 가깝다. 그렇기 때문에 중요한 접근 포인트이며 주민이 지방정부를 통제하기 위한 다양한 기능이 제도적으로 구비되어 있는 경우가 많다. 일본에서는 주민투표와 해직청구라는 직접민주제적인 제도가 마련되어 있다. 또한 옴부즈맨, 정보공개 제도 등이 지방정부 차원에서 발달되어 있는 것도 이러한 거리의 가까움에서 비롯되었다고 할 수 있다.

둘째, 국가로부터의 분석시각에서는 지방정부도 거리가 가깝다고는 하나 역시 사회로부터 독립적인 주체로서의 정부인 것이다. 따라서 일정한 권력과 자원을 보유하고 있다. 지방정부는 다수의 인원을 고용하고 강제적으로 세금을 징수하며, 정보를 관리하고 때로는 국가정부와 마찬가지로 폭력 장치를 동원하기도 한다. 그러나 노골적인 권력 작용인 폭력의 발동에 관한 권한과 자원은 국가에 비해 한정적이다. 때문에 지방정부는 위압적·강압적 행동을 취하기는 어려우며 공공문제의 해결기제로서의 위상은 시장market보다 하위에 위치한다(Sharpe 1970, p.157). 이처럼 지방정부의 '권력성'은 주민들에게 매우 약한 것으로 비쳐지게 된다.

셋째, 이상의 두 가지 시각을 통합하는 의미에서 지방정부는 국가와 사회의 매개 작용을 담당하고 있다. 지방정부는 그 영역 내 주민의사 및 여망을 국가에 전달하는 기능을 한다. 주민운동을 앞장서서 이끄는 단체장의 이미지를 생각해보면 알기 쉬울 것이다. 한편으로 지방정부는 국가 의사를 주민(국민)에게 전달하고 국가의사를 집행하는 기능도 담당하고 있다. 지방정부가 징병업무를 담당하는 경우 그것은 완전히 국가의 하급기관이라고 간주할 수 있는데 거의 모든 나라에서 정도의 차이는 있지만 지방정부는 이러한 기능을 수행하고 있다. 이런 점에서 지방정부는 정당·교회·기업 등 여러 단체와 마찬가지로 국가와 사회의 매개 작용을 행한다.

넷째, 지방정부는 일국의 정치행정 시스템 속에서 독립적인 하나의 행위자이며 때로는 그 영역과 주민을 '자원'으로 활용하여 국가정부와 타 지방정부에 대해 영향력을 행사하거나 대립·교섭·타협이라는 게임을 전개하는 존재다. 즉 국가로부터의 시각에서는 지방정부는 국가체계의 일부 혹은 말단에 불과한 것으로 간주되며 국가는 단일한 행위자로 간주된다. 그러나 국가 관료제의 내부도 그러하지만 지방정부도 때때로 독자적인 이익과 이데올로기를 가진(국가로부터) 자율적인 행위자다. 이러한 정부 간의 게임은 정치과정의 핵심적 부분이라 할 수 있다. 또한 이 게임에서 '관관접대官官接待'[22]와 같은 규범으로부터의 일탈행위가 발생하기도 한다.

이처럼 복합적인 성격을 가지고 있는 지방정부는 국가와 사회 사이에 다양한 형태로 중개역할을 하는데 사실 이러한 특징은 정당과 별 차이가 없는 것이다. 하지만 매개기능을 담당하는 정당·교회·기업 등 여러 단체들과 비교할

---

22 공무원이 공무원을 접대하는 현상을 말한다. 특히 중앙정부 상급관청의 공무원에 대해 지방자치단체 등 지방의 공무원이 보조금을 이끌어내기 위해 향응 및 편의를 제공하는 경우가 많다—역자주.

때 지방정부는 일국의 행정시스템을 분석하는 데 있어서 훨씬 중요하다.

행정학에서는 지방자치를 중요한 연구대상으로 다루어 왔는데 그에는 다음과 같은 이유가 있다. 첫째, 지방정부는 그 성질상 반드시 국가의 법체계 속에 편입된다. 또한 지방정부는 그 법률체계의 운용과 관리에도 밀접한 관련을 맺고 있다. 즉 지방정부와 그 시스템, 중앙정부와의 관계, 지방정부간 또는 지방과 중앙정부 간의 복합적인 네트워크가 어떤 형태를 취하고 있느냐 가 그 나라 체제regime를 이해하는 데 중요하다.

둘째, 지방정부시스템은 마치 한 국가의 영역전체를 완전히 뒤덮을 수 있는 그물을 씌우는 것과 같은 포괄적인 성격을 가지고 있다. 자주 지적되는 바와 같이 개인이 지방정부를 선택한다는 것은 그리 어려운 일이 아니다. 하지만 지방정부시스템 전체에 대해서는 그것이 불가능하다. 주민등록을 옮기는 것은 가능해도 아예 주민등록을 하지 않는 것은 해외로 이민을 가지 않는 이상 불가능하다. 개인은 기업과 교회, 정당을 통해서 국가와 커뮤니케 이션을 할 수 있고 일생동안 이러한 단체와 거리를 두고 아무 관련 없이 살 수도 있다. 이탈리아의 가톨릭교회, 중국의 공산당과 같이 비교적 포괄적으 로 사회에 침투해 있는 단체의 예도 있지만 현대 민주주의에서 시스템 전체에 걸쳐서 균등하게 매개기능을 하는 것은 지방정부밖에 없다.

한 나라가 아무리 훌륭한 정당시스템을 가지고 있더라도 개인은 '무당파', '지지정당 없음'이라는 선택을 할 수 있다. 그러나 제아무리 국제인(코즈모폴 리턴)을 자처하는 개인이라 하더라도 일본인인 이상 어떤 자치단체에 주민 등록을 해야 하고 주민세를 납세해야 한다. 전 세계를 무대로 사업을 벌이는 기업의 경우에도 어딘가의 자치단체에 본사를 두고 법인사업세를 납부해야 만 한다.

마지막으로 지방정부라는 대상에는 위에서 살펴본 사항들과 밀접한 관련이 있는 연구 상의 이점이 있다는 것을 부연해 두고자 한다. 사회과학에서 비교라는 연구방법의 의의를 새삼스레 강조할 필요는 없겠지만 이 비교라는 방법의 적용대상으로 지방정부는 최적의 소재다. 국가라는 틀 속의 정치행정시스템인 지방정부는 법적 구속에 의해 형태 지워진 일종의 고도규격화제품이다. 그렇지만 행정내부의 정치역학, 운영방식, 타 지방정부 및 국가와의 관계는 지방정부마다 차이가 있다. 이 차이를 설명하려고 할 때 '관료제지배', '정치문화', '양대 정당제'와 같은 국가시스템을 전제로 하는 큰 분석 틀은 별로 도움이 되지 않는다. 지방정부를 연구할 경우 보다 세밀한 분석틀이 필요한데 그러한 예로서 로버트 퍼트남R. Putnam의 이탈리아 지방시스템 연구가 있다(Putnam 1993). 퍼트남은 한 나라의 시스템개혁을 계기로 표출되는 지방정부간 다양한 차이에 주목하면서 사회자본social capital이라는 개념의 유용성을 강조하였다. 지방정부들은 동일한 국가시스템 내에 속한다고 하는 공통점과 각 지역의 기후, 지형, 역사, 문화, 주민의식, 경제 그리고 지방정치 지도자의 이데올로기 등의 차이점을 가지고 있다. 때문에 지방정부는 그러한 차이에서 초래되는 다양한 결과를 분석하는 데 둘도 없이 좋은 대상이다.

창조적 계급의 부상과 도시간 이동

　　카네기 멜론 대학의 교수인 리처드 플로리다는 후기 산업사회의 도래와 함께 새로운 부가가치 창출의 핵심으로써 창조적 계급의 부상에 주목하고 있다. 그는 경제발전의 원동력이 노동과 자본에서 급속히 지식과 정보로 전환되고 있으며 특히 미국에서는 창조력이 가장 중요한 경제성장의 원동력이라고 주장하고 있다.

　　그렇다면 새로운 경제성장의 원동력을 제공하고 있는 창조적 계급(creative class)은 어떤 사람들로 구성되는지 살펴볼 필요가 있다. 창조적 계급은 의미 있는 새로운 양식을 창조하는 일에 종사하는 사람으로 과학자, 기술자, 연구자, 시인, 소설가, 연예인 등 독창적 콘텐츠를 산출하는 사람들과 법률, 금융서비스 등 지식집약형 산업에 종사하는 전문직업인을 가리킨다. 그런데 이러한 창조적 계급은 과거 전통경제에서 회사나 공장에 매몰된 조직원과는 판이한 문화를 가지고 있다. 즉 창조적 계급은 자발성과 창조성을 중시하며 개방적인 태도를 공유하고 있으며 풍부한 여가시설과 다양한 경험을 얻을 수 있는 장소를 선호하는 경향이 있다는 것이다. 리처드 플로리다는 창조력이 경제성장의 원동력이기 때문에 창조적 계급이 집중된 도시가 혁신과 하이테크의 중심지로 부상하고 있다는 것을 실증 연구를 통해 증명하고 있다. 이러한 견해는 도시발전을 위해 기업의 유치, 산업집단의 건설을 중시하는 전통적인 지역성장 이론과는 대조된다. 창조성이 중시되는 시대에 도시발전을 위해 최우선적으로 고려해야 될 요소는 첫째 과학기술 및 창조성에 대한 투자(Technology), 둘째, 다양성이 있으며 개방적인 태도(Tolerance), 셋째, 매력적인 환경 및 주거지를 정비함으로써 창조적 계급을 유치(Talent)하는 것이라는 주장이다. 이와 같은 창조적 계급의 부상과 이동가능성은 5장에서 다룰 티보의 '발로하는 투표(vote with feet)'가 현실적으로 일어나고 있으며 창조적 계급의 유출 혹은 유입이라는 관점에서 도시개발 및 지방자치를 고려하는 것이 지역의 장래에 매우 중요하다는 점을 시사한다.

▌읽어볼 책: 리처드 플로리다(이길태 역, 2002), 『Creative Class 창조적 변화를 주도하는 사람들』, 전자신문사.

4장
현대통치구조에서의 '지방'

현대의 통치는 어떤 특징이 있으며 그것이 지방자치, 그리고 지방정부간의 차이에 어떠한 영향을 미치고 있는 것일까. 본장에서는 사회의 기능적 분화와 그 결과인 정책네트워크화 현상을 지적한 후에 이러한 현상들이 지방에 어떠한 영향을 주고 있는지에 대해 분석한다. 나아가 행정연구에서 지방정부·지방자치가 어떠한 위치를 차지하는지도 검토한다.

1. 사회의 기능적 분화와 지방정부

'당신은 어떤 사람입니까?'라는 질문에 어떤 식으로 답해야 할까. 여러 가지 대답이 가능할 것이다. 먼저 '나는 인간이다'라는 대답이 가능하다. '지구인이다'라고 말할지도 모르겠다. 외국에 나와 있다면 '저는 일본에서 여행하러 온 사람입니다'라는 답이 나오기 쉬울 것이다. 또한 계급대립이 첨예한 경우에는 '나는 자본가다', '나는 노동자다', '나는 지식인이다'라는 대답이 다른 여타의 대답보다 중요할 것이다. 또한 육아휴직문제 등 성性과 관련된 토론에 참가하고 난 직후라면 '나는 남성이다' 혹은 '나는 여성이다'라는 생각이 제일 먼저 떠오를 것이다.

다양한 답변을 크게 '나는 공학계열의 학생이다', '간호사다', '자동차 수리공이다'라는 답과 '나는 간사이 지방 사람이다', '미야기 현민이다', '나고 자란 곳도 야마다 마을이다'라는 답으로 둘로 나누어 생각해 보자. 하나는 '무엇을 하고 있는가'라는 기능적인 면에 관한 것이고 다른 하나는 '어디에 속하고 있는가'라는 지리적인 위치에 관한 것이다. 그렇다면 어느 쪽이 더 중요한 것일까. 이것은 자기동일성identity 인식의 문제다. 이 문제는 단순히 관념의 문제에 머무르지 않는 중요성을 지니고 있다.

장소인가 기능인가라는 양자택일적 관점에서 보면 근대화가 진행됨에 따라 자기동일성을 기능적으로 접근하는 쪽이 점점 늘고 있다. 과거에는 자신이 태어난 장소, 자란 장소, 지금 있는 장소, 죽음을 맞이할 장소, 양친이 나고 자란 장소, 친척이 살고 있는 장소, 자신의 가족묘가 있는 장소가 모두 '야마다 마을'과 일치하였거나 그 정도까지는 아니더라도 '3대째 내려오는 에도사람'이라는 식의 자기규정은 흔하게 들을 수 있었다. 지금은 그렇게 말하는 사람이 드물다. 나는 효고현 고베시에서 태어나 니시노미야시에서 컸고 교토에서 대학생활을 보냈으며 현재 교토시에 거주하고 있다. 가족 묘는 부친의 고향인 와카야마산에 있다. 그렇기 때문에 나는 서쪽 지방 사람이라는 정도의 자기동일성은 막연하게나마 가지고 있다. 교토 시민이라는 의식은 그 보다도 약하다.

하지만 무엇을 하는가에 관해서는 '나는 학자다', '사회과학자다', '행정학 자다'라는 동심원 안에 순서대로 집어넣을 수 있다. 대학을 졸업하고 나서 이 이외의 직업에 종사해 본 적은 없다. 과거 위대한 사람 중에는 철학자, 의사, 시인, 화가, 엔지니어, 발명가를 모두 겸하였던 사람도 있었다. 그들과 비교하면 한심할 지경이지만 나와 같은 경우도 현대생활의 하나의 경향을 대변하고 있다고 말할 수 있다. 즉, 근대 이후 인간이 장소에 특화되는 정도는 점차 줄어들고 있는 반면 상대적으로 기능에 특화되는 정도는 증가하고 있다.

더구나 현대는 급속도로 기술혁신이 이루어지는 시대다. 그것이 초래하는 가장 뚜렷한 효과의 하나는 물리적 거리가 갖는 의미가 약화된다는 것이다. 교통수단이 정비되면서 인간과 물건의 이동에 드는 시간과 비용이 극적으로 감소하였고 컴퓨터 네트워크 등 정보관련 기술의 보급으로 정보유통에 드는 비용에도 마찬가지 변화가 일어나고 있다. 이러한 현상을 볼 때 '장소'의 정치가 갖는 중요성은 점차 줄어들 것 같다. 즉 어떤 정치 참가자 및 조직이 물리적으로 어디에 위치하는가라는 것이 정치과정 및 결과에 영향을 미치는 정도는 과거보다 적다는 것, 그리고 일정한 지리적 영역에서 완결적인 정치 공간은 성립하기 어렵게 된다는 것이다.

실제로 사람들의 관심을 끄는 이익의 배분은 각 개인이 거주하는 장소보다도 각 개인이 종사하는 직능 및 소속하는 산업에 의해서 결정되는 경향이 나타나고 있다. 바꾸어 말하면 국내정치에서 기능적 분화functional cleavages가 점차 지역적 분화territorial cleavages를 압도하게 되었다. 이는 필연적으로 전통적인 지역정치시스템을 약화시키는 효과를 불러 온다. 중앙정부가 구체적인 결정을 내릴 때, 각 지역의 대표로서 의회에 진출해 있는 의원 혹은 지방정치지도자들의 의견보다도 산업계, 기업, 노동계, 각종 압력단체 및 전문 직업군의 의견을 중요시 한다. 형식적으로는 지역대표인 의원들이 아예 기능적인 특수이익을 대변하는 것을 자신의 임무라고 여기기도 한다(Tarrow et al., 1978). 소위 국민대표라는 대의명분의 실질적 내용이 지역에서 기능으로 전이되어 버린 것이다.

1장에서 살펴본 국가와 사회관계 모델들에서 각각의 '지방'의 위치는 이러한 변화를 단적으로 나타낸다. 다원주의 모델의 발전은 국내의 지리적 단위로서의 지방과 깊은 관련이 있었다. 제임스 매디슨 등 고전적 다원주의자들은 미국과 같이 규모가 큰 민주체제를 어떻게 분할할 것인가, 연방정부·주정부·커뮤니티간의 관계를 어떻게 할 것인가, 동질성이 낮으며 당파간의 분쟁이 불가피한 사회에서 어떻게 정치적 결정의 무대arena를 구성할 것인가라는 문제를 중시하였다. 1960년대의 소위 지역 권력구조논쟁[1]에서 다원주

---

[1] 플로이드 헌터(F. Hunter, 1963)는 애틀랜타시에 대한 연구를 통해 권력이 특정한 소규모 지도자집단에게 집중되어 있음

의 논자들은 미국 도시정치를 폐쇄공간으로 그리고 국가의 축소판으로 간주하여 민주주의사회에서 이루어지는 정치현상을 분석하였던 것이다(Dahl 1961).

그런데 코포라티즘과 스테이티즘에서는 많은 경우 지리적인 단위로서의 지방과 지방정부를 분석의 초점에서 제외하고 있다. 코포라티즘 모델은 정부와 비즈니스, 노동의 삼자가 국가차원의 교섭과 타협을 반복하면서 정책이 형성되며 그 결정사항을 각자의 하부조직에게 집행하도록 하는 계층제적 체제를 상정한다. 이는 계급이나 섹터를 대표하는 정상조직(단체)에 영향력과 자원이 집중됨을 시사하는 것이기도 하다. 따라서 지방정부가 갖는 자율성과 국가 내 지역별 다양성 등은 별다른 중요성을 갖지 못한다. 스테이티즘의 경우도 마찬가지다. 특히 행위자로서 국가 모델을 강조하는 경우 국가의 자율성과 능력을 강조하기 때문에 지리적인 단위로서의 사회 및 지방정부는 상대적으로 그 중요성이 약해진다.

그러나 최근 코포라티즘과 스테이티즘에서도 지방에 대한 망각을 수정하려는 움직임이 나타나고 있다. 우선 코포라티즘 분야에서는 '지역region'의 중요성에 대한 인식이 확산되고 있다. 원래 거시 모델로서 코포라티즘은 정부·노동·자본의 삼자협의를 정점으로 하는 계층제적 제도(구조)가 국가 전체를 뒤덮고 있다는 가정에 입각하고 있는데 이는 특정한 시기, 특정한 국가의 경험에 바탕을 둔 것으로 일반적인 적용가능성이 그다지 높다고 할

을 주장하였다. 이에 대해 뉴 헤이븐시의 정책결정을 연구한 로버트 달(R. Dahl)은 각 정책분야별로 서로 상이한 엘리트 집단이 존재함을 발견하여 헌터와는 전혀 다른 결론을 내리고 있다. 즉 헌터는 지역사회 권력구조에서 엘리트우위를 대변하는 데 반해 달은 다원주의를 대변하고 있다. 그러나 양자의 이 같은 상이한 결론은 일정부분 연구방법론의 차이(평판조사 vs 쟁점별 조사)에서 기인한다는 평가도 있다—역자주.

수 없다. 하지만 중범위middle range 차원인 지리적(지역, 지방정부), 기능적(정책영역) 하위체제sub-system에 한정하면 적용가능성은 높아진다. 예컨대 어떤 마을에 2개의 큰 공장이 있고 그 공장에서 마을 인구 80%의 고용을 담당하며 2개 기업의 노동조합이 일정한 비율로 시의회 의원을 배출하고 있다고 하는 이야기는 어딘가에 있을 법 하다. 이 경우 마을 전체를 커버하는 코포라티즘형 정책결정이 이루어질 가능성은 매우 높을 것이다.

최근의 연구동향을 살펴보면 기능적·섹터적 이익과 지역적인 이익이 공존가능하며 양자의 문제는 동시에 해결가능하다는 인식도 확산되고 있다. 비즈니스와 노동, 혹은 개별업계의 이익이 지역별로 통합될 가능성regional associability은 정책영역, 개별 국가의 정부 간 시스템, 시장과의 통합정도 등에 의해 상이하지만 적어도 그 가능성은 충분히 검토할 만한 가치가 있다 (Schmitter and Lanzalaco 1989).

또 하나는 스테이티즘에 대한 반론이라는 형태로 주로 정치경제학에서 지방정부와 지역에 주목하는 움직임이 있다. 찰머스 존슨을 비롯한 스테이티스트에 의한 일본 정치경제시스템 연구를 보면 통산성과 대장성을 중심으로 하는 중앙 관료제, 자민당과 족의원[2] 등 정치가집단, 그리고 재계를 구성요소로 하는 '일본시스템'의 존재를 전제로 개괄적인 분석을 행하고 있다. 이에 대해 일본을 단일 '일본시스템'으로서 보는 것이 아니라 오히려 어느 정도 자율

2 족의원(族議員)이란 법률제정 및 각 성청의 정책결정에 강한 영향력을 행사하는 의원집단을 가리킨다. 제2차 세계대전 이후 자민당의 일당 우위 하에서 국회 상임위원회나 자민당 내 정무조사회를 통해서 장기간 특정정책 분야에 대해 전문성과 인맥을 확보한 일군의 의원집단이다. 전문성 면에서 관료에 필적할 수 있다는 장점이 있으나 특정 이익집단 및 성청과의 유착관계로 인한 정치부패의 원인이 되기도 한다는 단점이 있다— 역자주.

성과 상호침투성을 가진 복수의 지역 시스템이 병존·경합하는 것으로 분석하는 편이 제2차 세계대전 이후의 경제성과를 보다 잘 설명할 수 있다는 입장도 있다(Friedman 1991, 北山 1993). 또한 통산성에서 만들어진 산업정책이 지방정부에 의해 집행과정에서 변질되는 것을 지적하는 연구도 있다. 일본 외 유럽 산업민주주의 국가의 정치경제학 연구동향을 보더라도 어느 정도 지리적 범위를 가지는 복수의 지방정부에 걸친 '지역'을 기초 분석단위로 하는 연구가 빈번히 이루어지고 있다(Weiss 1988).

요약하면 근대화라는 과정이 가져온 '제1차적인 공동성(민족·언어·종교·동일공간의 지속적 공유 등의 요소로 구성됨)과 제2차적인 사회적·경제적·정치적 편성원리(시장관계·행정·통치기구·교육제도 등)'의 긴장관계 속에서 '후자의 차원적 우위'가 점차 명확해지고 있지만 그럼에도 불구하고 여전히 현대국가에서 지방정부의 활동, 사회에서 지리적 연계, 경제성과의 지역별 다양성 등에 연구자들은 주목하고 있다(宮島·梶田 1988, p.5) 이러한 지역의 '부활'(슈미터 등의 표현을 빌리면 "putting region back in")이라는 문맥에서 국가와 사회와의 관계 전체를 재점검하는 작업이 필요하다.

따라서 지역 대표성과 기능 대표성의 균형문제도 단순히 지역대표에서 직능대표로의 이행이라고 하는 단순한 도식으로 파악해서는 안 된다. 시드니 타로S. Tarrow에 따르면 지역대표가 르네상스시대부터 점차로 국민 '대표'로 발전해 나아간 것에 반해, 기능대표는 산업혁명의 산물이며 초기부터 중앙정부와 밀접한 관련을 맺어온 것이라 할 수 있다. 기능적 이익의 대두는 일반적으로 지방정부를 약체화시켜 왔지만 기능적 분화가 중앙정치 시스템에 과도하게 반영된 나머지 의회와 내각, 혹은 대통령부ੑ 등이 경직화되어 버리게 되자 사람들은 지방적 정치제도에 기대를 걸게 되었다. 이는 지방정치지도자에 대한 압력의 상승과 지방정치지도자와 중앙과의 연계필요성의 증대로 이어지게 된다. 행정제도상의 집권화 그리고 문화의 전국표준화가 맞물려 진행된 결과 시장규모는 대중화(사회계층의 확대)되었을 뿐만 아니라 전국화(지리적 확대)되었다. 시드니 타로는 그럼에도 불구하고 지리적 단위를 기초로 한 전통적인 정치적 제도들, 예컨대 연방제, 지방선거, 지방대표성에 기초한 중앙정부 지도자의 선정 등에 대한 애착 또는 기대가 엷어지는 일은 없었다고 주장한다(Tarrow et al., 1978) 그의 지적은 기능대표와 지역대표가 반드시 제로섬zero-sum 관계에 있다고 할 수는 없으며 오히려 기능적 분화가 지역적 정치시스템을 보강할 가능성이 있다는 것이다.

통치시스템의 행정적 요소에 초점을 맞춘다면 4장의 정부 간 관계에서 자세하게 논하게 될 상호의존 모델로 이어지는 현상이 부각된다. 20세기 들어 특히 제2차 세계대전 이후 국민에 대한 서비스제공이 국가에 기대하는 제1의 기능으로 등장하면서 그러한 서비스를 제공하는 기관으로서의 기능을 지방정부에 기대하게 되었다. 특히 '복지국가'는 전국 평균의 일률적인 행정서비스를 요구하며 제도적인 중앙집권화를 가져온다. 그와 동시에 집행기관으로서 지방정부에 대한 중앙정부의 의존정도도 크게 증가하게 되었다. 영국에 대한 한 연구에 의하면 과거 주변부를 지배하며 주요한 결정권을 보유하였던 '중앙'정부government at the centre는 현재 그 정책의 집행을 전적으로 지방에 의존하는 '전국'정부nationwide government로 변모하였다고 한다. 서비스제공이라는 점에서 '전국'정부는 주변에 위치한 존재에 불과하다고 말할 수 있다(Rose 1985). 지방정부의 행정서비스 확대, 지방재정지출의 확대라는 양적변화의 배경에는 중앙정부와 지방정부의 관심이 중복된다는 문제가 있다. 중앙은 외교·사법·국방 기능을 담당하고 지방은 사회적 서비스를 담당한다는 고전적 역할분담은 더 이상 통용되지 않는다. 중앙정부는 교육·문화, 보건위생·의료 등 지방정부가 주로 담당하였던 사회적 서비스를 비롯해 최근에는 환경보전 문제에까지도 관심을 가지지 않을 수 없게 되었다. 이와 함께 기술혁신에 의해 과거 지역수준에서 완결되었던 사업도 전국규모로 확대가 가능하게 되었다.[3] 이러한 흐름은 4장에서 자세히 살펴 볼 정부간 관계론이 등장하게 되는 배경이 된다.

2. 전문기능화 · 네트워크 · 지방정부

현대사회는 다양한 분야에 전문가들이 넘쳐난다. 전문가는 전문기술과 지식을 구사하여 특정한 업무를 처리해낸다. 또한 전문가는 같은 일을 하는 동료들과 연합하여 단체를 결성함으로서 전문직profession 전체의 이익을 추구하기도 한다. 역사적으로 보면 종교사제, 의료종사자, 법률전문가라는 세 종류의 전문직이 있었지만 이러한 전통적 전문직이 국가와 정부, 혹은 통치의 국면에 개입하는 일은 많지 않았다. 그런데 기능적 이익의 대두, 달리 표현하면 기능적 분화가 표면화된 결과로 다양한 집단이 정치시스템 내부에서 큰 영향력을 확보하게 되었다. 전문직으로서 국가와 사회에서 폭넓게 인정받는 직업이 있다. 반면 생겨난 지 얼마 되지 않아 전문직으로서 아직 확고하

---

3 미국의 예를 살펴보면, 건국당시부터 20세기 초 무렵까지 어떤 기능을 어떤 정부수준에서 담당할 것인가라는 문제를 둘러싸고 연방과 주, 혹은 연방과 지방자치단체 간의 권한쟁탈 양상이 나타났다. 그러나 대공황과 제2차 세계대전을 거치면서 정부차원 간 협동이 주류가 되었으며 몇 몇 영역에서는 도시와 연방이 직접 연계하는 등 3개 정부차원에서 일정부분 융합현상이 나타나게 되었다.

게 자리잡지 못한 직업도 있지만, 전문직에 수반되는 기능과 전문지식은 통치를 효과적으로 수행하기 위해서 필수불가결한 것이 되었다. 또한 하나의 정책영역에 복수의 집단이 개입하거나 때로는 복수의 집단이 연계하여 서로의 이익을 확보하는 경우도 있다.

현대사회에서는 비록 전문가로서 완전한 지위를 갖지 못하였다 할지라도 어느 정도 '전문화'된 다양한 집단과 단체가 공공정책 형성 및 집행에 관여하고 있으며 때로는 공공정책에 자극을 받아서 단체가 생겨나기도 한다. 이렇게 국가와 사회에 걸친 여러 행위자들의 연계에 초점을 두는 연구를 이 책에서는 '정책네트워크론'이라 부른다.

피터 카첸슈타인P. Katzenstein에 따르면 국가 통치시스템은 정책목표를 결정하는 통치연합과 결정된 정책목표를 달성하기 위한 정책네트워크 이 두 가지에 의해 규정될 수 있다고 한다. 국가와 사회는 상호 침투가능하며 개개 행위자인 정치가, 정당, 관료조직, 이익집단은 복잡하게 얽혀있는 '관계망network'의 일부에 지나지 않는다. 이러한 상호침투의 양태는 다양한데 이를 포괄적으로 표현하는 개념으로서 정책네트워크라는 용어가 많이 쓰인다 (Katzenstein 1978a).

새뮤얼 비어S. Beer에 따르면 미국에서는 대통령을 정점으로 일견 통합이 이루어져 있는 것처럼 보이지만 실제로 정치를 좌우하는 것은 특정한 전문가 집단과 그 영역을 담당하는 관료들의 강고한 동맹이다(Beer 1973). 이른바 '철의 삼각동맹iron triangle'이라는 것은 본래 다양한 이익을 통합하는 역할을 해야 할 연방의회가 상임위원회와 소위원회, 그리고 정책영역별로 특화된 의회보좌진, 정당의 보좌진, 개별유력의원의 보좌진 등으로 세세하게 전문화된 결과 이익집단과 관료의 동맹에 의한 각종 로비에 포획되기 쉬운 현실을 표현한 용어다. 로위T. J. Lowi는 이러한 철의 삼각동맹이 세분화된 정책영역별로 발달되어 있기 때문에 미국은 다수의 하위정부가 할거하는 극도의 분열 상태에 빠져있다고 본다. '제2공화정', '이익집단 자유주의', '항구적 관료·재계 지배체제' 등은 이러한 현실을 비판하기 위해 로위가 고안해낸 용어들이다(Lowi 1979).

그런데 중앙과 지방정부 차원을 넘어선 교섭·접촉·분쟁의 해결이라는 상호작용의 회로와 이 정책네트워크는 어떤 관계에 있는 것일까. 양자가 전혀 관련이 없을 수는 없다. 예를 들어 로즈R. A. W Rhodes가 제창한 '정책공동체 policy community'라는 개념에는 중앙정부와 지방정부 그리고 양자의 사이에 개재되는 사회의 다양한 행위자가 정책의 형성에서부터 집행까지의 과정에 관여하며 이들 행위자들이 어떻게 배치, 분열, 조직화되어 있는가에 의해 정부간 관계가 결정되어진다고 하는 인식이 명확히 드러나 있다(Rhodes 1986b).

로즈의 정책공동체는 영국의 통치시스템 문맥에서 종종 등장하는 정책 네트워크의 형태를 지칭하는 용어이기도 하다. 정책공동체는 기능적 이익의 분화양상에 따라 형성되며 서비스를 담당하는 관청 및 지방정부 담당부국에 그 기반을 둔다. 정책공동체에는 공공섹터 뿐만 아니라 각종 민간이익단체(전문직단체, 업계노조, 제3섹터 단체 등)들도 참가한다. 그러나 그 정책 결정은 일반적으로 타 정책공동체와 국민, 심지어는 의회와도 거리를 두고 '폐쇄적인' 공동체 내부에서 이루어진다.[4] 또한 이 정책공동체 개념의 구체적인 형태로서 로즈는 일반적인 정책공동체와 '전국 지방정부 공동체'를 구분한다. 후자는 일반적인 정책공동체와 성격이 다르다. 우선 참가자는 선거로

4 이것은 4장에서 소개하는 말뚝울타리 연방제(특히 수직 축)의 영국판이라고 할 수 있다.

선출된 지방정부 지도자들과 지방정부를 관할하는 환경성(현재는 부수상실)으로 한정된다. 중앙과 지방의 상호의존관계는 일반적인 정책공동체만큼 명확하지는 않다. 관심의 대상이 되는 이익은 개별적인 것이 아니라 지방정부 전체와 관련되는 보조금제도 등 보다 일반화된 이익이다.

4장에서 소개하는 정부간 관계에 대한 로즈 모델에서는 정책공동체라는 개념이 개별 지방정부 및 중앙관청들 그리고 이들 간의 상호작용이 전국적인 정부환경(예를 들면 국제적인 불황이나 정부역할의 대한 국민의 사고방식, 기대 등의 변화) 속에서 어떤 위치를 차지하는가를 생각할 때 핵심개념으로 사용된다. 여기서 중요한 점은 정책네트워크에서 지방정부는 중요한 구성요소라는 것이다.

정책네트워크 논의에서 어려운 점은 이러한 상호침투 메커니즘과 형태가 국가, 정책영역, 시기에 따라 매우 다양하기 때문에 용어 및 개념이 논자별로 심지어는 한명의 논자인 경우에도 통일되지 못하고 혼란스럽게 사용된다는 것이다. 신카와 도시미쓰新川敏光는 이러한 상황을 고려하여 국가와 사회간의 상호의존성, 그리고 네트워크의 폐쇄성이라는 두 가지 기준을 가지고 [그림 2-1]과 같은 4개 유형의 정책네트워크 개념을 제시하였다(新川 1992). 이 책도 신카와의 개념정의에 따라 논의를 전개하기로 한다.

우선 국가와 사회의 상호의존성이 낮으며 정책네트워크의 폐쇄성도 낮은 유형이 이슈·네트워크다. 이 개념은 휴 헤클로H. Heclo가 일찍이 사용한 바 있다. 헤클로도 이 네트워크를 특정문제에 영향을 미칠 수 있는 사람들이 광범위하게 산재해 있고 그들 상호간의 연결도 그다지 강하지 않은 것이라고 설명하였다(Heclo 1979). 이 네트워크는 환경으로부터의 입력이 자유로운 개방계적 성격을 갖기 때문에 그 네트워크의 구성원이 되는 일은 어렵지 않다.

[그림 2-1] 정책네트워크의 4가지 개념

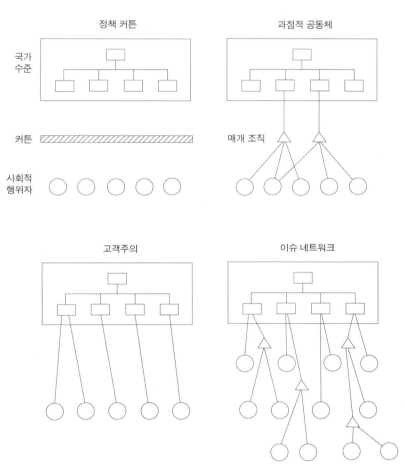

어떤 문제에 관심을 갖고 평소 그에 관해 공부를 하며 정책의 형성 및 집행에 영향을 미치려고 하는 자세를 갖고 있는 정도가 참가 자격이 된다. 이슈 네트워크의 특징은 그 범위가 어디까지 확대될 것인지가 불확실하고 애매하다는 점이다.

예를 들어 '도로'라는 정책영역에서 이슈 네트워크가 형성되어 있는 경우, 거기에는 정부의 담당관료, 도로교통 문제에 관심을 가지고 있는 정치가들, 도로건설업계, 노동조합, 언론인, 시민단체 등이 포함될 뿐만 아니라 관련되는 타 단체(시멘트·철강재·자동차업계 등)나 타 이슈 네트워크로 그 외연이 확산되어 간다. 헤클로는 정치학이 '누가 지배하는가'라는 고전적 문제, 즉 정책결정과 집행을 좌우하는 소수자를 찾아내는 것에만 관심을 집중하여 거미줄처럼 분산되고 유연한 형태를 띠는 인적 연결망(의 존재)을 경시하고 있다고 경고하였다. 어떤 특정문제가 이슈가 되어 사람들을 심정적으로 연대하게 만들고, 나아가 커뮤니케이션의 계기를 제공하기도 해서 운동을 조직화하는 단계로 까지 발전하는 경우도 드물지 않다. 또한 그러한 운동이나 조직화가 정책형성에 중대한 영향을 미치는 경우도 종종 목격할 수 있다.[5]

이 이슈 네트워크와 대비되는 개념이 '정책커튼'이다. 정책커튼에서는 상호의존의 정도는 낮으나 폐쇄성은 높다. 사회 내 행위자의 정책에 대한 접근은 차단되어 있으며 국가와 사회와의 연계도 없다. 신카와에 의하면 민주주의체제 하에서 이러한 상태는 예외적으로만 가능하다.

한편, 정책공동체는 국가와 사회의 상호의존성이 높은 경우 발생하며 공공정책형성과 집행에 직접 참여하는 행위자들의 결합이다. 앞서 살펴본 로즈의 정책공동체도 신카와가 정의한 정책공동체의 일종이라고 볼 수 있다.

---

5 그 현저한 예로서 랄프 네이더를 지도자로 하는 시민운동 네트워크를 들 수 있다. 네이더는 자동차 안전문제 등 미국 대기업의 부정을 폭로하는 역할을 하였다. 그 주역들은 시민운동에서 점차 중앙 및 지방 정부내부에 침투하여 중앙정부의 요직을 담당하는 일도 생겨났다. 예를 들어 카터정권은 운동가 조안 클레브룩을 연방운수성의 고속도로국장에 임명하였다. 정권이 공화당으로 교체되자 그녀는 공직을 떠나 다시 시민운동가로서 교통문제에 계속 관여하고 있다.

신카와는 정책공동체를 폐쇄성이 높은 과점적 공동체와 폐쇄성이 낮은 고객주의 공동체로 분류하고 있다. 고객주의 정책공동체에는 주요 이익집단이 모두 포함되며 각 이익집단이 정부기관과 직접 대화 가능한 채널을 가지고 있다. 이에 반해 과점적 공동체는 주요 고객이 모두 직접적 채널을 가지고 있지 못하다(新川 1992, p.16).

이러한 정책공동체는 이슈·네트워크와 비교할 때 사회 내 행위자들의 참여가 한정되어 있으며 그만큼 행위자들 간 상호 신뢰관계가 강하다. 종종 동지적 관계가 발생하는데 뒤늦게 참여하는 것이 어려운 경우도 많다. 그들의 문제의식은 촉진적인 방향을 선호하며 해당 정책영역에서 지분의 확대 및 유지에 노력하는 경향이 있다. 따라서 타 공동체와 대립하는 경우도 발생한다. 예산확보를 둘러싸고 경쟁할 뿐만 아니라 타 공동체에 대해서 우위를 주장하기 위해 이데올로기를 공유하거나 상징을 동원하는 일도 있다. 무엇이 참가에 필요한 지식인가에 대해서도 사전에 어느 정도 정해져 있다. 이러한 점이 이슈 네트워크와 다른 점이다.

이러한 정책네트워크에 관한 논의를 보다 잘 이해하기 위해서는 몇 가지 논점을 검토할 필요가 있다. 첫째, 이러한 정책네트워크론은 국가가 사회로부터 완전히 자율적이지 않다는 발견에서 출발한다. 카첸슈타인P. J. Katzenstein의 '반¥주권국가'[6]라는 개념은 이 점을 명확히 표현하고 있다(Katzenstein 1978a). 그러나 국가와 사회의 상호의존관계가 성립한다고 하더라도 그것이 국가의 자율성, 그리고 영향력의 우위를 완전히 부정하는 것은 아니다.

6 국가와 사회가 상호침투하여 서로 의존하고 있는 상태를 가리키는 용어. 다수의 사회집단이 국가기구에 대한 접근점을 확보하고 있어 국가활동은 이들 사회집단의 동의와 협력을 얻어야만 유효성을 갖게 된다. 이 때 국가는 온전한 주권을 보유하지 못하고 있는 즉 '반쪽의 주권을 보유한 존재'라는 것이다—역자주.

신카와가 제시한 네 가지 유형의 각각에서 국가가 주도권을 잡고 있는 형태와 사회가 주도권을 잡고 있는 형태로 다시 나누어 볼 수 있을 것이다. 다만 정책 커튼에서는 국가주도 형태만이 가능하다. 이론적으로 사회주도형 정책커튼 도 있을 수 있기는 하지만 차단이라는 전략은 기본적으로 국가가 그 법적 권한 및 여타 자원을 동원해서 만드는 것이기 때문에 현실에서는 불가능에 가깝다.

앞서 로위의 주장에서도 알 수 있듯이 미국에서 국가와 사회 간의 정책네 트워크적 상호침투가 정책공동체의 형태를 취할 경우 흔히 그것은 국가의 통합을 저해하는 것으로 간주된다. 그러나 이론적으로 생각해 보면 정책공 동체의 성격은 일률적이지 않다. 사회주도의 경우에는 사회가 국가행위자 를 '포획capture'하는 측면이 강할 것이고 국가주도의 경우에는 국가가 사회행 위자를 '흡수cooptaiton'하는 측면이 강할 것이다. 이슈네트워크의 경우도 마찬 가지인데 행위자가 너무 많아서 국가통제가 불가능한 (사회주도적인) 측면 과 행위자가 많아서 국가가 자율성과 재량을 확보하는 (국가주도적인) 측면 이 공존한다. 국가가 주도하는가 사회가 주도하는가하는 문제는 정책공동 체에서 국가의 규제기관이 '포획'된 상태로부터 벗어나기 위해서는 사회 속 에서 기존 이익에 대항하는 세력이 등장하는 것이 유리하다는 논의로 연결된 다(Wilson 1980).

정책네트워크를 이해하기 위한 제2의 논점으로서 이 글의 서두에서 언급 한 전문가들의 집단, 소위 '전문가 공동체'라 불리는 특정문제에 관한 전문지 식·기능을 상당부분 배타적으로 공유하는 집단에 대해서 검토할 필요가 있다(Laffin 1986). 신카와도 지적한 바와 같이 의사집단 등 이미 확립된 전문 가 공동체의 경우는 그 전문기능이 자원으로서 중요하다는 사실이 정책담당자들에게 확실히 인식되어져 있으며 전문가 공동체의 영향력이 제도화되어 있다(新川 1992, p.17).

이 공동체는 대학 등 고등연구기관이나 학회 등에서 활동하는 연구자들을 핵심으로 하며 일부 관료와 기업인들이 참여하기도 한다. 정치가가 이 공동체에 참여하는 경우는 매우 드물지만 제도화가 진행되면서 전문가 공동체의 구성원이 공동체의 이익을 지키는 수단으로 정계에 진출하는 경우도 나타난다.[7] 구성원 상호간의 접촉 빈도도 매우 빈번하고 때로는 외부사람들이 들어서는 이해할 수 없는 마치 우주인의 언어로 이야기 하는 듯이 비춰지기도 한다. 전문가 공동체의 제1의 이익은 그 공동체의 자율성을 지키는 일이다. 그러나 이러한 전문가 공동체는 전적으로 사회 내에 존재하는 경우도 있고 이슈 네트워크 같은 형태로 국가와 느슨한 연계를 가지고 있는 경우도 있다는 점을 주의할 필요가 있다.[8]

셋째, 이러한 정책네트워크는 유동적이라는 것이다. 어떤 한 정책영역을 설정하였다 하더라도 시간의 경과와 함께 그 형태가 변화하기 때문에 과거의 분류유형과 현재의 분류유형이 다를 수 있다. 예컨대 원자력이라는 정책영역에 대해 생각해 보자. 원자력정책은 제2차 세계대전 말기 원자폭탄 개발경쟁에 의해 촉발된 것으로 '국가기밀과 관련된 극히 한정된 영역'인 동시에 '일시적인 비상사태'아래 발전된 정책이라는 성격을 가지고 있었기 때문에 정책 커튼적인 네트워크가 소규모 전문가공동체와 중복되는 형태로 존재하

7 일본에서도 의사, 치과의사, 간호사 등이 각각의 조직표를 동원하여 각 집단의 대표를 국회에 보내는 관행이 계속되고 있다.
8 과거 일본의 임시교육심의회 멤버를 선발하는데 교육학 전문가가 배제된 것이 화제가 된 일이 있었다. 이에 대해 학계내부에서는 이를 문제시하는 견해도 있었고 오히려 국가로부터 독립이라는 관점에서 이를 바람직하다고 하는 견해도 있었다.

였다. 실제로 원폭투하를 최종 결정한 트루먼 대통령은 프랭클린 루즈벨트 대통령 생존 당시 부통령으로 재직 중이었는데도 원자폭탄개발연구 프로젝트(소위 맨해튼계획)의 존재를 전혀 알지 못하였다고 한다. 그런데 이후 핵무기에 관한 기술이 급속히 확산되었고 원자력의 민간이용, 즉 원자력발전에 관한 기술적 진보가 진행되었다. 군사적 측면에서는 수소폭탄을 비롯한 핵무기의 파괴력이 더욱 증대되었으며 이로 인해 핵이 인류전체에 대한 위협이라는 인식이 확산되어 갔다. 이러한 상황변화에 따라 원자력은 복수의 정책영역으로 분화되어 어떤 부분(군축정책의 일부)은 NGO등에 의한 국제적 반핵운동으로 대표되는 이슈 네트워크적인 형태로, 어떤 부분(원자력 발전)은 전력업계와 규제관청 간의 고객 주의적 네트워크의 형태로, 어떤 부분(안전보장 정책)은 여전히 정책커튼에 머무르게 되었다.

넷째, 이러한 정책네트워크 논의는 소위 중범위 수준의 분석도구, 즉 정책영역 별로 다양한 과정을 설명하는 것에만 한정되지 않고 거시수준의 이론모델로 연결될 가능성을 내포하고 있다. 던리비Dunleavy 등이 주장하는 바와 같이 정책네트워크 개념은 원래 복수의 거시이론과 밀접한 관련이 있다 (Dunleavy and O'Leary 1987). 예를 들어 마르크스주의 이론에는 자본이 지배적인 정책공동체, 엘리트주의에서는 특권을 가진 소수자가 지배하는 정책공동체, 스테이티즘에서는 국가행위자가 우월적인 지위를 갖는 다양한 정책네트워크, 그리고 다원주의 모델에서는 이슈 네트워크라는 대응관계가 성립한다(Smith 1993, p.4). 어떤 정책영역에 어떤 정책네트워크가 성립하는가라는 분석은 다수의 정책영역을 어느 정도 일반화하는 작업을 거쳐서 종국에는 어떤 체제에 어떤 국가·사회관계가 성립하는가라는 거시 모델의 적용이 가능하게 된다.

마지막으로 본장의 주제 중 가장 중요한 것으로 이러한 정책네트워크가 지방자치, 지방정부에 어떠한 함의를 갖는가 하는 문제를 살펴보자.

먼저 첫째로 이 정책네트워크론은 지방을 하나의 시스템으로 간주하는 전제조건하에서 지방정부를 국가(중앙정부)로 의제하여 지방정부와 주민, 각종 단체, 기업 등 사회 내 행위자들과의 관계에도 적용이 가능하다.

[그림 2-2] 정책네트워크와 지방정부

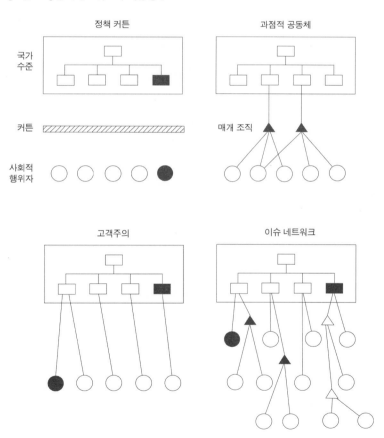

또한 로즈가 말하는 '전국 지방정부 공동체'와 같이 지방정부와 한정된 국가행위자 간의 배타적 네트워크가 형성되는 경우도 있다.[9] 지방정부의 공동체는 영국의 사례분석에서 밝혀진 바와 같이 통상의 정책공동체와 비교하여 내부 통합도가 낮고 공유하는 이데올로기가 명확하지 못하며 추구하는 이익이 일반적·공공적이라는 것, 국가행위자의 설득에 대한 저항력이 약하다는 것 등의 특징을 나타낸다. 일본의 지방 6단체에 관한 연구에서도 이러한 지방로비의 한계가 발견된다(Rhodes 1986a, 阿利 1960, 村上 1983 등). 그러나 보다 중요한 것은 지방정부가 국가와 사회에 걸친 정책네트워크에 대해 다양한 전략을 동원하여 침투를 시도한다는 점이다. 통상적으로 정책네트워크가 형성되면 국가차원에서 한 관청이 가지는 정책전반에 관한 통제력은 상대적으로 약화되는 경향이 있다. 그 경우 지방정부 지도자들은 정책네트워크에 참여함으로써 정책에 대한 영향력을 높이려고 할 것이다. [그림 2-2]의 검은색 부분이 지방정부다. 그림에서 알 수 있듯이 지방정부 진출의 형태는 다양하다. 우선 지방정부는 정책커튼 안 또는 바깥에 위치하는 경우가 있다. 커튼의 안쪽에 지방정부가 들어가는 경우는 본래 정책커튼이라고 하는 네트워크가 예외적인 것이기 때문에 그다지 많지 않다. 하지만 국가의 정책형성에서 지방정부가 가진 자원이 꼭 필요하다고 국가의 행위자가 판단하는 경우 해당 지방정부는 타 지방정부보다 유리한 지위를 획득할 수 있기 때문에 정책커튼 안에 들어가는 것이 해당 지방정부에게는 매력적인 전략이 된다. 물론 이는 동시에 국가에 의해 '흡수'될 위험이 뒤따르게 된다.

정책공동체에서 지방정부의 위상은 정책커튼보다도 훨씬 다양하다. 먼저 과점적 공동체와 고객주의적 공동체에서는 국가차원의 행위자로서, 혹은

---

[9] 이를 토포크라트(topocrat)로 구성된 전문직(profession)공동체라고도 한다.

매개조직으로서 존재하거나 사회차원의 행위자로서 기능할 수 있다. 매개 조직과 사회차원의 행위자의 역할은 구별이 어렵다. 예컨대 국가 행위자가 떡고물이 떨어질 수 있는 특정사업을 집행하기 위해 한정된 민간 기업에만 보조금을 지급한다고 하자. 지방정부가 매개조직이 된다는 것은 우선 국가 행위자가 지방정부에 보조금을 제공하고 동시에 개별적으로 민간 기업을 지정할 권한을 특정 지방정부에 부여하는 경우를 말한다. 만일 그러한 권한 을 지방정부에 부여하지 않을 경우에는 기업이 국가에 직접 보조금 교부를 위한 로비를 하는 경우가 많으며 때로는 지방정부 지도자들이 이를 후견하고 있는 경우도 있다. 이 경우에는 지방정부는 매개조직이 아닌 사회 행위자의 일부라고 할 수 있다.

전자에서는 국가 행위자는 지방정부로 인해 사회 행위자와 대면하지 않 아도 되지만 후자에서는 지방정부로 인해 사회행위자와 대면할 수밖에 없게 된다. 이슈 네트워크의 경우에도 지방정부는 국가 행위자에 준하는 존재이 거나 거의 압력단체 그 자체 혹은 지역에서 사회의 여러 행위자들을 통합하여 국가에 압력을 가하는 존재라는 다양한 역할을 하고 있다.

마지막으로 정책네트워크에서 프로페셔널professional 공동체가 중요한 것 과 마찬가지로 지방정부가 프로페셔널 공동체와 어떤 관계를 맺는가는 지방 정부의 자원과 전략을 규정하는 중요한 요인이다. 프로페셔널 공동체에 지 방정부 지도자와 그 직원이 구성원으로 참가하게 되면 지방에 유리한 정책 혁신innovation을 촉진하거나 불리한 정책을 저지하는 데 매우 유리할 것이다.

프로페셔널 공동체는 어떤 의미에서 기능적 이익의 한 종류이며 국가 행 위자, 특히 전문화된 중앙관료의 새로운 자원으로서 그 도덕적, 능력적 우위 를 뒷받침하기도 한다. 그러나 한편으로 그러한 전문지식과 전문가는 배타적인 서클 내부에만 머무르지 않고 확산·전파되는 성질이 있기 때문에 지방정부와 지방정부 지도자에게도 그 이용 가능성이 점차 높아지게 된다. 즉 어떤 시기까지 유지되어졌던 중앙의 우위는 지식·기술의 전파 및 확산에 의해 약화될 가능성이 있다는 것이다.

이와 같은 정책네트워크에서 지방정부 전략 및 위치설정의 다양한 가능성은 1장에서 서술한 바와 같이 지방정부가 본래 가지고 있는 국가와 사회 어느 쪽에도 속하지 않는 모호성(이중성)을 반영한 것이라고 할 수 있다.

3. 행정학의 지방자치·지방정부 연구

현대 행정연구의 주요 원류 가운데 하나가 미국의 'public administration'이다. 그 창시자라고 할 수 있는 우드로우 윌슨w. Wilson 등이 지방정부를 무대로 벌어진 정당의 전횡machine politics[10]과 관료 부패에 대한 현실적 개혁운동을 뒷받침하기 위해 정치행정 이원론을 제기하였다는 것은 널리 알려진 사실이다.

그러나 행정관료제의 기능이 확대되고 사회의 여러 세력과 정치와의 관계가 밀접해지면서 정치와 행정을 엄격하게 구별해야 한다는 사고방식은 점차 후퇴하고 오히려 그 융합현상에 대한 연구가 성행하게 되었다. 여기서 정치행정 이원론의 현대적 의의나 드와이트 왈도D. Waldo의 행정국가론의 의의를 논할 여유는 없다(西尾 1990 등 참조). 다만 데일 라이트D. S. Wright가

10 미국의 정당 머신(party machine)은 조직선거의 전형적인 예로써 20세기 중반까지만 해도 미국의 정당 머신들은 대도시 선거와 정치를 장악하였다. 조직선거의 전형적인 방식은 보스의 지시에 따라 표와 돈이 동원되고 이에 대한 반대급부(직업알선, 이권제공)가 제공되는 것이었다—역자주.

지적한 바와 같이 월슨도 정부 간 상호의존관계의 진전을 인식하였고 여기서 파생되는 여러 문제에 대한 해결을 모색하였다는 점을 유의할 필요가 있다 (Wright 1990, p.168). '우리들의 과제는 (중략) 구, 시, 군, 주, 연방이 각각 그 자율성을 유지하는 동시에 서로 의존하고 협력할 수 있도록 하는 것이다'(Wilson 1987, p.18)라고 '마치 오늘날의 대통령 연설과 같은' 논의를 전개한 월슨은 다음과 같은 과제를 자신이 해결해야할 과제라고 생각했다. 즉 '지방정부와 연방정부라고 하는 각기 자율적인 정부가 이처럼 중첩되어 있다는 것은 현대적 개념이다. (중략) 문제는 어떻게 이러한 정부 내 정부라는 복수의 층을 관리하여 관리들이 전력을 다해 그 관할지역을 발전시켜 나가도록 하느냐 이다'(Wilson 1987, p.19).

행정학의 정체성이 과연 무엇인가라는 영원한 주제에 대해 분명한 답을 제시하는 것은 어렵다. 하지만 월슨의 주장에서 나타나 있는 주제, 즉 행정책임론이 그 중요한 일부를 구성하고 있다는 데는 큰 이견이 없을 것이다. 유명한 프리드리히와 파이너의 책임[11]에 관한 논쟁도 뉴딜이라고 하는 국가-사회관계의 재편에 대한 반응으로서 제기된 것이기도 하지만 이를 통해 초래된

[11] 1940년대 벌어진 프리드리히(C. J. Friedrich)와 파이너(H. Finer)의 이론적 논쟁은 오늘날에도 행정책임과 관련하여 풍부한 시사점을 제공하고 있다. 프리드리히는 단순히 법규를 위반하지 않은 것으로 공무원의 책임은 확보되지 못하며 오히려 공무원의 자유재량 확대가 공무원이 전문가로서 지식과 기술을 발휘할 수 있는 바탕이 된다고 주장하였다. 프리드리히는 고도로 전문화된 행정을 의회가 외부에서 통제하는 데는 한계가 있으며 행정은 국민의 여망에 적절하게 반응해야 한다는 것을 강조하였다. 반면 파이너는 의회를 중시하는 전통적 민주적 통제론에 입각하여 '기술적으로 가능한 한 상세하게' 법률로써 행정수단을 규정하여야 한다고 주장하였다. 개인적 책임감에 호소하는 책임원리는 독재나 전제주의를 초래할 우려가 크다는 것이다 - 역자주.

새로운 정부 간 관계와도 밀접한 관련이 있다(Wright 1990. p.169).

　행정책임론과 같은 규범적 측면의 특징 외에 행정학은 '집행'implementation
이라는 기술·설명적인 측면의 특징과 관련되는 대상을 포함하고 있다. 원래
행정은 입법부 등에서 형성된 정책을 충실히 집행하는 권력으로서 출발하였
으나 먼저 미국에서 정책과 집행간의 괴리乖離 문제가 명확히 부각되기에
이르렀다. 이 집행을 둘러싼 논쟁도 또한 책임론과 마찬가지로 현실에서
일어난 지방정부 활동에서 촉발된 것이다. 지방정부는 주민에게 직접 서비
스를 제공하는 집행자로서의 성격이 강하다. 그 뿐만이 아니라 선구적 집행
연구 가운데 하나인 윌다브스키Wildavski와 프레스만Pressman의 공저의 일부,
'왜 워싱턴의 거대한 기대가 오클랜드에서는 산산이 부서졌는가'에서 알 수
있듯이 정부계층 간의 정책불일치 문제가 있었다(Pressman and Wildavsky
1973). 집행연구가 큰 관심을 불러일으킨 또 하나의 배경에는 지방정부 기능
과 영향력의 확대라는 현상도 있었다. 이 새로운 정책영역은 미국에서 처음
주목을 끌었고 이후 다른 나라의 행정학연구자들의 폭 넓은 관심을 모으게
되었다.

　지방정부 기능의 확대는 집행과정 그 자체에 대한 정밀한 연구를 촉발하
였을 뿐만 아니라 정책형성자와 정책집행자 간의 계층제적 관계를 전제로
하지 않는 이론구성을 가능하게 하였다. 유럽에서의 연구를 통해 다음과
같은 분석이 이루어졌다.

　표면적으로는 혼란스럽게만 보이는 다원적인 국내 여러 조직들의 관계
는 실제로는 어느 정도 조직간 자동조절 기능이 작동하고 있다. 그러나 중앙
정부가 바라는 것을 달성하기 위해서는 자동조절 기능만으로는 불충분하며
중앙정부의 개입이 불가피하다. 그 개입은 (지침)시달, (세부계획)지시라는

하향적인 형태를 띠기보다는 오히려 피조정대상의 동의를 기반으로 한 협동 혹은 교섭이라는 형태를 띤다(Hanf 1978).

이와 같이 중앙정부와 지방정부간의 관계를 기본적으로 상호의존이라고 파악하여 양자 간의 교섭과 상호작용을 연구대상으로 중요시하는 모델이 제기되었다. 이는 제도적으로는 중앙집권적 관료지배의 전형적 유형이라고 분류되는 프랑스에 관한 연구를 살펴보면 분명히 알 수 있다. 나폴레옹 이래 프랑스는 근대적인 중앙집권국가 건설을 목표로 해왔다. 그 결과 완성된 지방제도는 중앙 각 성(부처)의 특별행정기관과 내무성12에서 파견된 지사의 엄격한 지도하에 지방정부를 두는 등 관료지배의 성격이 짙었다. 그런데 1960년대 후반 이후 중앙관료가 지방정치가에 크게 의존하는 경향이 보고되기 시작하였다. 지방정치가들은 지방에 파견되는 관료들로부터 가능한 한 이익을 끌어내는 한편 중앙의 정책목적이 달성될 수 있도록 협력을 아끼지 않았다. 지방정치가들은 관료들 사이의 커뮤니케이션 통로 역할을 자임하였고 스스로의 연줄로 관료 네트워크를 형성하여 중앙에 대한 일방적인 의존을 약화시키는 데 어느 정도 성공하였다(Ashford 1982).

프랑스 제도와 그 개혁에 대한 평가는 논자에 따라 차이가 크지만 현대 지방정치를 연구하는 데 있어서 제도가 갖는 미묘한 함의를 파악하는 작업이 불가결함과 동시에 그 제도 속에서 행동하는 지방정치 엘리트의 다양한 행동, 특히 중앙에 대한 작용과 그에 대응하는 중앙의 전략이 매우 중요한 의미를 가진다는 데는 합의하고 있다.

그런데 집행연구는 단적으로 말해 정책형성과 집행은 별개의 문제라는 것이다. 그리고 정책형성의 주도권을 어떤 행위자가 잡는다 하여도 그러한

12 우리나라의 행정안전부에 해당 — 역자주.

주도권이 그대로 유지되는 것은 아니며 집행에서 형성된 권력구도가 다시 정책형성에서 새로운 영향력 관계를 만들어 낸다는 것이다. 그러나 이것은 행정연구의 지평을 여는 하나의 국면에 불과하였다. 정책형성과 집행뿐만 아니라 정책형성과 정책의제 설정, 나아가 정책집행과 정책평가라는 정책순환(사이클)론이 제기되었기 때문이다. 제임스 스콕J. Skok이 정리한 바에 의하면 현대 행정연구는 정책순환론과 같은 기능차원에 국한되는 것이 아니라 구조차원에서도 전개된다(Skok 1995).

월슨 당시였다면 [표 2-1]의 7까지 한정되었을 법한 행정연구는 이 두 가지 차원의 전개에 따라 확대되었다. 스콕은 1(현장차원의 공무원이 그 고객을 활용하여 어떤 특정문제가 부각되도록 데모를 일으킨다)과 9(경찰관이 지방선거에서 정당 활동에 관여한다)처럼 명백히 행정영역에 속하지 않는 경우도 있지만 기본적으로는 모든 국면에서 행정의 정당한 관여가 있다고 한다. [표 2-1]의 세로축인 구조차원은 수정 쓰레기통모형을 따르고 있는데 스콕은 이러한 발상이 네트워크론에 의거한 것이라고 한다(Skok 1995, p.329).

[표 2-1] 구조와 기능의 매트릭스

	Agenda 설정	정책 형성	정책 집행	정책 평가
문제의 흐름	1	2	3	4
정책의 흐름	5	6	7	8
정치의 흐름	9	10	11	12

출처) Skok 1995, p.327.

주목할 만한 것은 네트워크론적인 차원에서도 정책순환적인 차원(표 2-1의 가로축)에서도 지방정부가 현실에서 수행하고 있는, 또는 이미 수행한 역할이 크다는 점이다. 정책네트워크의 전개에 대해서는 이미 앞에서 언급하였는데 정책순환에 대해서도 집행뿐만 아니라 예를 들면 평가 등에서도 지방정부는 선도적 역할을 담당하고 있다고 할 수 있다.

지방정부 역할의 증대는 결과적으로 행정 책임의 문제를 통치상 새로운 과제로 부상시켰다. 또한 국내 통치시스템에서 복잡한 정책네트워크의 발달을 불러왔다. 이제 현대 행정은 지방정부가 어떻게 활동하고 있는가 또한 이를 어느 정도로 어떻게 제어해야 하는가라는 측면을 빼 놓고는 말할 수 없다.

이렇게 볼 때, 일본에서 행정학자들이 지방정부와 지방자치의 영역에 강한 관심을 표명하여 온 것은 오히려 당연한 것이었다고 할 수 있다. 일본의 지방정부 연구는 상당부분 행정학자들에 의해 수행되어 왔다. 물론 경제학 분야 특히 그 가운데 재정학, 그리고 법학 그 중에서도 특히 행정법학 분야의 연구자에 의한 것도 많지만 이는 각 분야의 특정 현상(예를 들어 중앙과 지방 간의 재정이전, 법률론으로서 기관위임사무와 행정소송)에 한정되는 경향이 강하였다. 또한 행정학자가 아닌 정치학자들에 의한 지방정부론 중에도 뛰어난 연구가 적지 않다.[13] 그러나 연구의 양과 질, 그리고 대상의 다양성 면에서 행정학자는 지방정부연구의 주역이었다고 해도 과언은 아닐 것이다. 일본의 행정학이 어떤 내용을 가지고 있었는가를 살펴보는 실마리로서 두 행정학 '강좌'를 대비시켜 보자. 1970년대에 쓰지 기요아키辻清明 등이 편집한 '행정학 강좌' 전5권 41장 중에서 '지방', '지역' 등의 제목을 단 것은 불과 2개에 불과하다. 그로부터 20년이 지나서 만들어진 니시오 마사루西尾勝·무라마쓰 미치오村松岐夫 편에 의한 '강좌 행정학'은 전6권 49장 중에서 그에 상당하는 것이 9개다. 더구나 제목에 명시되어 있지는 않지만 지방차원의 활동이

---

13 예를 들어 규범적 측면에서는 松下圭一, 서술·분석에서는 中野実 등을 들 수 있다.

언급된 장은 절반 가까이를 차지한다(辻외편 1975-76, 西尾·村松편 1994~1995).

로우야마 마사미치蝋山政道[14] 이래 행정학이란 '현대에 있어서 행정에 관한 경험적 표상表象의 통일'을 지향하는 '현실 과학'이었다. 즉 행정이라는 거대한 존재 전체를 커버하는 것은 불가능하지만 행정학은 그 실태와 경향 그것을 둘러싼 환경 등을 종합적으로 맞추어 보면서 학문의 대상과 방법을 변화시켜야 한다는 구속이 있다. 앞서 두 강좌의 차이는 지방정부가 실제로 수행하고 있는 역할변화에 대한 인식이 약간의 시간차를 두고 반영된 결과라고 생각된다. 행정학의 연구대상으로서 지방정부는 여전히 중요할 뿐만 아니라 성장산업인 것이다.

내가 행정학 공부를 시작할 무렵, 행정학 교과서에는 그 대상을 기본적으로 중앙정부 차원에 한정하여 지방차원의 논의는 중앙 정부 차원의 논의를 유추하는 식의 접근방법이 많았으며 그에 대해 별다른 문제의식을 느끼지 못하였다. 그러나 현재 지방차원의 분석을 배제하고서 현대 통치시스템을 이해하고 전망하는 것은 어려울 것으로 생각된다. 오히려 분석의 초점을 지방에 맞추어야만 행정이란 무엇인가, 국가와 사회와의 관계는 어떻게 되어 있는가라는 문제가 밝혀질 것으로 확신한다.

14 1921년 도쿄제국대학과 교토제국대학에서 일본 최초로 행정학 강좌가 개설되었는데 도쿄제국대학 신설강좌의 초대 담당자가 로우야마 마사미치(1895~1980)였다 - 역자주.

중앙정부도 한 덩어리는 아니다 - 결정의 본질

1962년 10월 발생한 쿠바 미사일 위기에 대하여 앨리슨(Allison, 1971)은 미국과 소련 정부가 취한 결정·행동을 세 가지 모델에 근거하여 그 과정을 다각적으로 분석하고 있다. 첫째, 합리 모델은 정책결정을 정부의 전략목적에 근거하여 최선의 정책안을 선택·행동한 결과로서 해석한다. 이때 정부는 일종의 블랙박스(black box)로 처리되며 국가는 행위자로서 간주된다. 둘째, 조직과정 모델은 정부가 여러 조직들로 구성되며, 조직적 출력으로서의 정부 행동을 분석한다. 정부는 행정기관의 조직이 축적하고 있는 SOP(표준운영절차)와 프로그램 등에 근거하여 외부의 정보를 분석하고 행동한다. 정부의 결정·행동은 단기적으로는 현존하는 SOP와 프로그램에 의하여 거의 결정되며, 장기적으로는 조직 목표 등에 많은 영향을 받는다. 셋째, 관료정치 모델은 정부가 주요 지위를 지닌 다양한 행위자로 구성되어 있다고 가정한다. 정부 내 주요 행위자는 각자 다른 지위, 이익, 이해관계, 권력 등에 근거하여 정치적 협상을 통해 정책을 산출한다. 정부 결정·행동은 기본적으로 정치적 협상에서 파생되는 결과이며, 주요 행위자는 자신이 속하고 있는 조직기반에 제약을 받으면서 참가한다.

앨리슨의 세 가지 모델 중에서 조직과정 모델에 따르면 정부는 고유한 조직목표와 SOP에 근거하여 운영되는 조직들의 집합체로서 이해될 수 있다. 또한 관료정치 모델에서는 중앙정부는 서로 다른 목표, 이익, 이해관계, 입장, 영향력 등을 가진 다양한 행위자로 구성되어 있다. 즉 관료제 외부에서 바라보는 경우 중앙정부는 하나의 덩어리로서 취급되지만, 오히려 중앙정부는 수직적, 수평적으로 분화되어 있는 다중 성격의 소유자라고 할 수 있다. 정부규제와 관련하여 규제완화를 주장하는 건설교통부와 (환경)규제를 강화하려는 환경부 사이의 대립과 같이 정부 내 조직 사이에 벌어지는 갈등은 일상적인 현상이라고 할 것이다.

▌읽어볼 책: 그레엄 앨리슨(김태현 역, 2005),『결정의 엣센스』, 모음북스
▌관련 영화: D-13 (Thirteen Days, 2000)

3장
지방정부에 관한 규범이론

3장에서는 지방자치의 의의에 대해 살펴본다. 지방자치를 지지하는 이유는 다양하지만 존재 그 자체에 의의를 인정하는 경우와 지방자치를 통치의 효율성 등 타 가치를 실현하기 위한 도구로써 의의를 부여하는 경우로 나누어볼 수 있다. 지방자치가 추구하는 타 가치에는 민주주의, 인권과 같은 규범적 가치도 포함되는데 이러한 규범적 가치와 지방자치의 관계에 대해서도 알아보기로 한다.

1. 지방자치: 그 존재이유

지방자치는 매우 복잡한 개념이다. 아니 잡다한 이념의 복합체라고 불러도 좋을 것이다. 지방자치에 대해 많은 사람들이 기대를 걸고 있지만 지방자치 그 자체는 물론, 지방자치를 담당하고 있는 지방정부, 나아가 지방자치를 구성하는 여러 제도의 현실에 대해 만족하고 있는 사람은 드물다. 개선책이나 개선 방향에 대한 제언은 다양하다고 할 수 있지만 일치하는 것을 찾기도 힘들다. 지방자치라는 개념은 학문적으로도 현실정치에서도 이해하기 어려울 정도로 복잡한데 그 가장 큰 이유는 지방자치의 존재이유, 즉 정당화의 방법이 너무나 다양하기 때문이다.[1]

예를 들어 '지방자치는 민주주의의 학교'라는 말이 널리 알려져 있는데 이는 지방자치제도의 존재이유 가운데 극히 일부분만을 나타내고 있는데 불과하다. 이 말에는 민주주의를 규모가 큰 국가 단위에서 실행하기 위해서는 우선 한정된 지역내에서 엘리트elite와 대중mass이 함께 민주주의 훈련을 거치는 것이 유용하다는 뜻이 내포되어 있다. 지방자치·지방제도와 민주주의가 역사적으로 상호 친화적으로 발전해 온 것은 사실이다. 그러나 이론적

---

[1] 지방자치의 규범 모델에 대한 망라적인 연구에 대해서는 Stoker 1996, 曽我 1999를 참조할 것.

으로 양자의 관계가 반드시 불가분의 관계라고 할 수는 없다. 예를 들어 일본 메이지시대(1868~1912)에 근대 지방자치를 설계한 야마가타 아리토모山縣 有朋 등은 민주주의 신봉자들이 아니었으며 오히려 피할 수 없었던 민주주의의 조류(제국의회의 설치, 정당의 영향력 증가 등)에 맞서 선수를 치는 의미로 지방자치를 도입하였던 것이다. 더 극단적인 예를 들면, 전체주의체제였던 나치스 독일에서도 지방의 행정구분은 확고하게 존재하였으며 일정한 범위 내에서 자치적 요소가 인정되었다.

지방자치의 이념 및 자치제도 존재 그 자체에 대한 폭 넓은 지지가 있기는 하지만 그 지지 동기는 천차만별이어서 현실에 존재하고 있는 지방자치제도에 대해 저마다 불만을 갖게 되는 것은 어쩌면 당연한 일이다.

나는 과거 외국 연구자들과 지방자치 문제를 토론할 때 '지방자치는 많은 소망으로 태어났고 바로 그 때문에 많은 실망을 불러일으킨다Child of many hopes and mother of many disappointments'라고 표현한 일이 있다(Akizuki, forthcoming). 연구자가 자국의 제도에 대해 비판적 혹은 비관적 태도를 취하는 것은 일반적인 경향이다. 이는 자국의 제도에 대해 너무 잘 알고 있기 때문이기도 하지만 한편으로는 자국의 지방자치를 매우 소중히 여기고 있기 때문이기도 하다.

지방자치의 다양한 존재이유 및 지지 동기를 크게 두 종류로 나눌 수 있다. 즉 지방자치에 목적으로서의 가치를 부여하는 경우와 도구로서의 가치를 부여하는 경우다. 전자는 자치 그 자체를 궁극적인 목표로서 추구하는 데 반해 후자는 어떤 다른 가치를 실현하기 위한 수단으로 파악하는 것이다.

(1) 목적으로서의 지방자치

● 자기 통치(self rule)

인간에게는 자신의 운명은 자신이 정하고 싶다는 자연적이면서도 강한 소망이 있다. 비행기 탑승객은 좌석벨트를 매는 순간, 말로 표현하기는 힘든 불안감이 엄습해 온다.

그 이유 중 하나는 이제부터 몇 시간 동안 자신의 생사를 완전히 타인(기장과 그 외의 승무원, 지상정비원, 관제사, 다른 비행기 승무원의 능력과 기분)의 손에 맡긴다는 느낌 때문일 것이다. 자동차를 자신이 운전하는 경우 이러한 종류의 불안감은 느끼지 않는다. 확률적으로는 훨씬 위험한 상황임에도 불구하고 자신의 안전을 스스로 통제하고 있다는 (많은 경우 환상에 불과하지만)감각이 지배하고 있기 때문이다.

피통치자에게도 이와 유사한 감각이 작동한다. 자신의 손이 닿지 않는 곳에서 통치자들이 자신을 대신해서 훌륭한 정책을 외부에서 제공하는 것으로 과연 인간은 만족을 얻을 수 있는 것일까. 대개의 경우 답은 '아니오'다. 우수한 통치자들은 이렇게 말할지 모른다. '이것을 받아들이기만 하면 문제없다. 실패하는 일은 없다'. 이에 대해서 시민들은 이렇게 항변할 것이다. '아니, 우리들이 바라는 것은 실패할 수 있는 자유다'. 이러한 자기 지배 소망을 만족시키는 정치적 방법으로서 자신에게 가능한 한 가까운 정부에게 많은 권한을 부여하는 방법이 있다(참고로 또 하나의 방법은 통치자의 선정에서부터 구체적인 결정에 이르는 다양한 국면에서 직·간접적인 참가를 확대하는 것이 있는데 이는 지방자치제도의 발전과 함께 제도화되고 있다). 지방자치제도는 인간의 이러한 본질적인 소망에 합치되는 것으로 이 때문에 많은 지지를 얻을 수 있었다.

자기 지배를 궁극적으로 관철시키는 경우 이는 무정부주의로 귀결될 것이다. 그러나 그 정도까지는 아니더라도, 주민은 국가보다도 심리적, 물리적 거리가 가까운 정부단위인 지방정부에 보다 강한 권한이 부여되기를 바랄 것이다. 지방자치라는 말 그 자체와 그 이론에서 볼 수 있는 강한 규범성은 바로 이와 같은 사정에서 유래하는 것이다.

● 지역 자율성(regional autonomy)

역사적, 문화적, 민족적, 종교적 이유 등으로 어떤 특정 지역이 한 국가 속에서 독자성을 주장하고 이에 대해 국가도 일정 범위 내에서 그 자율성을 허용하는 경우가 있다. 이러한 경우 국가 A 내의 지역 a는 일정한 자율권을 보유할 뿐만 아니라 같은 국가의 다른 지역 b와 c에 비해서도 보다 강한 자율권을 부여받는 것이 된다. 국가입장에서 보면 그 지역 a가 국가로부터 독립이라는 형태로 반기를 드는 것을 피하기 위해서 자율권보장을 활용하는 것이지만 지역 a의 입장에서 보면 국가로부터 자율은 그 자체로 추구할 만한 가치 있는 목적이 된다.[2]

영국의 스코틀랜드, 캐나다의 퀘벡, 스페인 바스크, 인도네시아 티모르 등의 사례에서 볼 수 있듯이 지역의 자율성 추구 움직임에 대해 국가가 일정 수준의 자율성을 제도적으로 보장하고 있는 사례도 많다. 그 가운데 캐나다 퀘벡 지역은 주민투표 결과 여하에 따라서 독립까지 예정되어 있어 가장 제도화가 앞 선 사례다. 지방제도와 지방분권개혁 등에 대한 비교연구에서는 이러한 지역의 자율성 유무, 강약이 큰 관심사다. 또한 최근 유럽 각국에서 지역 자율성을 확대하려는 개혁이 추진되고 있는데 그 배경에는 유럽연합EU

2 遠藤편 1992는 프랑스를 중심으로 이러한 지역의 자율성을 다각적으로 분석하고 있다.

으로의 통합 움직임이 있다. 국가가 독점하고 있던 중요 권한, 즉 관세, 통상, 통화 등의 여러 정책을 유럽 연합이 흡수함으로써 국가의 성격이 변화하게 되었다. 보다 정확하게 말하면 국가의 절대성, 배타성이 약화된 것이다. 이러한 흐름 속에서 각 지역은 새로운 정체성 예컨대 연합왕국의 일부로서의 스코틀랜드뿐만 아니라 점차 유럽의 일부로서의 스코틀랜드라는 정체성을 추구하게 된다(島袋 1999, 2장). 이와 같이 지역 자율성의 추구라는 입장에서 보면 비록 자신들의 지역에 한정되는 일이라 할지라도 국가로부터 자치를 획득·유지하며 나아가 확대하는 것 자체가 가치 있는 목적이 되는 셈이다.

(2) 도구로서의 지방자치

● 효율성

'제국의 한계'라는 논의가 있다. 가령 아무리 교통과 통신 등의 기술이 진보한다 하여도 단일한 권력체제, 정치체제가 지배 혹은 통치할 수 있는 범위는 물리적으로도 심리적으로도 일정한 한계가 있다는 것이다. 역사상 로마도 스페인도 대영제국도 세력권이 너무 확장된 나머지 붕괴하였다. 이러한 제국의 한계에 대처하기 위한 효율적 통치시스템으로서 지방자치제도라는 성격은 어떤 의미에서 민주주의 체제의 확립 이전부터 존재하고 있었다.

이 근대 버전의 하나가 일본 메이지 시기 동원 시스템으로서의 지방제도이며 현대 버전은 제2차 세계대전 이후의 자원배분 시스템으로써의 지방자치제도이다. 양자 모두 목적은 따로 있었던 점(희소 자원을 최대한 효율적으로 이용하여 독립을 유지하면서 대외전쟁에서 이기는 것, 전후부흥을 이루는 것)에서 볼 때 자치를 도구로써 간주하였다고 할 수 있다. 존 스튜어트 밀J. S. Mill 등의 공리주의 지방자치이론에서는 이러한 성격이 매우 강하게 나타난다(Stoker 1996, p.38). 즉 공리주의자들은 한정된 자원을 유효하게 사용하기 위해서는 일정 범위 내에서 지방정부에게 권한을 부여하는 편이 오히려 통치에 효율적이라는 이유에서 지방자치를 촉진 내지 추진하려는 태도를 나타내었다.

• 중층적인 접근 점(access point)

매디슨J. Madison 등 미국의 고전적 다원론자들은 지역단위에서 이루어지는 자기 지배적인 자치에 대해 호의적이지만은 않았다. 지방에 과도하게 권한을 부여하게 되면 매디슨 등이 가장 우려하는 다수자에 의한 압제가 용이하게 발생하고 말 것이기 때문이었다. 미국 건국 직후 국내정치는 관세 및 통화발행권이 주에 부여된 것과 더불어 의회에서 다수인 농민들이 빈번히 비합리적인 경제정책을 추진하였기에 큰 혼란에 빠지게 되었다. 따라서 헌법을 제정함에 있어서 매디슨은 당연히 보다 강력한 중앙정부를 수립하려고 하였다. 다만 주와 지방정부의 존재는 제도설계에 불가결한 요소로도 생각하였다.

이는 매디슨 등이 실현하려고 하였던 다원적 정치사회에서 주와 지방정부가 중층적인 접근점으로서 기능할 것을 기대하였기 때문이다. 즉 어떤 국면에서는 패자일지라도 다른 국면에서는 이를 만회할 가능성을 보장하는 수단으로써 자치의 의의를 인정하였던 것이다.

예를 들어 어떤 정치세력(예를 들어 흑인)이 어떤 마을에서 부당한 취급을 받았다고 하자. 이를 시정하기 위한 운동을 전개하였지만(흑인 동장을 탄생시키려고 하였지만) 성공하지 못하자 주 입법부에 호소하고(흑인의 권리를 보장하는 주 법률 제정을 요구하고) 이마저도 잘 안될 경우 연방재판소에 제소하여 승리를 거둔다는 시나리오가 가능하게끔 제도를 설계한 것이다. 바꾸어 말하면 삼권분립과 한 세트인 제도적인 도구이자 다원적인 정치사회 실현을 위한 수단으로써 지방자치의 이용가치에 주목하였다.

● 정책의 선택지(대안)

정책형성과정에서 지방자치시스템은 몇 가지 장점을 가지고 있다. 첫째, 실험장으로서의 기능이다. 전국적으로 실행하기 어려운 대담한 사업 프로그램이라 할지라도 지리적 범위가 한정되어 있고 주민의 동의를 얻기 쉬운 지방자치단체 수준에서는 쉽게 실험을 행할 수 있다. 그리고 그 실험결과를 보고 타 지방자치단체가 모방에 나서거나 혹은 수정을 거쳐서 실시하는 것도 가능하다. 둘째, 지방자치단체 간 경쟁메커니즘으로서의 기능이다. 복수의 정책주체 간에 서로 자극을 주고받을 수 있는데 선진적인 정책을 제시하려는 경쟁과 타 지방자치단체의 정책을 연구하는 과정에서 지방 전체의 정책의 질이 향상될 수 있다는 것이다. 셋째, 정책의 소비자인 시민에게 대안을 제공하는 기능이다. 시민은 선거 및 그 밖의 방법으로 지방자치단체의 정책형성에 일정한 영향을 미칠 수 있지만 이에는 한계가 많다. 자신의 신조와는 전혀 맞지 않는, 자신의 생활을 위협할 것 같은 정책이 해당 지방자치단체에서 추진되려고 할 때 시민은 최후의 수단으로 그 지자체로부터의 이탈이라는 선택권을 행사할 수 있다.

이러한 정책 대안 선택에 대한 논의는 주지하다시피 합리적 선택 이론 모델에서 가장 체계적으로 전개되고 있다. 이 책의 5장에서도 이러한 모델을 소개하고 있다. 그런데 굳이 합리적 선택이론에 입각하지 않는다 하더라도 지방정부 정책의 다양성은 지방자치의 자연스러운 결과물로 나타나는 것이며 이것이 많은 사람들로 하여금 지방자치에 기대를 걸게 하는 요인으로 작용한다.

지금까지 자치를 뒷받침하는 다양한 소망, 그리고 원리의 일부를 소개하였다. 그런데 이미 언급한 것들 중에는 서로 모순되는 것이 적지 않다. 예를 들면 정책상의 이점을 추구하는 도구적 동기는 주민을 소비자, 지방정부를 정책의 공급자로 간주하는 일종의 유사시장 상황 하에서 주민이 지자체를 선택한다는 것을 전제로 한 기능적 논의라고 할 수 있다. 한편 지방의 자율성 등은 개인이 일정한 지역 혹은 토지와 떨어질 수 없는 밀접한 관계를 가지고 있다는 전제에서 출발하고 있다. 즉 역사적·감정적인 논의라고 할 수 있다. 그리고 다원적 사회 실현을 위한 접근점 논의는 시민과 중앙정부 사이에 연결마디[結節点]를 복수로 설치하는 것에 의의를 두는 것이다. 한편, 궁극적 목표로서의 자기 통치는 오히려 개개인에 의한 문제해결을 가장 이상적인 상태로 보며 차선책으로서 커뮤니티(지역 공동체), 차차선책으로서 지방정부에 대한 권한 위임을 용인하는 발상이라고 할 수 있다.

이상의 논의를 종합해보면 지방자치라는 제도적 장치가 그 자체로 모순을 지니고 있으면서도 국가규모, 체제의 성격과는 별개로 현재 및 과거에 걸쳐 폭넓게 수용되어 온 이유를 짐작할 수 있을 것이다. 문제는 지방자치를 통해서 무엇을 실현하고자 하는가, 다양한 지지 동기가 있을 경우 그 우선순위를 어떻게 할 것인가라는 것이다. 여기에는 개개인의 차이가 없을 수 없다. 그럼에도 불구하고 한 나라의 지방자치제도는 하나뿐이기 때문에 결국 모두가 강한 불만을 품게 되며 불만을 해소하기 위한 제도개혁이 논의된다 할지라도 서로 다른 방향을 지향하는 일이 빈번히 발생한다.

[그림 3-1] 단체자치, 주민자치와 국가, 지방정부, 개인

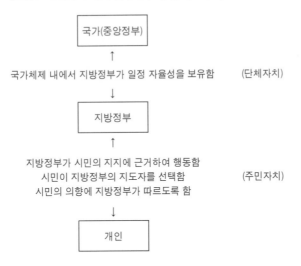

2. 헌법 원리로서의 단체자치와 주민자치

지금까지는 지방자치의 존재이유를 검토하였다. 여기서는 구체적으로 자치의 과정을 세분화하여 분석해 보기로 한다. 일본헌법에 규정된 지방자치의 원리는 주민자치와 단체자치를 가리킨다. 이 두 가지 원리에 의해 지방자치가 성립하는 것이다. 이를 도식화하면 [그림 3-1]과 같은 관계에 있다고 할 수 있다.

단체자치는 단순히 국가의 하청기관으로서가 아니라 지방정부가 독자성을 가지고 정책을 결정하고 집행할 수 있는가하는 정도를, 주민자치는 주민이 국가로부터 얼마나 자율성을 가지고 지방정부 지도자를 선택하고 정책

[그림 3-2] 자치의 네 가지 측면

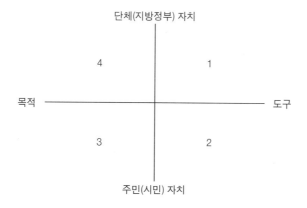

1 조례제정권(전후 지방제도의 주류)
2 '민주주의의 학교'
3. 주민투표, 참가형 지방자치
4. 지역의 자율성

방향에 영향을 미칠 수 있는가하는 정도와 관련된다. 나아가 그러한 시민 개개인의 선택과 결정을 책임과 자각을 가지고 할 수 있는가라는 개인차원의 문제도 있다. 이 세 가지가 모두 자치의 중요한 구성부분으로 서로 보완하면서 지방자치가 이루어지게 된다.

단체자치와 주민자치라는 분류 축에 더하여 목적과 도구라는 동기에 따른 분류 축을 교차시켜 자치에 관련된 다양한 사항들을 정리하면 [그림 3-2]와 같다. [그림 3-2]를 참조하면서 하나의 소재로서 전후 일본 지방자치제도의 특징을 생각해 보자. 우선 제2차 세계대전 후 일본의 지방정부에는 매우 폭넓은 기능과 권한이 부여되었으며 수행하는 일의 양도 상당히 많았다. 둘째, 그러나 법적인 측면, 재정적 측면에서는 중앙에 자원이 집중되었다. 따라서 권한과 재원의 지방 이전(기관위임사무 등에 기초한 권한위임·보조금과 교부세 등)이 대규모로 이루어졌다. 그 결과 중앙정부와 지방정부는 밀접한 관계를 유지하면서 관심을 공유하는 하나의 체제를 이루게 되었다. 제2차 세계대전 이후 일본 지방자치의 중심은 단체자치에 두어졌으며 동시에 자치의 도구적인 경향이 강하였다고 할 수 있다. 주민자치를 전면에 내세우는 목적으로서의 자치에 관한 주장은 언제나 존재하였지만 상당기간 그것은 말하자면 '조연적 존재'에 불과하였다.

단체자치는 어떤 의미에서 눈부신 성과를 거두었다고 할 수 있다. 예를 들어 히로시마시가 국제회의에서 핵무기를 국제법 위반이라고 주장하였는데 일본 외무성은 같은 자리에서 반드시 그렇지만도 않다는 입장을 표명하였다. 이 문제는 어느 쪽 견해가 옳다고 할 수 없고 오히려 국가의 입장(안전보장)과 지역의 입장(피폭 지역)이 일치하지 않는 것은 자연스러운 일이다. 그런데 지방의 의사를 국제적으로 표명하는 자유를 허용하고 있는 나라는 실제로 그리 많지 않다. 허용하고 있더라도 행사하지 않는 경우도 많다. 핵과 평화는 추상적인 이슈이지만 그 밖에 복지와 환경, 소비자보호 등의 면에서도 일본의 지방정부는 중앙정부의 정책변화를 이끌어내는 등 선도적 역할을 수행하여 왔다.

이러한 단체자치의 성과는 직접적으로는 지방정부 관계자들의 노력의 결과이기도 하지만 전후 부흥과 고도경제성장이라는 시대적 요청에 이 시스템이 적합하였기 때문에 가능한 일이었다. 또 하나 중요한 것은(이는 전후지방제도의 특징 중 하나이기도 하다) 많은 산업민주주의 국가에서 간헐적으로 이루어졌던 근본적인 지방제도개혁(예를 들어 행정계층의 변경) 없이 제도적 안정이 지속되었다는 것이다. 이 안정 속에서 지방정부는 중앙정부와 협조 혹은 대립하거나 타 자치단체와 연계하기도 하였다. 말하자면 중앙지방관계의 게임에 서로가 숙달될 수 있는 시간적 여유가 주어진 것이다.

이와 같이 전후 일본의 지방자치는 [그림 3-2]의 사분면 중 1의 영역을 중심으로 전개되었다. 다만 사분면의 3영역, 즉 주민자치를 목적으로 추구하는 입장도 존재하였으며 이 3영역이 1영역의 자치를 강력하게 지원하였다.

오늘날 지방정부의 단체자치적인 성과는 주민의 지원 없이는 생각할 수 없다. 제2차 세계대전 직후, 그리고 제2차 세계대전 전에도 지방정부는 인적 자원도 경험도 부족한 연약한 존재일 뿐이었다. 그렇기 때문에 주민은 지방정부에 대해 권력기관이라는 인식을 거의 갖지 않았다.

주민은 지방정부의 독자정책에 기대를 걸었고 지방정부도 이에 부응함으로써 그 존재가치를 각인시켰다. 이는 때때로 공통의 '적'인 중앙정부 또는 대기업에 대해 공동전선을 펴는 형태를 띠었다. 혁신 자치단체3의 정책은 이러한 배경에서 이해할 수 있다. 이러한 혁신 자치단체의 존재와 활동은 전후체제 하에 경제성장우선 노선 그리고 자민당 장기단독 정권에 대한 불만과 항의의 제기 통로로서 활용되었다고 평가할 수 있다.

그런데 약하지만 선량하다고 여겨졌던 지방정부는 어느새 거대한 존재로 변모하게 된다. 방대한 업무량을 수행하면서 점차 그 정책능력과 국가에

---

3 혁신자치단체란 1970년대 일본 공산당 및 사회당의 추천·공인을 받아 당선된 단체장이 있는 지방자치단체를 가리키는 용어로 당시 도쿄, 요코하마, 교토 등의 주요 도시가 이러한 자치단체에 포함되었다. 고도성장의 지속을 최우선시 하던 중앙정부가 상대적으로 소홀히 하였던 복지, 반공해 정책에 있어서 중앙정부의 정책을 선도하였으며 주민 직접참여를 활성화시키는 성과를 거두었다. 그러나 1980년대 고도성장의 소멸과 함께 복지재원 확충이 곤란하게 되자 지자체 효율화를 추구하는 보수계 단체장이 주요 도시에서 혁신단체장을 대신하게 되었다 ─ 역자주.

대한 발언권이 신장된 것이다. 더구나 지방정부는 원래 권력기구로서 통치기능을 담당하도록 설계된 것이다. 그리고 많은 업무를 처리하기 위해 중앙정부기관과의 관계가 항상 중요시 되어왔는데 이러한 기능이 과도하게 확대재생산되어 '관관접대'로 대변되는 조직간 거래비용을 둘러싼 여러 문제가 불거졌다. 지방분권개혁에 주민이 열렬히 지지한다는 (규범적인) 태도가 별로 보이지 않는 이유에는 이러한 지방정부와 주민과의 관계 변화가 자리잡고 있다.

3. 지방자치와 규범적 가치의 관계

여기서 다시 한 번 지방자치와 규범적 가치와의 관계에 대해서 고찰해보기로 하자. 이미 언급한 바와 같이 지방자치는 다양한 가치를 실현하는데 적극적인 역할을 하고 있다. 그런데 지방자치는 그러한 다양한 가치들과 어떤 관계를 맺고 있는 것일까. 우선 미국의 사례를 통해 민주주의와 인권의 측면부터 검토한다.

(1) 민주주의와 지방자치

●대통령 선거의 모순과 주(州)의 자치
민주주의와 지방자치는 서로 보조를 맞추어 발전·정착되었다는 상식적 이미지는 고전적 민주주의론에서부터 현재의 정당선거 팸플릿에 이르기까지 폭넓게 공유되고 있다. 그리고 이러한 상식은 기본적으로 옳다고 할 수 있는 부분을 포함하고 있다.

4년에 한번 개최되는 축제라고 하면 일반적으로 올림픽을 떠올리겠지만 정치에 관심이 많은 사람들에게는 (같은 해에 열리는) 미국 대통령선거가 연상될 것이다. 입후보를 마치면 주 수준에서 각 정당이 개최하는 예비선거와 당원집회를 치르게 된다. 이후 전국당대회의 후보자 지명을 거쳐 11월의 본 선거에 이르기까지 거의 2년에 가까운 시간을 들여 미국의 리더인 동시에 세계의 리더가 될 인물이 결정된다. 4년에 한 번 열리는 이 장대한 축제를 일본의 보도기관도 자세히 보도한다. 그런데 이 선거제도가 약간 기묘한 측면이 있다는 것을 알고 있는 사람도 적지 않을 것이다. 한마디로 말하자면 미합중국의 대통령은 간접선거로 선출된다. 행정부의 장이 간접선거로 선출된다는 점은 일본을 포함한 의원내각제 국가에서도 일반적이다. 일본의 유권자는 중의원·참의원을 직접선거로 뽑고 있으며 내각총리대신은 그렇게 선출된 국회의원들에 의해 간접선거로 선출된다. 국회의원의 역할은 다양하지만 수상지명에 한정해서 생각하면 일본의 유권자는 수상을 선출하는 사람을 선출하는 셈이다.[4]

미국의 대통령선거는 오랜 시간을 거쳐서 이루어질 뿐만 아니라 매우 복잡한 과정이기도 하다. 이 때문에 일본 내 보도를 보면 종종 잘못된 내용을 전달하고 있다. 예를 들면 '미국 선거에서는 투표가 기계voting machine를 사용해 이루어진다'라고 하여 그 기계부스에 투표자가 들어가는 장면이 방영되기도 한다. 이는 잘못된 보도인데 투표자는 어디까지나 주의 선거를 하는 것이지 미국의 선거를 하는 것이 아니다. 따라서 우연히 그 주가 기계를 이용해서 투표를 하고 있을 뿐으로 주에 따라서는 투표용지ballot에 ×표시를 하는 곳도

---

4 최근 일본에서는 수상공선제를 검토해야 한다는 목소리가 있는데 이는 수상의 선출을 간접선거에서 직접선거로 변경해야 한다는 주장이다.

있다. 최근 오리건 주에서는 우편투표를 도입하여 투표소를 폐지하는 방침을 결정하였다. 이러한 투표방식의 다양함은 단순히 형식만을 이야기하는 것이 아니다. 기계의 경우 각각 경쟁하는 공직별로 후보자의 이름이 나열되어 있는데 투표하고 싶은 후보자 위에 있는 레버를 누르면 된다. 우선 대통령과 부통령이 연명으로 제시된다. 그 옆에는 주지사와 부지사, 연방의회의 하원의원, 주의 상원의원 등 줄잡아 20여개 항목이 나열되어 있다. 일본에서는 중·참의원 동시선거라는 것만으로도 큰 소동이 일어나지만 미국에서는 해산 총선거가 없기 때문에 동시에 선거를 치르기 쉬운 여건인 점도 작용하여 초超 동시선거가 실시된다. 그렇다손 치더라도 20여개의 레버를 누른다는 것은 보통 일이 아니다. 그래서 가장 좌측 편에 다른 것과 구별되는 다른 색깔로 된 스트레이트 파티 레버라는 것이 마련되어 있는 주도 있다. 이것을 누르면 민주당이면 민주당, 공화당이면 공화당이라는 식으로 오른편에 있는 다른 레버가 함께 작동하게끔 되어 있다. 즉 민주당지지자가 모든 공직에 민주당후보자에 투표하기 싶은 경우 일일이 레버를 누르는 수고를 하지 않아도 되는 것이다.[5]

이처럼 민주주의의 근간인 선거제도와 그 운용이 미국에서는 연방정부가 아닌 주의 주관아래 설계·집행된다. 일본을 비롯한 여타 많은 국가(제도상 연방제를 표방하는 많은 국가들을 포함하여)에서는 투표제도가 유권자의 주소에 따라 다르다는 것이 좀처럼 이해하기 어려울 것이다. 그러나 미국에서는 많은 제도가 주에 따라 상이하다. 같은 살인죄를 범한다 하더라도 주에

---

5 누구나 상상할 수 있듯이, 이러한 지렛대가 있고 없고 간에는 투표 패턴이 크게 달라질 가능성이 있다. 우선 양대 정당이 압도적으로 유리하게 될 가능성이 있고, 대통령은 공화당, 지사는 민주당, 하원의원은 그 밖의 정당이라는 식으로 소위 분할(split) 투표는 적어질 것이라고 예상할 수 있다.

따라서 최고형이 종신형이 되는 경우도 있고, 혹은 총살형이 될 수도 있다. 제도상으로 사형제는 존재하지만 반세기동안 집행이 이루어지지 않은 경우도 있다. 또한 사랑하는 두 사람이 결혼을 하고자 할 때에도 20세 이상만 가능한 경우, 그리고 그러한 제한이 전혀 없는 경우도 있으며 심지어는 일정 시기까지는 흑백간의 결혼을 인정하지 않았던 경우도 있다. 미합중국 헌법에 의하면 사형제도, 결혼제도 등은 연방이 아닌 주가 결정하는 사항이다.

이러한 것은 지방자치와 지방분권의 문제라기보다는 국가 주권主權의 문제라고 할 수 있다. 이는 원래 연방제가 국가 주권을 나누어 갖는 법적 제도이기 때문이다. 그러나 한편으로 미국을 하나의 국가로 간주하고 그 안의 지역적 구분인 주를 지방정부로 생각하여도 큰 문제는 없다. 특히 연방에서 주가 이탈 불가능하게 된 이후에는 주의 주권主權분할적 측면은 상대적으로 약화되었다. 따라서 이 책에서는 주도 (헌법상 특수한 지위가 부여되어 있기는 하지만) 지방정부로 다룬다.

그렇다면 연방에는 독자적인 선거제도가 없는 것일까. 미합중국 헌법은 대통령, 상원·하원의원이라는 연방정부 선출직에 대해 선거의 큰 틀을 설정하고 있기는 하지만 연방차원의 선거라고 할 수 있는 것은 단 하나다. 그것은 대통령을 직접 선출하는 선거인이라고 불리는 사람들이 행하는 투표다. 11월에 미국 각주에서 치러지는 일반투표는 그 선거인을 선출하는 것뿐으로 그 시점에서 대통령이 정식으로 결정되는 것은 아니다. 선거인 수의 할당은 단순한데 그 주가 몇 명을 연방의회에 대표로 보내는가에 따라 정해진다.

예를 들면 하원의원(인구비례로 배분된다)이 18명인 주는 상원의원(각주 2명) 2명을 더하여 20명의 선거인이 할당되어진다. 뽑힌 선거인들은 12월에 주의 수도에 모여서 자신의 의중에 있는 대통령, 부통령 후보에 대해 우편

투표를 실시한다. 투표내용은 워싱턴에서 개표되며 과반수를 얻은 후보가 대통령이 되는 것이다. 하지만 이 선거인이라는 사람들이 자기 마음대로 '의중에 있는 사람'을 정할 수 있는 것은 아니다.

이에 대해서는 여러 보도를 통해 소개된 바 있는 것처럼 통상 유닛 룰unit rule 혹은 승자독식제winner-take-all 등으로 불리는 미국의 독특한 제도가 존재한다. 즉 민주·공화, 그 밖의 정당·후보자 등이 각각 주별로 득표 경쟁을 벌여 그 주에서 1위를 차지한 당의 후보자가 할당된 주 선거인 전부를 독차지하는 것이다. 구체적으로 살펴보면, 각 주에서 후보자를 내세운 당은 사전에 각 당의 선거인 명부를 제출한다. 앞서 언급한 20명 규모의 주라고 한다면 민주, 공화, 그 밖의 당이 각각 20명의 선거인을 미리 정해놓는다. 그리고 예를 들어 민주당 대통령 후보자가 그 주에서 60%, 공화당이 40%를 득표하였다고 한다면 그 비율대로 배분(이 경우에는 민주당 12, 공화당 8)하는 것이 아니라 20명의 민주당 선거인 명부가 그대로 그 주의 선거인 명부가 된다.

이것이 '미국의 선거제도'라고 알려진 경우가 많지만 반드시 그런 것만도 아니다. 투표기계와 마찬가지로 각각의 주가 정하는 것에 불과하다. 실제로 이 승자 독식제를 채택하고 있지 않는 주도 극소수이지만 존재한다.[6] 원래 이 승자 독식제는 유력후보들에 대해 비교적 큰 주들이 자신의 주를 배려하고 중시하게끔 압력을 가하는 효과를 기대하여 도입하기 시작하였던 것이다 (Polsby and Wildavsky 1968, p.32). 즉 선거인을 일반투표의 비례배분으로 하면 설령 패배한 쪽이라 하더라도 양대 정당제 아래에서는 기본적인 득표가 가능하다. 20명 중에서 7명 혹은 9명을 획득할 수 있다는 이야기다. 여기서 일반투표의 차이가 한 표에 불과하더라도 20의 득표를 독차지하게 한다면

<hr />

6 유닛 규칙에 대해서는 阿部 1983을 참조할 것. 그리고 메인주 와 네브라스카주는 유닛 룰을 채택하고 있지 않다.

후보자들은 아무래도 그 주의 안색을 살피게 될 수밖에 없다. 이러한 효과 때문에 이 방식은 순식간에 미국 전토에 확산되게 되었다.

지금까지 살펴본 것만으로도 미국 대통령 선거라는 제도가 어떤 의미에서 '특이'한가를 어느 정도 이해할 수 있을 것이다. 연방정부 대통령직에 관한 선거는 51(50개 주와 컬럼비아 특별구)개 선거제도 하에서 선출되는 선거인들이 모여서 최종적으로 결정된다. 더구나 이 선거인은 직접 주의 유권자가 선출하고는 있지만 선거에서는 익명의 존재가 된다. 일반유권자는 자신이 선거인에게 투표하고 있다고 의식하지 못하고 있으며 선거인이 투표할 것으로 예정된 정부통령 후보의 이름과 정당명만을 보고 투표한다. 그리고 거의 대부분의 주가 한 표라도 많이 득표한 후보자가 전 선거인을 독점하는 제도를 채택하고 있다. 여기서 가장 궁금한 점은 이러한 제도 하에서 일반투표자가 던진 지지표의 합계가 최종 선거 결과와 어느 정도 합치되느냐 하는 점이다. 1960년대에 치러진 케네디 대 닉슨간의 선거대결(케네디 승리) 양상을 예로 들어보자[표 3-1].

[표 3-1] 1960년 대통령선거

후보자명	소속정당	일반투표 획득 수	투표율	선거인 획득 수
John F. Kennedy	민주	34,221,344	49.72	303
Richard Nixon	공화	34,106,671	49.55	219
Harry F. Byrd	민주			15

이 선거는 드물게 보는 대접전이었다. 그러나 득표한 선거인 수는 득표율보다도 차이가 컸다. 일반투표의 득표수와 선거인 획득 수는 원래 정확히 비례하기도 힘들지만 앞서의 승자 독식제에 의해 그 차이가 자연히 확대된

다. 여기서도 일반투표의 득표 차이는 크지 않았지만 뉴욕, 캘리포니아 등 거대 주를 케네디가 확보하였다. 그런데 두 유력 후보 외에도 또 한 사람 버드라고 하는 '후보자'가 있었다. 그는 민주당 거물 상원의원이었는데 대통령선거에는 입후보조차 하지 않았다. 그런데 남부의 몇 개 주에서는 케네디의 공민권 문제에 대한 태도에 대해 반발이 거세었다. 일반투표에서 케네디, 존슨 정부통령 조합이 승리를 하였음에도 불구하고 주 선거인의 일부 혹은 전원이 케네디와는 다른 이름을 적어서 투표한 것이다. 즉 케네디는 이 선거인의 반란이 없었더라면 15명 정도의 선거인을 더 획득할 수 있었다.

지금 와서 생각해 보면 이 1960년 선거는 정말 축복받은 것이었다. 케네디는 근소한 차이이기는 하였지만 어쨌든 일반투표에서 닉슨보다 많은 지지를 얻었다. 그리고 승자 독식제라는 제도의 편향성bias으로 인해 그 차이를 확대할 수 있었다. 비록 15명에 이르는 선거인의 반란이 있었지만 최종결과에는 영향이 없었다. 그러나 예를 들어 선거인과 득표의 비례가 유지되었더라면 반란전의 선거인수 차이는 축소되었을 것이며 남부 민주당의 반란으로 닉슨이 승리하였을 것이다. 혹은 일반선거에서는 근소한 차이로 닉슨이 앞서는 와중에 간접선거로 인한 바이어스에 의해 케네디가 선거인 획득에서 우위를 차지하게 되는 것을 이 반란으로 닉슨승리로 재역전된다고 하는 시나리오도 가능하였다. 이러한 어긋남은 항상 일어날 수 있으며 이 어긋남이 최종 결과를 뒤바꾸는 경우도 있을 수 있다. 대통령선거는 늘 이러한 어긋남이 발생할 가능성 속에서 치러진다고도 할 수 있다. 그런 의미에서 4년에 한 번 열리는 축제라기보다 4년에 한 번씩 돌아오는 줄타기라는 표현이 오히려 더 적절할지도 모른다.[7]

7 본고 작성 이후의 일이기는 하나 2000년 11월 대통령 선거에서 이러한 줄타기가 실패하여 큰 혼란이 초래되었다. 아마도

그렇다면 실제로 과거 역사에서 이러한 어긋남으로 인해 일반투표결과와 상이한 결과가 초래된 예가 있었는가. 실제로 2000년 선거 이전에 그러한 사례는 세 번 존재한다(표 3-2). 이 3번 모두 일반투표에서 제1위자가 대통령에 당선되지 못하였다. 첫 번째 경우는 양대 정당제가 확립되어 가는 과도기 상황에서 유력후보자가 4명이나 출마하여 아무도 과반수 선거인을 확보하지 못하였다. 헌법규정에 따라 하원에서 결선투표가 이루어졌는데 헌법의 틀을 직접적으로 위반한 것은 아니었다. 다만 선거인 투표에서의 잭슨 우위가 제2위 애덤스, 제4위 헨리 클레이 동맹으로 인해 유지되지 못하였다. 참고로 이 선거는 일반투표의 기록이 남아 있는 가장 오래된 선거다. 그 이전의 대통령 선거는 간접선거의 성격이 보다 분명하였다. 즉, 어떤 선거인을 선출하면 어떤 대통령후보가 이길 것인가 하는 것이 불명확하였다.

다음 희생자들은 보다 확실히 간접선거의 어긋남으로 인해 패배하였다고 할 수 있다. 어쨌든 세 명의 승리할 수 없었던 후보자들이 당선되어 버렸다.

그들(애덤스, 헤이즈, 해리슨)에게 공통되는 점은 그 정통성이 당선 당시부터 의문시되었다는 것이다. 당연히 패배한 쪽은 선거결과가 공정하지 못하다, 대통령직을 도둑맞았다고 주장하였다. 정통성에 흠집이 있었던 대통령의 치적은 그리 훌륭하지 못하였음은 물론이다. 모두 재선에 실패하였으며 출마를 단념하거나(헤이즈), 그 전의 선거에서 원래 승리하였을 후보자에게 패배를 당하였다.

이러한 어긋남은 민주주의의 관점에서 볼 때 바람직한 것은 아닐 것이다. 투표의 단순 합계와 최종적인 선거결과와의 어긋남이 생기고 더구나 그 어긋남이 제도에서 기인하고 있다. 그 어긋남이 현재화하게 되면 승자는 정통

연방차원에서의 헌법개정 또는 유닛 규칙을 선택하고 있는 주 차원에서 이의 개선을 주장하는 목소리가 나올 가능성이 있다.

[표 3-2] 1960년 대통령선거

후보자명	소속정당	일반투표 획득 수	투표율	선거인 획득 수
1824년				
John Quincy Adams	-	113,112	30.92	84
Andrew Jackson	-	151,271	41.34	99
William Crawford	-	40,876	11.17	41
Herry Clay	-	47,531	12.99	37
1876년				
Rutherford Hayes	공화	4,034,311	47.95	185
Samuel J. Tilden	민주	4,288,546	50.97	184
1888년				
Benjamin Harrison	공화	5,443,892	47.82	233
Grover Cleveland	민주	5,534,488	48.62	168

성 없는 통치를 할 수 밖에 없고 선거라는 민주주의의 근간이 되는 제도에 대해 불신감이 쌓이게 된다. 이러한 어긋남은 연방정부의 직을 선출하는데 지역적인 정부인 주가 독자적으로 치르는 선거를 기초로 삼는 미국 헌법구조에서 유래한다고 할 수 있다. 나아가 승자독식제도를 채택한 주들의 독자적인 정책판단의 결과인 것이기도 하다. 또한 선거인의 반란도 종종 지역적인 이익을 반영한 것이었다고 할 수 있다. 무엇보다도 결정적인 것은 이러한 명백한 결점을 가지면서도 이 선거제도의 기본구조가 별 변화 없이 오늘날에 이르고 있다는 점이다. 전반적으로 보면 미국 헌법은 그 유연함 때문에 오늘날까지도 유효한 정치적 틀로서 기능하고 있다. 시대 풍조를 반영하여 알코올음료를 헌법에서 금지(수정 18조)하였으나 사회정책으로써 실패가 명백해진 10여년 후에는 그 수정을 수정하였다(수정 21조). 선거인을 폐지하고 각주에 의한 선거결과를 단순 합계하는 방식으로 대통령을 선출하는 일은 그리 어렵지 않을 것이지만 이 간접선거제도는 현재까지 변화가 없다. 그

이유로는 여러 가지가 생각되지만 중요한 요인은 역시 연방제에 기초하여 주에 부여된 권한이라는 점이다.

구체적으로 효과를 살펴보면 간접선거는 거대 주보다도 작은 주의 대표성을 상대적으로 높인다. 선거인 배분은 인구비례의 연방하원의석에 상원 2석을 더하여 산출된다. 인구가 가장 많은 캘리포니아 주는 인구 3337만으로 하원 52와 상원 2를 합하여 선거인이 54명인데 반해 가장 작은 와이오밍 주는 인구 48만으로 하원 1, 상원 2로 선거인은 3명이 된다. 이와 같이 선거인 배분을 인구비율로 할 경우 상원에서 2가 동일하게 가산되기 때문에, 그리고 하원의석이 캘리포니아를 기준으로 단순계산하면 1이 아니라 0.78이 되는데 이것이 반올림되어졌기 때문에 와이오밍에게 유리하게 된다(인구 1000명에 대해 선거인 0.625명, 캘리포니아는 0.167명). 이와 같이 작은 주는 간접선거로 이득을 보고 있기 때문에 헌법 개정에는 부정적인 태도를 취한다. 더구나 헌법수정에는 전 주의 4분의 3이상의 비준이 필요한데 작은 주가 단합하면 수정이 거의 불가능하다(Plosby and Wildavsky 1968, pp.242~250쪽).

이처럼 연방 공직자 선출 선거가 주에 위임되어있는 고풍스러운 제도는 헌법 개정도 주를 단위로 하는 민의에 달려있다는 분권적 구조에 의해 뒷받침되고 있다.

● 잭슨주의의 제도화와 지방자치

그런데 이러한 미국적 제도의 첫 번째 희생자였던 잭슨은 여러 가지 의미에서 미국 정치에 적지 않은 영향을 남겼다. 잭슨 자신은 말하자면 비주류출신이었다. 잭슨 이전의 대통령들은 대토지소유자, 농장경영자, 대학을 나온

인텔리 등 배경을 모두 갖춘 인물들이었다. 더구나 이들의 출신 주는 버지니아 아니면 매사추세츠 주로 독립전쟁에서 주역을 담당한 유서 깊은 주들이었다. 그런 의미에서 1824년 선거는 전형적인 주류 대 비주류의 대결이었다고 할 수 있다. 잭슨은 집안도 변변치 않았으며 고학으로 학업을 마친 후 전쟁에서 공을 세워 출세한 인물이었다. 출신지역도 독립 당시의 13개 주에 끼지 못하였던 남부 테네시 주였다. 그의 상대 후보는 제2대 대통령의 아들이었다. 1824년 선거결과 잭슨은 일반투표에서 박빙의 차이로 승리를 놓치고 만다. 그런데 상대방의 승리는 이른바 '더러운 손'을 활용한 것이었고 야합의 상대였던 헨리 클레이는 신정권의 국무장관 자리를 차지하였다.

군인으로 일생동안 수많은 결투를 치렀던 잭슨은 남부에 돌아와서 복수를 맹세한다. 지역밀착형 정당조직을 만들어서 4년 후에는 현직의 애덤스를 누르고 대통령이 되었으며 또 4년이 지나서는 클레이를 패배시키면서 재선을 이루게 된다. 현재는 하나의 고정관념처럼 되어있는 소위 통나무집 출신 대통령, 즉 가난한 집에서 태어나 고학을 거쳐 마지막에는 백악관의 주인이라는 그러한 이야기의 전형이 잭슨 자신이었다고 할 수 있다. 엘리트, 기득권 층에 대해 오만하게 굴지 말라고 반발하는 반 엘리트주의를 대변하는 상징적 인물이기도 하였다. 또한 기득권과는 거리가 먼 비주류 출신인 잭슨은 정권의 주요직을 자신의 측근인 남부출신 인사들, 과거의 부하, 정당 활동과 선거전에서 기여한 인물들로 충원하였다. 이른바 잭슨 내각이라고 불리는 것으로 가까운 예로는 카터 정권 당시의 조지아 마피아라고 불리는 카터 대통령의 측근들을 중용한 내각 인선에서도 볼 수 있다. 이러한 방식 - 즉 다양한 관직을 그 기능, 자격, 시험 등에 의해 선발하지 않고 정치적 충성도에 의해 선발하는 것 - 이 바로 엽관제spoils system다.

잭슨의 대통령선거 승리는 미국 사회의 구조적 변화를 반영한 것이었다.

상인, 금융업자, 무역상, 대농장경영자 등으로 구성된 독립당시의 안정된 통치연합은 지리적으로는 서부에 위치하면서 토지를 갖지 못하여 개척을 통한 정주를 되풀이 하는 사회의 하위 계층, 이른 바 '서민'으로부터 도전에 직면하게 된 것이다. 어떤 의미에서 잭슨은 그러한 서민들의 대변자였다. 그들의 정치적 태도와 사고방식은 잭슨의 선거, 잭슨의 통치를 거치면서 점차 이데올로기적인 색채를 띠게 된다. 그 핵심 내용은 통치에 있어서 귀족 태생, 특수한 능력, 그리고 대학 등에서 획득하는 교양이나 자격이라는 것이 별로 도움이 되지 않으며 만일 그러한 조건들을 필요로 하는 통치체제라고 한다면 그것은 올바르지 않은 통치체제라는 신념이다. 통치에 종사하는 공직자는 오로지 선거에 의해서 선출되어야만 한다. 공직에 의해 선출되는 자리가 많을수록 좋으며 그 임기는 짧을수록 좋다long ballot, short term. 왜냐하면 이런 방식이 피통치자가 통치자를 통제하기 쉽기 때문이다. 또한 선거에서 피통치자의 의사형성, 의사전달을 위한 가장 유효한 수단은 정당이라고 간주된다.

이러한 사고방식을 통상 잭슨 데모크라시Jacksonian Democracy라고 부른다. 그리고 이러한 사고방식은 지금도 주와 지방차원의 정치에서 면면히 이어지고 있다. '들개 포획인 자리에도 뽑히지 못할 사람'이라는 표현이 있다. 유능하지만 쌀쌀맞고 오만한 사람이 대통령과 지사의 측근으로 일하고 있다. '그렇게 유능한데 왜 대통령이나 지사가 되지 못하는가?'라는 물음에 대해서 선거에서 선출된 보스가 '그 녀석은 옛날 같았으면 들개 포획인 자리에도 뽑히지 못할걸'하고 답하는 것이 상용구처럼 되어 있다. 이 이야기가 시사하는 것처럼 미국에서는 지위가 매우 낮은 혹은 기술성이 높은 직위가 선거에서 선출되는 경향이 있다. 주와 지방의 선거에서는 믿기지 않을 정도의 공직이 선거에 의해 선출된다. 예를 들면 재판관, 검찰관, 검시관, 보안관(이 정도는 미국에서 상식이라 할 수 있다), 측량관, 감사관, 유언검인관, 이렇게 열거하다 보면 들개 포획관이 선거에서 뽑힌다 하더라도 그다지 이상하지 않다는 느낌이 든다. 예를 들어 검시관 일이라는 것은 사건의 의심이 있는 시체를 해부하여 범죄인지, 사고인지, 자연사인지를 판정하여 범죄의 경우에는 증거를 검출하여야 한다. 상식적으로 생각할 때 그 지위에 임명되기 위해서는 학력, 학위, 과거의 경험, 실적 등에 의거한 판단이 필요한 것으로 민주당 예비선거에서 선두였다던가 주민의 대다수가 표를 던졌다는 것과는 관계가 없어야 한다. 그런데 그렇지 않다는 것이다. 잭슨 데모크라시는 19세기 전반 무렵부터 주 헌법과 시 등의 헌장에서 제도화되어 갔다. 현재도 시장 외에 여러 관직을 선거에서 선출하고 이에 따라 시장의 권한이 약한 체제weak mayor system를 채택하고 있는 곳이 적지 않으며 이는 잭슨 민주주의의 제도적 유산이라고 할 수 있다.

이렇듯 과잉이라고 생각될 정도로 선거와 정당을 중시하고 선거와 무관한 직에 대해서는 엽관제에 의한 채용이라는 제도적 조합은 불가피하게 정치부패, 관료부패, 공직자의 무능 등 많은 문제를 야기하게 된다. 선거와 엽관제라는 제도적 조합의 극단적 통치형태가 민주당 지배하의 도시부에서 많이 볼 수 있었던 머신 폴리틱스machine politics다. 이는 이민자, 공무원, 경제인, 정치가들에 의한 자원교환 메커니즘이라고 할 수 있는데 19세기 후반에는 이러한 통치형태에 대한 반발로 시정개혁운동이 발생하였다. 잭슨 민주주의와는 대조적으로 시정개혁운동 추진자들은 통치에서 전문가의 역할을 강조한다. 선거는 의회와 단체장 정도로 한정하고 당선자에게는 타 공직에 대한 임면권을 포함한 강력한 권한을 부여하자는 것이다strong mayor system. 정당은 민의를 반영하는 것보다 민의를 왜곡할 우려가 있으므로 부정적으로 생각하였다. 선거와 행정의 집행에서 부패방지를 중시하였으며 이를 위해 공직선출에서 엽관제를 폐지하고 실적주의를 도입하였다. 또한 시정개혁운동은 학문으로서의 행정학을 탄생시켰다. 행정학이 그 태동기에 정치와 행정의 명확한 구분이 필요하였던 것은 이러한 시대배경에서 볼 때 당연한 것이었다. 개혁운동은 부정부패를 근절하기 위해 주와 시의 통치구조 개혁을 추진하였으며 그것은 일정정도 실현되었다.

잭슨 데모크라시와 개혁주의라는 통치에 대한 두 개의 상반된 이데올로기는 미국의 정치 전체 그리고 지방자치의 큰 조류로서 현재에도 큰 영향을 미치고 있다(Johnson et al., 1990, appendix, p.7).

(2) 인권과 지방자치

민주주의와 마찬가지로 인권도 매우 다양한 개념으로 사용되는데 지방자치는 인권과 어떤 관계를 가지는가에 대해 살펴볼 필요가 있다. 지방정부가 중앙정부나 총체로서의 국가보다도 그 권력을 행사하는 데 '상대적으로 강제적이지 않다'는 것을 강조한다면 지방자치를 촉진하는 것이 인권을 지키는 것이라고 할 수도 있다(March and Olsen 1989, p.97). 또한 지역적으로 편재되어 있는 집단의 인권(예를 들면 원주민 등 소수민족의 특수한 인권)을 지방정부가 적극적으로 옹호한다거나 중앙정부에 인권보호를 요구하는 일도 있을 수 있다. 참정권을 중심으로 한 적극적인 참여라는 면에서 인권의 의의를 인정하는 경우 일정 범위에서 지방자치를 허용함으로서 투표 및 그 밖의 정치참가를 확대하는 의미도 분명히 있다.

그러나 인권은 기본적으로 통치자와 피치자 간의 계약인 헌법에서 유래한다는 점, 그리고 그 헌법이 인권보호의 근본이 되는 제도적 보장이라는 점(입헌국가의 원리)을 고려할 때 인권은 국가와의 관계에서 발생하는 문제이며 지방정부의 역할(인권을 옹호하던 침해하던 간에)은 조연일 수밖에 없다는 논리도 가능하다. 여기서는 미국에서 인권, 특히 소수자인 흑인의 공민권과 지방정부와의 관계를 살펴보기로 하자.

미국 건국 당시부터 매디슨 등 헌법제정자들의 중요한 고민거리는 다수에 의한 압제를 어떻게 억제할 것인가라는 문제였다. 민주주의는 단순 다수결원리에 기반을 두고 있기 때문에 다수파가 권력을 차지하고 소수파는 피통치자 역할을 한다는 사실은 정도의 차이는 있지만 보편적인 현상이다. 그렇기 때문에 소수자를 얼마나 충실하게 보호할 수 있는가라는 것이 문제의 핵심이다. 그 문제에 대한 해결방향을 둘러싸고 제퍼슨(제3대 대통령)과 매디슨(제4대 대통령)의 의견이 대립하였다. 제퍼슨은 미국 사회가 기본적으로 동질적이며 농본주의적인 커뮤니티들의 집합체라고 보았다. 제퍼슨은 그 동질성과 규모의 작음이야말로 자유를 위시한 권리보호의 관건이라고 생각하였다. 따라서 연방과 주의 기능을 분리하고 연방의 기능을 가능한 한 좁게 한정하는 것은 물론, 주에 있어서도 자율적인 군, 정촌으로 분할하여 거기서 작은 공화정을 운영하는 것이 필요하다고 주장하였다(Huntington 1959, p.29).

한편, 매디슨은 미국 사회가 건국 당시부터 이미 농업을 기반으로 한 동질적이며 안정적인 사회가 아니라고 생각하였다. 매디슨에 따르면 공통감각에 기반을 둔 사회라는 것은 종착점은 될지언정 출발점이 될 수는 없다. 미국 사회는 다양한 이익이 얽히고설켜 있으며 각각의 주장이 부닥치고 있는 불안정한 사회인 것이다. 매디슨은 이익표출을 목적으로 사회 속에서 출현하는 파당들을 제어하기 위해서는 보다 많은 파당들이 출현하게 만들 필요가 있다고 주장하였다. 이러한 다원주의 입장에서 보면 커뮤니티보다는 주, 주보다는 연방에서 특정 파당이 지배할 위험성이 적다는 것이다.

두 사람의 생각은 모두 이후 미국의 제도설계 원리로서 중시되고 있다. 당시에 논의된 인권이라는 것은 주로 소유권과 재산권에 관련된 것으로 종교적 자유권이 그 핵심적 내용이었다. 재산권은 영국과 연방출범 이전의 주의회에 의해 침해되었던 경험을 가지고 있었기 때문에 헌법제정자들은 이 문제에 상당한 주의를 기울였으며 신앙의 자유를 찾아 신대륙으로 이주해 온 사람들이 많았기 때문에 종교적 자유권에 대한 관심도 높았다. 그러나 미국 역사상 통치구조의 근간을 흔드는 인권의 문제는 소수자의 권리, 특히 공민권에 관련된 것이었다.

흑인의 공민권이 전면에 등장한 것은 남북전쟁에 의해 흑인 노예가 해방된 이후의 일이다. 연방의회는 1865년에 수정 13조를 채택하여 노예제를 불법화하였으며 이듬해 1866년에는 최초로 공민권법을 제정하여 인권보장에 있어서 피부색에 의한 차별적 대우를 금지하였다. 이어 1868년에 수정 14조에 의해 법 앞에 평등을 보장하기에 이른다. 그러나 남북전쟁 이후의 흑인 인권보호에 대한 열정은 그리 오래가지 않았다. 전환점은 앞서 민주주의와의 관계에서 등장하였던 헤이즈의 당선이다. 헤이즈가 승리를 얻기 위해서는 남부민주당의 지지가 필요하였다. 그는 링컨 대통령을 배출한 공화당 출신 후보였지만 대통령 취임 직후 공민권법을 엄격히 집행하지 않는다는 것과 남부에서 흑인 지위 확립을 뒷받침하고 있었던 북군의 조기 철수를 약속하였다.

헤이즈 정권 이후 연방정부는 남부 주의 흑인 공민권 문제에 대한 관여를 대폭 축소하였다. 이로써 정치적 분쟁의 장은 주와 자치단체 수준에 한정되었으며 흑인들은 이제 노예는 아니었지만 온전한 공민도 아니라는 불안정한 상황에 놓이게 되었다.

국면을 둘로 나누어서 그 과정을 검토하여 보자. 하나는 정치적인 인권으로서의 참정권이다. 흑인의 정치참가는 우선 투표행위 자체가 여러 가지 방해를 받았다. 단순하지만 아주 효과적이었던 것이 린치[私刑]였다. 정치적으로 활발한 흑인들에게 비흑인들이 집단적인 폭행을 가하는 것이다. 수정 14조에 비추어보면 지방정부가 개입해서 흑인의 권리보호에 나서야 하지만 아무 일도 하지 않았다. 작위적 행위보다 부작위적 행위에 대한 규제가 더 어려운 법이다. 나아가 실제로 투표권을 행사하려는 흑인들에 대해 지방정부는 다양한 장벽을 만들어 냈다. 예컨대 재산에 의한 제한이다. 구체적으로 투표하는데 일정한 세금납부를 조건화하여 상대적으로 가난한 흑인들의 정치참여를 억제하였다. 또한 투표의 조건으로 글을 쓸 수 있는가 여부에 대해 시험을 치도록 하거나 역사지식에 대한 시험을 치도록 하였다.

그러나 이러한 장벽설치는 자충수적인 측면도 있다. 헌법상 이러한 조건을 흑인들에게만 부과할 수 없었기 때문에 참정권 행사를 위해 전원을 대상으로 실시하였고 그 결과 백인일부도 참정권에서 배제되었다. 여기서 생각해 낸 아이디어가 조부조항이다. 이러한 시험을 치르는 데 있어서 3대 전부터 그 주에서 투표권을 보유하고 있었던 사람들은 면제해 주는 것이다. 흑인만을 대상으로 문맹시험을 치를 수는 없고 전원을 대상으로 하자니 백인 불합격자가 발생한다. 조부조항을 적용하면 최근 이주해 온 사람들을 제외하고는 백인들을 거의 구제할 수 있고 흑인들은 3대째 투표권을 가진 사람이 한 사람도 없기 때문에 흑인들은 전부 시험을 치르게 할 수 있다는 것이다.

이러한 장벽설치에 대해 점진적이기는 하지만 연방재판소가 위헌 판결을 내리기 시작하게 된다(조부조항은 1915년에 위헌으로 판결되었다). 이에 대해 다시 한 번 머리를 짜낸 것이 백인만의 예비선거다. 남부에서는 양대 정당의 하나인 공화당이 이미 약체화되었기 때문에 민주당 예비선거에서 실질적으로 선거결과가 판가름 난다고 할 수 있었다. 그런데 정당은 공적기관이라기보다는 정치적 신조를 공유하는 사람들의 사적 집단에 불과하다고 하여 그 예비선거에서 흑인을 전면적으로 배제하였다. 그 결과 흑인의 입후보 및 당선 가능성은 사실상 사라졌으며 흑인의 정치참가 의욕 자체를 현저히 감소시키는 데 성공하였다. 연방최고재판소가 이러한 관행을 위헌이라고 판결한 것은 1944년이었다(Johnson et al., 1990, p.158).

또 하나 중요한 국면은 사회적 차별의 문제다. 국가와의 관계 속에서 발생하는 권리와 평등의 문제는 비교적 알기 쉽다. 만약 어떤 사람이 공무원이 되고자 할 때 그 사람이 믿고 있는 특정 종교를 이유로 응시를 제한한다면 이는 명백히 평등권에 대한 침해다. 그러나 만약 어떤 종교단체가 신자들의 기부로 조성된 장학금을 그 신자 및 그 자녀들에게 우선적으로 지급하도록 하였다면 이것도 헌법위반에 해당되는가. 호텔, 레스토랑, 교통기관 등은 그것이 설령 민간자본에 의해 운영된다 하더라도 그 기능에 일정정도 공공성이 포함된다. 그런데, 이러한 장소에서 흑인들은 자주 격리를 경험하였다. 헌법 수정 14조에 직접 언급되어 있는 것은 정부기관에 의한 차별이다. 민간이라는 점, 그리고 차별이 아니라 구별이라는 점을 이유로 흑인 격리는 위헌으로 간주되지 못하였다. 더구나 몇 몇 주들은 이러한 격리를 강제하는 입법조치를 강구하였다. 즉 우리 주에서 호텔영업을 하고 싶다면 흑인과 백인을 같은 장소에 숙박시키지 못한다는 것이다. 연방최고재판소는 1892년 '플레시 대 퍼거슨Plessy vs Ferguson' 사건에서 '분리되어 있지만 평등이 유지된다면'이라는 원칙을 적용하여 이러한 차별을 용인하였다. 이 사건은 백인전용 열차에서 백인에게 자리양보를 거부한 흑인이 체포된 것에 불복하여 소송을 제기한 것으로 최고재판소는 흑인이기 때문에 탑승을 거부한 것이 아닌 이상, 이러한 관행은 헌법의 평등원칙에 위반되지 않는다고 판결하였다. 1954년 브라운 판결로 파기되기까지 실로 반세기 이상 이러한 원칙이 유지되었다. 브라운 판결은 흑인과 백인을 공교육에서 격리하는 것이 위헌이라는 내용이었지만 실제 판결의 집행에서 남부를 중심으로 한 지방정부의 저항이 있었고 개중에는 그 판결을 '존중'해서 지역 내 공립학교를 전부 사립학교로 만든 지방정부도 있었다(Johnson et al., 1990, pp.153~155).

이러한 일련의 움직임은 샤트슈나이더E. E. Schattschneider가 제시한 분쟁의 확대와 억제 개념으로 잘 설명할 수 있다(Schattschneider 1960, p.12). 샤트슈나이더는 정치를 분쟁 범위를 넓히려고 하는 움직임(확대)과 그것을 가능한 한 좁게 하려는 움직임(억제)과의 대립이라고 보았다. 교실에서 두 명의 학생이 싸움을 벌인다고 하자. 가령 A가 이겨서 B는 울음을 터뜨렸다고 하자. 이 상태에서는 분쟁만 있을 뿐 정치는 등장하지 않는다. 그런데 B가 담임선생님에게 이 사실을 일러바친다. 담임선생님은 A를 불러 주의를 준다. A는 담임선생님이 불공정한 처사를 하였다고 부모에게 알린다. 놀란 부모는 교장선생님과 면담하여 담임선생님의 부당성을 호소한다. 교장은 담임에게 주의를 준다. 담임은 교장의 처분에 대해 승복할 수 없다고 노동조합에 상담한다. 노동조합에서는 교육위원회에 …. 이렇게까지 되면 우리는 이 과정에서 정치를 발견하게 된다. 그리고 샤트 슈나이더는 이 분쟁 확대 과정이 일정한 패턴을 가진다고 강조한다. 확대는 항상 언더 도그underdog, 즉 그 상황에서 패자가 추구하는 것인데 반해 승자의 전략은 억제다. 이 싸움도 만일 A가 B의 행동을 예측하여 교무실 앞에서 기다렸다가 한방 더 주먹을 날린다면 분쟁의 확대는 일어나지 않았을지도 모른다.

공민권을 둘러싼 과정에서 흑인들은 남부의 지방정부에서 항상 언더 도그였기 때문에 분쟁을 확대하려고 하였다. 재판소에 호소하고 대통령에 호소하였다. 문제를 시골 한 마을의 문제가 아니라 주 전체, 그리고 미국 전체의 문제로 만들려고 하였다. 킹목사를 비롯한 공민권운동의 지도자들은 이 문제를 전국 분쟁으로 확대시키기 위한 대변인 역할을 하였다. 한편 백인과 그 통제 하에 있는 지방정부는 일관되게 분쟁 억제전략을 취하였다. 연방의 개입은 불필요하다, 이 문제는 자신들의 마을, 자신들의 주에서 해결할 문제라는 식으로 자치를 주장하였으며 이 문제를 둘러싸고 연방과 때때로 크게 대립하였다.

규범적인 가치와 지방자치와의 관계는 단순한 것이 아니다. 때로는 자치 그 자체가 가치적인 요소를 가지고 있다. 또한 경합하는 여러 가치들을 어떻게 조화시키는가라는 문제도 지방자치의 운영과 밀접한 관계에 있다. 미국의 예는 역사적으로 피해자이자 소수자집단으로서의 흑인의 존재, 그리고 헌법 원리로서 확고하게 규정되어 있는 지방정부의 자치권이라는 측면에서 다른 나라에서 쉽게 찾아 볼 수 없는 매우 특수한 것일 수도 있다. 그러나 지방자치와 규범적 가치의 문제를 고찰하는 데는 좋은 소재이기도 하다.

일반적으로 자치, 민주주의, 인권, 그 밖의 가치는 복잡하게 얽혀 있다. 자치와 민주주의는 상호보완적인가라는 추상적인 질문에 대한 논의와 함께 실제 자치의 운용에 비추어 논의를 전개할 필요가 있다. 미국의 예는 주의

자치권과 그 제도적 보장인 연방제가 민주주의의 원리에 저촉될 가능성이 있다는 것을 보여 준다. 동시에 민주주의를 확대하여 나아가려는 정치적 주장과 거기에 대립되는 다른 주장이 지방자치의 원리라는 문제까지 건드리면서 서로 부닥치고 있는 동적인 면이 있음을 보여준다. 자치를 둘러싼 논의는 가치가 포함되기 때문에 외국의 사례, 역사적 사례를 소재로 이용하면 편리한 점이 있다. 이는 단순히 지식을 넓힐 뿐만 아니라 서로 다른 조건 하에서 다양한 원리가 어떻게 실현되었는가 또는 실현되지 못하였는가에 대한 통찰을 얻을 수 있기 때문이다.

최근 일본에서 논란이 되고 있는 지방자치와 관련된 문제가 있다. 옴진리교의 신자들의 이주에 대해 주민표 전입접수, 자녀 전학 등의 서비스를 거부하는 지방정부가 있다. 또한 일련의 사건이 세상에 알려지기 전부터 지역사회도 지방정부도 이 집단에 대해 경계심을 가지고 있었다. 도시부에서는 무섭다, 시끄럽다, 냄새난다, 언론이 달려든다는 이미지를 먼저 떠올리는데 농촌과 같이 규모가 작은 지방정부에서는 이 보다 문제가 훨씬 심각해진다. 옴진리교는 전성기에 몇 천 명 단위의 신자 동원력을 가지고 있었다. 인구규모가 작은 지방정부에 전략적으로 이주를 추진한다면 손쉽게 다수파를 형성하여 의원이나 단체장 등 공직을 차지할 수 있게 된다. 주민과 지방정부가 때로는 위법적인 행동까지 불사하면서 옴진리교에 대해 대결자세를 보이는 것에는 이러한 배경이 있다. 만일 옴진리교 신자들이 합법적인 수단으로 지방의 권력을 장악하였을 때 소수자로 전락한 원原주민들은 어떻게 하여야 하는가, 또 현縣정부(광역자치단체)나 일본 정부는 어떻게 대처하여야 할까. 또한 옴진리교 신자들이 지역의 소수자로서 존재하는 경우 어떻게 대처하여야 하고 어떻게 그들의 권리를 보장할 것인가. 지방자치라는 개념은 다양한 가치와 관련된다. 바로 그 때문에 쉽사리 해답이 발견되지 않는 다양한 문제가 지방자치의 현장에선 빈번하게 발생하고 있는 것이다.

보충성의 원칙

최근 유럽연합(EU)에서 지방분권의 근거로서 '보충성의 원칙(principle of subsidarities)'이 강조되고 있다. 아래 그림에서도 알 수 있듯이 '보충성의 원칙'에 의하면 어떤 행정수요가 발생할 경우 그것을 가능한 한 개인이나 가정에서 해결하도록 하고(自助), 개인이나 가정에서 해결이 불가능할 경우에 단체·집단(기업, 민간단체)수준에서 충족시키는 것이 바람직하며(共助), 단체·집단수준에서 처리가 불가능한 경우에는 시민·주민과 가장 가까운 정부인 기초자치단체가 행정수요를 떠맡게 된다(公助). 다시 말해 '보충성의 원칙'은 기초자치단체 수준에서 행정수요의 충족이 불가능할 경우 비로소 광역자치단체, 중앙정부, 초국가기구 순으로 행정수요의 충족 책임이 옮겨가는 것을 뜻한다.

보충성의 원칙은 시민의 입장에서 본 공공업무의 처리기준을 명확히 밝힌 것이라 고 할 수 있는데 이는 단순히 중앙과 지방간의 사무배분 원칙을 논한 것이 아니라 공공문제 해결에 있어서 '자립적인 개인'이 가장 중요하고 우선하는 주체임을 뜻하는 것이라 하겠다.

[공공임무의 재검토]

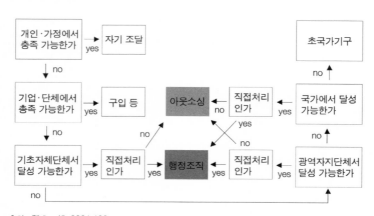

출처: 縣公一郎, 2001:102

▌ 읽어볼 책: 정정길 외(2007), 『작은 정부론』, 부키

4장
정부간 관계

지방자치를 논함에 있어 3장에서 살펴본 규범이론과 더불어 '정부간 관계(intergovernmental relations)'라는 개념이 중요하다. 이장에서는 정부간 관계 개념에 대해 그 의미를 살펴보고 아울러 복수 정부간의 상호관계에 관한 몇 가지 모델들을 소개한다. 정부간 관계라는 개념은 지방자치뿐만 아니라 현대 행정을 이해하는 데도 중요한 개념이다.

1. 정부간 관계의 개념

　정부간 관계란 한 나라의 중앙과 지방에 걸친 복수의 정부조직 간 관계를 의미한다. 이 용어는 미국에서 처음으로 사용된 것이지만 오늘날에는 영국을 비롯한 유럽의 여러 나라들과 일본 등의 지방정치·행정연구자들 사이에서도 널리 통용되고 있다.[1] 여기서 사용되는 정부간 관계라는 용어는 '국가와 지방의 관계', '중앙지방 관계', '전국적 정부와 지방자치단체의 관계'라는 용어와 호환되는 의미를 가진다.[2]

　먼저 미국의 연방·주·지방자치단체 간의 관계를 살펴보기로 하자. 미국은 신대륙에 이주한 개척자들이 모여서 주를 만들고 나아가 13개 주가 동맹을 형성하여 영국으로부터 독립한 역사적 경위가 있다. 따라서 미국에서는 '연방이 우선인가, 주가 우선인가', '주가 우선인가, 자치단체가 우선인가'라는 논의가 지금까지 수차례에 걸쳐 되풀이 되었다. 전자에 관해서는 남북전쟁을 계기로 주의 연방이탈이 불가능해지고 주의 주권主權분할적 성격(다시

---

[1] 정부간 관계의 개념에 대해서는 小滝 1983, 西尾 1990, 曽我 1998 등을 참조할 것.
[2] 이 정부간 관계라는 용어가 일반대중, 특히 매스컴에 침투되지 못하고 있는 것은 일본어와 영어 양쪽 모두 '국제관계'(international relations)와 혼동되기 쉽다는 것도 한 원인이다.

말해 연방헌법의 주간 계약적 성격)이 약화되었다.[3] 또한 후자의 주와 자치단체간 관계에 대해서도 '자치단체는 주의 창조물이다'라는 판례가 확립됨으로서 법적 차원에서는 결론이 내려졌다고 할 수 있다. 그러나 중세의 분권적·할거적 봉건체제를 극복하기 위해 등장한 근대국가의 (중앙)집권주의를 경험하지 않은 점, 국가 통치에 관한 기본적 구성에 관해 위와 같은 논쟁이 존재하였던 점은 미국의 연방시스템이 적어도 이념적인 면에서 다른 나라들과 명확히 구별되는 특징이다. 연방정부의 권한이 확대된 오늘날에도 연방정부의 주정부 및 지방자치단체에 대한 도의적, 능력적 우위는 전제조건으로서 존재하지 않는다. 정부간 관계라는 용어에는 이러한 특징이 이미 내포되어 있다.[4]

미국에서는 정치학의 분석용어로서 이 정부간 관계 외에 '연방주의 federalism' 혹은 '연방제 federal system'가 사용되기도 한다. 미국 헌법에 규정된 연방제는 주를 기본 구성단위로 하고 있기 때문에 연방제라는 용어는 연방과 주의 관계에 한정되는 것으로 인식되는데 반해 정부간 관계는 보다 복잡하고 다양한 관계의 집합으로서 파악된다. 나아가 연방제라는 용어는 공민권 문제에 관한 주정부와 연방정부와의 격렬한 대립 속에서 주 고유의 권한을 과시

3 링컨대통령이 노예제에 반대했기 때문에 남부와 전쟁에 돌입한 것은 아니다. 남부는 향후 새로운 주가 연방에 편입하는 것은 자유주에 한정해야한다는 연방의 정책에 반대하였다. 그리고 노예제를 인정할 것인가 말 것인가에 관한 권한을 연방이 침범하였기 때문에 계약위반이 발생하였고 보았고 이를 이유로 연방으로부터의 이탈을 선언하였다. 링컨은 연방성립이 주와 주간의 계약이 아니라 국민과 국가간의 계약이었다고 주장하였고 두 세력의 대립은 무력을 통해 해결될 수밖에 없게 되었던 것이다.
4 따라서 지방정치·행정연구에서 상호의존 패러다임과 정부간 관계라는 용어가 친화성을 가진다고 하는 것은 어쩌면 당연한 것이라고 할 수 있다.

하고 인종적 융화를 거부하는 정치세력의 슬로건으로 사용된 시기도 있었다. '연방주의'와 '주권州權'이라는 용어는 이처럼 일종의 정치 이데올로기적 측면을 가지고 있다(Beer 1973). 결과적으로 가치중립적인 정부간 관계가 분석용어로서 보다 우세하게 되었다. 이러한 정치적·역사적 배경에서 낡은 스타일의 연방제는 이미 사망한 것과 마찬가지라는 입장도 있다. 이러한 주장을 하는 논자들은 연방제는 연방·주·자치단체 및 국민간의 관계 그리고 정부 차원의 기능분담에 관한 정태적인 것이며, 그것을 대신하는 새로운 스타일의 연방제로 정부간 관계를 지칭하고 있다. 아울러 낡은 연방제가 정치에 대해 일정한 틀로서 제한하는 법적인 개념인데 반해 새로운 연방주의, 즉 정부간 관계는 사회경제에 발맞추어 변화하는 동태적이며 정치적인 개념이라고 주장한다(Reagan 1972) 그러나 많은 논자는 현재에도 연방제와 정부간 관계를 배타적이라기보다는 보완적인 것으로 생각하고 있다.

정부간 관계의 대표적 연구자인 라이트Wright는 연방제, 정부간 관계, 나아가 그 발전된 형태로서 정부간 매니지먼트라는 세 가지 체계를 개념화하였다([표 4-1] 참조). 라이트에 의하면 연방제에서 정부간 관계로 그리고 정부간 관계에서 정부간 매니지먼트로 그 중점이 점차 옮겨가고 있지만 3가지 체계가 중층적으로 미국의 정부간 통치시스템을 구성하고 있다고 한다(Wright 1990, 曾我 1994, p.112).

나는 헌법체제의 주축인 연방정부와 주정부의 관계가 여전히 중요성을 갖는 하나의 이유가 권리장전을 비롯한 인권규정과 연방·주 관계가 밀접히 연계되어 있기 때문이라고 생각한다. 정부간 관계에서 정부간 매니지먼트로 양적으로는 변화하였다 하더라도 연방제라는 제도적인 틀을 연구자도 실무자도 무시할 수 없다는 것이 미국 통치시스템의 최대 특징이다.

이장에서는 현대 행정시스템 분석에 정부간 관계라는 용어를 사용한다. 그것은 이 용어가 몇 가지 부가가치를 가지고 있기 때문인데 예컨대 '현대에는 중앙지방관계의 복잡성이 증가하고 있다'는 서술 속의 '중앙지방 관계'를 '정부간 관계'로 바꿔보면 어떨지 한 번 생각해 보자.

우선 첫째로 '중앙지방 관계'라는 용어에는 지방정부는 항상 중앙의 얼굴을 바라보고 있는 인상을 줄 우려가 있으며 또한 중앙은 항상 일체성을 유지하고 있는 것 같은 오해를 불러일으킬 수 있다. 통상 어떤 한 지방정부a local government가 중앙정부 전체the central government를 상대하는 경우는 드물며 보통은 하나 혹은 복수의 지방정부가 하나 혹은 복수의 중앙부처와 교섭을 행하는 경우가 대부분이다.

[표 4-1] 연방제 · 정부 간 관계 · 정부 간 매니지먼트의 대비

	연방제	정부 간 관계	정부 간 매니지먼트
참가하는 조직 단위	연방, 주	연방, 주, 지방자치단체	연방, 주, 지방자치단체, 민간 섹터 등
상호 관계	연방의 우월	완만한 계층제	비계층제적 네트워크
분쟁해결의 수단	법률, 재판소, 선거	시장, 게임, 연합	교섭, 거래, 협동
가치 · 열쇠가 되는 개념(concept)	목적(사명) 정치(당파) 권력(보수와 제재)	정책(재량) 관점(Perspective) 우선순위(Trade-off)	프로그램(기능) 사업 절차
정치적 중점	하이 폴리틱스 (High-Politics)	정책형성(조정)	집행(문제해결)
선출 정치가의 역할	큼(大)	중간(中)	작음(小)
일반(Generalist) 관료의 역할	중간(中)	큼(大)	중간(中)
정책 전문가 (Professional)의 역할	작음(小)	중간(中)	큼(大)

출처) Wright 1990. 그림 1과 표 1에 따라 저자가 수정하여 작성.

둘째로 중앙지방관계라는 용어에는 지방정부간의 관계가 배제된다. 주와 주 내부의 지방자치단체와의 관계가 어떻게 되어 있는가, 남부주의 민주당 지사들은 정기적으로 회합을 개최하고 있는가, 일본의 정령지정도시 간의 관계는 어떻게 되어 있는가, 온천 지역의 마을이 모여서 정보교환을 하는 것은 실제로 어떤 효과를 발휘하고 있는가, 서로 인접한 자치단체 간에 경계를 둘러싼 분쟁이 발생한다면 어떻게 해결할 것인가. 이와 같이 지방정부간의 관계는 다양하면서 중요하다. 셋째로 정부간관계라는 용어는 법제도적인 구속의 정도가 약하고 정치적인 전략을 펼치는데 재량의 폭을 넓게 해석할 수 있게 한다. 지방정부가 처한 환경을 보다 폭넓게 파악할 수 있다는 점에서 정부간 관계라는 용어가 보다 적절한 용어라고 할 수 있다.[5]

또한 정부간 관계는 비교연구에도 유용한 용어라고 할 수 있다. "Today, the federalism in the U.S. is becoming more and more complex" 라는 표현은 왠지 모르게 다른 나라와의 비교여지를 배제하는 듯하다. 앞서 언급한 바와 같이 미국의 연방제는 매우 특수한 역사적 경험을 가지고 있으며 특유의 정치적 함의를 가지고 있기 때문이다. 그러나 federalism을 intergovernmental relations로 바꾸어 사용하면 예를 들어 연방제를 채택하고 있는 국가와 단일주권의 형태를 취하는 국가 간의 차이가 있다고 하더라도 각각의 지방시스템을 같은 분석틀에서 비교하는 것이 가능하다. 단일주권 국가도 연방제 국가도 법제도적·정치적 측면에서 상당한 다양성이 있다. 그런데 이 법제도적 측면과 정치적 측면이라는 이분법이 유형화의 유일하고 절대적 기준이 될

---

5 이러한 용어 전환으로 잃는 것도 있다. 장점의 이면에는 '중앙 대 지방'이라는 구조가 희박하게 된다. 나아가 일반대중에게 통용되지 못할 우려도 있다. 중앙지방관계라고 하면 행정에 직접적인 관련이 없는 사람들도 의미를 알기 쉽지만 정부간 관계라고 하면 쉽게 이해하기 어렵기 때문이다.

수는 없다. 따라서 상대적으로 비교라는 개념과 친화적인 정부간 관계라는 용어가 더 적절하다는 것이다.

그런데 '지방자치'와 '정부간 관계'를 서로 바꾸어 쓰면 어떻게 될까. '현대의 지방자치는 복잡성이 증대하고 있다'라는 것과 '현대의 정부간 관계는 복잡성이 증대하고 있다'는 것과는 명백히 의미가 다르다. 정부간 관계는 지방자치의 중요한 측면이지만 그것이 지방자치의 모든 것은 아니다. 정부간 관계라는 분석틀에서는 정부조직 간 상호작용을 중시하지만 정부와 주민(국민)의 관계는 일반적으로 분석틀 속에 포함되지 않기 때문이다.

2. 정부간 관계의 모델

(1) 로즈 모델

정부간 관계 모델의 예로 영국의 정부간 관계 연구자인 로즈의 모델을 소개하기로 한다(Rhodes 1981, p.18).

> 1) 모든 조직은 '자원'에서 부족한 부분이 있기 마련이다. 그렇기 때문에 활동은 상호 의존적이 된다.
> 2) 각 활동의 목적을 달성하기 위해서 조직은 자원을 상호 교환한다.
> 3) 모든 조직은 그 의사결정시 타조직의 영향을 받지만 조직 간에서 우월적인 동맹을 형성하는 특정 조직은 상당한 재량을 가지게 된다. 그리고 이러한 동맹의 '평가체계'가 조직간 관계와 자원의 교환에 영향을 미친다.
> 4) 우월적인 동맹은 자원의 교환과정을 지배하기 위해 이미 알려진 '게임의 규칙' 속에서 전략을 구사한다.
> 5) 게임의 규칙, 자원의 교환과정, 자원의 배분상황이 각 조직의 잠재력을 결정하며 그것이 각 조직의 목적과 함께 재량의 폭을 결정한다.

로즈 모델의 가장 큰 특징은 철저한 자원 환원론이다. 로즈는 자원을 법적 자원, 재정적 자원, 정치적 자원, 조직 자원, 정보 자원으로 분류하고 있으며 모든 정부 간의 상호작용은 '자원의 교환과정'으로 볼 수 있다는 것이다. 이러한 관점에서 보면 제도적인 요인도 단지 교환과정의 하나의 구성요소에 불과하다. 중앙정부의 우위는 가령 관찰되었다고 해도 그것은 교환과정의 하나의 결과일 뿐이며 영구적으로 결정짓는 구조라고 볼 수 없다.

'전략' 혹은 '평가체계'라는 용어에서 알 수 있듯이 모든 조직에는 일정한 자율성이 있다고 간주된다. 그리고 평가체계라는 것은 로즈에 따르면 이익·기대·가치(혹은 이데올로기)를 구성요소로서 가진다고 한다. 보다 알기 쉽게 설명하면 무엇이 선이며 무엇이 바람직한 결과인지를 결정하는 조직 내부의 규범이라고 할 수 있을 것이다. 소위 '省(부처)의 철학'이 그 예인데 다시 말해 평가체계라는 것은 그 때 그 때의 판단을 단순히 모아 놓은 것이 아니라 상당한 정도 체계화된 과거 경험의 축적 결과라고 할 수 있다.

로즈의 이 분석틀은 모든 조직에 적용될 수 있는 것처럼 표현되었지만 사실은 특히 국가와 지방차원을 포괄하는 정부간 상호작용에 적용하기 위해 설계된 것이다. 이 경우 중앙과 지방차원의 연계에 중요한 역할을 하는 것이 2장에 언급한 '정책공동체'다. 로즈의 분석틀은 미시적 차원의 정부간 상호작용을 모두 설명하기 위해 설계된 것이 아니라 오히려 보다 높은 차원(예를 들면 국가체제)을 염두에 둔 것이라 할 수 있다. 따라서 로즈는 지방정치에서 차지하는 전문가 조직, 지방공공단체의 전국적 연락조직을 중요한 연구대상으로 취급하고 있다.

이 로즈 모델을 포함해 중앙정부와 지방정부의 관계를 기본적으로 양자의 의존관계로 파악하는 사고방식을 통상 상호의존 모델이라고 한다. 이

상호의존 모델은 지방정치연구에서 기존의 통설적 견해, 즉 중앙과 지방의 관계는 서로 이익이 일치하는 경우 지방이 중앙의 대리인으로서 기능하고, 이익이 일치하지 않는 경우에도 중앙은 지방을 통제, 복종시킨다는 견해, 즉 중앙통제 모델과 대립한다.

중앙통제 모델에 따르면 지방에는 독자적인 전략을 전개할 여지가 없으며 오로지 중앙이 설정하는 틀(지도·통달 등 통제수단)에 따라서 행동할 뿐이다. 이 중앙통제 모델은 1960년대까지 선진 공업국에서 어느 정도 공통적으로 통용되던 견해였다. 이 통설적 모델에 대해 연구자들이 의문을 가지게 된 계기는 이미 언급한 지방정부의 기능적 확대였다. 중앙정부가 입안한 정책을 구체화하기 위해 집행을 담당하는 지방정부에 상당히 의존하고 있다는 사실이 분명해졌기 때문이다. 그리고 집행 단계에서 지방정부는 맹목적인 복종과 상당한 비용을 동반하는 거부라는 양자택일적 선택이 아니라 어느 정도까지 스스로 바라는 방향으로 정책을 변경시킬 기회가 주어져 있다는 것이다. 상호의존 모델은 중앙통제 모델에 대해서 다양한 문제점을 제기하고 있는데 첫째로 정치체계 전체에 관한 이해가 너무 단순한 점, 예를 들어 지역주민의 이익표출, 공공서비스 공급 등을 경시하는 점을 비판한다. 둘째로 집행 측면에 관한 국가 기능의 지방의존이 자동적으로 집권을 의미하지는 않는다는 점을 지적한다. 셋째, '정치'의 요소, 즉 이익대표 기능, 정치가 혹은 정당의 전략, 집행에서의 정치성 등을 경시하는 점을 비판한다. 넷째, 지방차원이 전국차원에 영향을 미칠 가능성을 경시한다는 점을 비판한다(大森 1986, p.39).

일본에서는 무라마쓰 미치오村松岐夫가 중앙통제 모델을 원용하여 쓰지 기요아키辻清明의 통설을 '수직적 행정통제 모델'이라고 규정하였다. 무라마

쓰는 기존 통설에서 중앙과 지방의 상호의존 측면에 대한 분석이 결여되어 있는 점을 비판하면서 '수평적 정치경쟁 모델'을 제시하였다(村松 1988). 예를 들어 일본 지방정부는 어느 곳이나 닮은꼴의 공공시설(도서관 등)을 설치한다. 이에 대해 낭비 혹은 개성이 상실된 '지역 만들기まちづくり'라는 비판이 많다. 수직적 행정통제 모델에 의한 해석에서는 이는 중앙의 소관관청(문부과학성)이 보조금 지급을 통해 세세한 구속(예를 들면 사서를 반드시 두어야한다는 등)을 지방정부에 가하고 있으며 지방정부가 독자 정책을 입안하는 기회를 빼앗은 결과로 본다. 그러나 수평적 정치경쟁 모델에 의하면 이는 인접한 지방정부가 도서관을 신설하여 호평을 받았기 때문에 뒤지지 않기 위해 비슷한 시설을 건설하려는 지방정부가 중앙정부에 적극적으로 교섭한 결과로 해석한다. 수평적 정치경쟁 모델은 선거에 의해 선출된 지방정부 지도자가 주민들로부터 압력을 받는 점, 선출직 지도자들이 중앙이 보유하고 있는 자원을 끌어내려고 하는 정치적 의사와 전략을 가지고 있다는 점이 강조된다. 무라마쓰는 이러한 전략을 가능하게 하는 동시에 수평적 정치경쟁을 유도하였던 제2차 세계대전 후의 여러 제도개혁(즉 일본 헌법의 제정, 헌법에서 지방자치 보장, 지방제도 특히 부현府縣지사를 관선에서 민선으로 전환 한 것 등) 으로 인한 변화를 중시하였다. 이러한 입장에서 츠지 등의 전전전후 연속론에 대한 전전전후 단절론을 주장하였던 것이다.[6]

2장에서도 언급하였듯이 상호의존 모델은 국가와 사회의 관계에서 발생한 중요한 질적 변화를 정부간 관계에 적용하는 것이었다. 다만 상호의존이

---

6 전전전후 연속론과 단절론은 대립적인 측면이 있으나 연속론은 시간적으로 1950~1960년대의 지방자치 현실을 나타낸 것으로 그리고, 단절론은 1970년대 이후 지방의 자율성 증대 현상에 주목한 것으로도 이해할 수 있다―역자주.

확대되어 가는 것이 바로 분권적 구조를 의미하는 것은 아니라는 점에 유의할 필요가 있다. 단순히 생각하면 다수의 관계자가 존재하는 정부간 관계에서는 영향력과 자원의 배분상황도 평준화될 것으로 여겨진다(Rose 1985). 그러나 서비스 제공 중심의 현대 행정에서 중앙정부가 지방정부에게 집행을 의존하는 경향이 있다는 관찰을 일반화할 수 있다고 하더라도 이것이 바로 권력과 자원의 배분에서 평등으로 이어질 것인가라는 의문과 함께 가령 권력과 자원의 평준화가 관찰된다고 하더라도 그러한 현상이 일어나는 원인이 무엇인지는 분명하지 않다. 따라서 상호의존 하에서 정부간 관계가 어떠한 양상을 띠는가는 앞으로의 연구 과제라고 할 수 있다.

(2) 집권 · 분권/융합 · 분리 모델

상호의존과 분권을 별개의 차원으로 논한 점에서 선구적인 역할을 한 것이 아마카와 아키라天川晃가 제시한 집권 · 분권/융합 · 분리 모델이다(天川 1986). 아마카와는 중앙정부와 지방정부의 관계를 단순히 집권과 분권의 일원적인 대립으로 보지 않고 융합과 분리라는 또 하나의 축을 추가하여 정부간 관계의 구조를 분석하는 틀을 구상하였다. 아마카와는 근대이후 일본에 도입된 지방자치관련 제도를 시계열적으로 분석하려는 목적에서 이 모델을 설계한 것이지만 복수의 국가 시스템을 비교하는 데도 자주 사용되고 있다.[7]

집권과 분권의 문제는 다양한 정책결정 권한에서 중앙정부와 지방정부 어느 쪽이 보다 강한가라는 것이다. 아마카와는 융합과 분리를 중앙의 결정을 중앙의 특별행정기관에서 실시하는가 아니면 지방에 분담시키는가라는 일종의 사무배분에 기초하여 정의하고 있다. 영미英美계열 나라들의 정부간

---

7 村松岐夫도 이 모델에서 시사를 받아 독자적인 이론 모델을 제시하였다(村松 1984, 1988).

관계는 분리의 경향이 있는데 반해 지방을 중앙의 집행기관으로써 이용하는 유럽대륙 나라들의 정부간 관계는 융합의 경향이 있다는 것이다.

융합·분리를 단순히 사무배분으로 유형화하는 것은 누가 집행하는가라는 제도의 한측면을 과도하게 중시하는 것이 되기 때문에 여기서는 융합을 '중앙과 지방 각각의 관심영역이 중복되는 폭이 넓은 상태', 분리를 '중앙과 지방의 관심영역의 중복이 적은 상태'로 수정하여 정의하기로 한다. 이렇게 하면 [그림 4-1]과 같이 집권·융합, 분권·융합, 집권·분리, 분권·분리라는 4개 분면이 생기게 된다.

집권·분리(I) 영역은 중앙정부가 강한 권한을 보유하고 중앙과 지방의 관심영역이 중복되지 않는다. 협력과 대립이 그다지 발생하지 않지만 대립되는 경우 중앙이 유리한 형태로 해결된다.

집권·융합(II) 영역은 중앙정부가 강한 권한을 보유하며 중앙과 지방의 관심영역이 중복된다. 중앙과 지방은 때때로 협력하지만 분쟁대립도 많이 발생한다. 대립되는 경우 중앙에 유리한 형태로 해결된다.

분권·융합(III) 영역은 지방정부가 강한 권한을 보유하며 중앙과 지방의 관심영역은 중복된다. 중앙과 지방은 때때로 협력하지만 분쟁대립도 많이 발생한다. 다만 대립되는 경우 지방에 유리한 형태로 해결된다.

분권·분리(IV) 영역은 지방정부가 강한 권한을 보유하며 중앙과 지방의 관심영역은 중복되지 않는다. 협력과 대립은 많지 않지만 대립되는 경우 지방에 유리한 형태로 해결된다.

이와 같은 융합과 분리 개념은 처음 접하는 사람들에게는 낯설게 느껴질 것이다. 보다 상세히 설명해 보기로 하자. 내가 말하는 분리라는 것은 정부차원에서 역할분담이 명확한 것을 가리킨다. 몇 가지 정책영역을 예로 들어

[그림 4-1] 집권 · 분권/ 융합 · 분리 모델

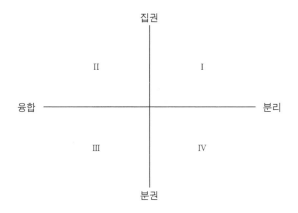

보자. 예를 들어 우편이라는 기능이 있다. 이것은 오늘날 민간 택배업자들에게 압도되어 진정으로 공공부문의 업무라고 할 수 있는가라는 의문이 제기되는 상황에 처해 있다. 과거에 우편업무는 국가 기반업무 중 가장 중요한 기능의 하나로 간주되었다.[8] 현재에도 우편기능은 중앙정부가 담당하고 있다.[9] 널리 알려져 있는 사실이지만 일본에서는 아주 치밀한 우편국 네트워크가 전국 구석구석까지 발달해 있다. 지방정부는 이 우편기능에 대해 권한도 없을 뿐만 아니라 관심도 없다. '인구 5000명인 우리 마을에 독자적인 우편시스템'을 만든다고 해도 거의 의미가 없다. 커뮤니케이션 수단인 이상 우편은 지리적으로 일정 범위를 커버할 필요가 있기 때문이다. 거꾸로 우편시스템의 기능을 담당하는 중앙부처와 그 집행기관도 지방정부가 수행하고 있는 일에 관심이 없다. 중앙부처와 그 집행기관에게 있어서 지방정부는 큰 손님

8 예를 들어 미국에서 우정(郵政)장관(Postmaster General)은 과거 중요 각료였으나 현재는 각료급에서 제외되어 있다.
9 2005년 10월에 민영화가 확정─역자 주.

에 불과하다.

우편과는 대조적인 예로서 소방이라는 기능을 생각해 보자. 이것 또한 미국 애리조나 주 '스코츠델'이라는 마을에서 민영화가 도입된 이후 공공부문이 독점적으로 수행하는 일이라고 할 수는 없게 되었지만 그래도 보통은 공공의 업무라고 여겨지고 있다. 소방은 거의 모든 나라에서 지방정부, 그것도 시정촌 등 기초자치단체의 일로 되어 있다. '미국 전역 어디에서 화재가 발생하더라도 곧 출동하겠습니다'라는 시스템은 의미가 없기 때문이다. 일본에서도 소방서에 근무하는 소방관은 시정촌의 직원이다. 다만 소방학교라는 소방관 양성은 도도부현이 맡고 있다. 화재는(특히 대규모 산불 등) 지방정부의 경계를 넘어서 번질 수 있기 때문에 시정촌 간, 때에 따라서는 도도부현 간의 협력이 필요하다. 또한 소방기술의 교류 등 일정한 소방관계 업무에 대해서는 국가가 조정역할을 맡고 있는데 자치성(현 총무성)의 외국 外局으로서 소방청이 이 업무를 담당하고 있다.

따라서 어느 정도 국가가 업무를 분담하고 있어 정부간 관심이 다소 중복 overlap되고 있다고 할 수 있지만 기본적으로 지방의 일이라는 점에는 변함이 없다. 이와 같이 소방도 우편도 분리적인 정책영역이라고 할 수 있다. 즉 소방은 지방이 우편은 중앙이 담당하고 있다. 그리고 이러한 분담은 일의 성질에 따라서 자연스럽게 결정되어진 것이기 때문에 나라별로 다양성이 거의 없다고 할 수 있다.

그런데 정책영역에 따라서는 중앙이 수행해야 할 성격과 지방이 수행해야 할 성격이 혼재되어 있는 경우도 있다. 예를 들어 초·중·등 교육을 생각해 보자. 교육을 받을 권리는 국민의 인권으로 보장되어 있는 경우가 많다. 그렇기 때문에 교육수준을 일정정도 수준으로 유지·관리하는 것은 중앙정부의 일이 된다. 일본에서는 문부과학성이 이 일을 담당하고 있다. 그러나 각각의 커뮤니티가 자신들의 자녀를 자신들의 책임하에 교육한다는 사고방식도 있다. 지역의 독특한 교육내용(예를 들면 독자적인 민족교육, 향토사 등의 역사교육, 사투리나 소수민족의 언어)이 반영되는 것이 바람직하다는 생각도 있으며 그 지방의 기후풍토에 적합한 교육방법(예를 들면 여름방학, 겨울방학의 개시시기)도 어느 정도 필요할 것이다. 전국적인 교육표준에 중점을 둔다면 교육은 중앙이 관여해야 할 일이 되며 지방의 독자성이 중요하다면 지방이 전적으로 담당해야 한다. 이 중 어느 쪽이 옳은가는 간단히 말하기 어려운 측면이 있다.

어떤 한 정책영역이 시간의 경과에 따라 변화하는 경우도 있다. 비행기가 탄생해서 얼마 되지 않았던 시절 공항은 공공부문이 정비할 필요가 있을지 매우 의심스러운 시설이었다. 그러나 그것이 우선 미국에서 지역 간 교통의 중요한 수단으로서 입지를 굳히는 동시에 중요한 공공시설로서 주로 지방정부의 책임 하에 관리가 이루어지게 되었다. 이윽고 항공교통이 중앙정부의 두 가지 중요한 기능 즉 우편 및 군사와 밀접한 관련을 맺게 되자 중앙정부는 항공정비라는 영역에 관심을 가지게 되었다. 나아가 린드버그가 대서양을 횡단하여 큰 관심을 받았던 시절도 먼 옛날의 일이 되고 항공교통이 국제적 이동수단으로서 가장 중요하게 되자 공항은 그 거점으로서 중앙정부의 중대한 관심사가 되었다. 더욱이 비행기가 대형화함에 따라 공항시설의 대형화, 기술의 고도집적화가 진행되어 지방정부만으로는 감당하기 어려운 면도 생겨났다. 이처럼 동태적인 사회경제 및 기술혁신의 변화를 반영하여 정책영역 그 자체의 성격이 변화하고 결과적으로 공항의 관리와 정비의 담당기구는 나라별로 다양성을 띠게 되었다. 국가가 직접 관할하는 경우, 지방정부가 관할하는 경우, 공영기업, 민간기업, 혹은 상공회의소 같은 기구에 맡기는 경우, 군과 지방정부가 공동으로 운영하는 경우 등 실로 여러 가지다. 개별 공항의 건설과 관리에 필요한 자금은 국가의 예산에서 조달하거나 이용자 (여객, 항공회사)의 부담금을 재원으로 하는 국가의 펀드에서 조달되기도 한다.

어떤 특정한 사업 혹은 정책영역이 중앙정부, 지방정부 어느 쪽의 관할 하에 속하는지가 명확하게 되어있는 경우는 '분리적', 혼재되어 중첩되어 있는 경우에는 '융합적'이라고 볼 수 있다. 어떤 한 국가 통치시스템에 대해 융합적인가 분리적인가를 측정하는 경우 당연히 모든 정책영역을 고려한 종합적인 판단이 중요하겠지만 그 보다 더 중요한 것은 중앙과 지방, 양쪽 모두 정당화 가능한 동시에 관심이 있는 영역에 대한 판단 방법일 것이다. 즉 어떻게든 한쪽의 정부수준에 일임하려는 태도를 취할 경우 분리적이라고 할 수 있으며 그렇지 않고 복수의 정부 차원의 관심, 혹은 관여의 중복을 적극적으로 인정하고 오히려 협동을 위한 제도를 정비하여야 한다는 태도를 취할 경우에는 융합적이라고 할 수 있을 것이다.

이처럼 아마카와 모델은 종종 복수의 국가간의 비교를 위한 틀로서도 이용된다. 일본은 융합·집권형으로 영국은 분권·분리형으로 분류되는 경우가 일반적이다. 그러나 비교를 통해 복수의 시스템을 유형화하는 일은 용이한 작업이 아니다. 예를 들어 현대 국가의 상호의존관계를 극도로 중시하는 입장에서는 분권·분리형은 상정하기 어렵고, 영국에 대한 평가는 아마도 집권·분리형으로 귀착될 것이다. 더글라스 애쉬포드D. E. Ashford는 대처정권의 정책에서 나타난 바와 같은 중앙정부의 지방정부에 대한 엄격한 통제를 비난하는 것이 아니라 영국 중앙정치 지도자들이 너무나도 지방에 무관심한 것을 비판하였다. 즉, 집권보다도 분리가 문제라는 것이며 대처는 지방을 경시하는 영국의 전통을 계승하고 있는 것에 불과하다는 것이다(Ashford 1982).

또 하나의 이용방법은 아마카와 모델을 하나의 국가에서 정부간 관계 전체, 혹은 특정 정책을 분석하는 틀로서 이용하는 것이다. 예를 들어 아마카와는 메이지국가에서 벌어진 일련의 시스템변동을 강한 융합·집권형에서 약한 융합·분권으로 이행하였다고 본다. 또한 5장에서 자세하게 소개할 피터슨 P. E. Peterson의 주장, 즉 복지는 지방정부에 맡길 것이 아니라 연방이 기준을 설정하여 보조금을 수단으로 유도하여야 한다는 제안이 실현된다면 이는 명백하게 집권·융합을 지향하는 개혁이다. 미국에서 소수 원주민들의 거주지는 과거 계약에 의해 그 자율성이 보장되었으며 독자적인 통치시스템을 유지할 수 있었다. 그러나 그 결과 원주민들은 점차 미국 사회의 경제적 발전에서 소외되어 갔다. 또한 원주민에 의한 군사적 위협이 사라져감에 따라 원주민 거주지의 연방에 대한 의존도는 높아졌고 이와 반비례하여 연방정부의 거주지에 대한 관심은 낮아져 갔다. 이러한 사례는 분권·분리에서 집권·분리로 이행하였다고 할 수 있을 것이다. 이러한 집권·분권/융합·분리 모델에 대해서는 이 장뿐만 아니라 6장의 분권의 동태학에서 다시 한 번 언급하기로 한다.

3. 정부간 관계와 이익·제도·이데올로기

(1) 이익

정부간 관계의 분석틀 속에서 과연 이익은 어떠한 배치상황 속에 놓여 있는 것일까. 이러한 질문에 대한 답은 한 나라의 통치시스템에서 정부간 관계의 중요성이 증가하면 할수록 중요한 의미를 가지게 된다.

여기서는 정부간 관계에서 행위자와 그 이익을 정리하는 실마리로서 새 뮤얼 비어가 제시한 토포크라트topocrat의 개념을 살펴보기로 한다. 2장에서 지적한 바와 같이 통치상 전문지식과 기술의 필요성은 행정기관과 행정 관료의 분화를 가져왔다. 미국에서도 행정의 여러 기능이 세분화되면서 특정한 지식을 갖춘 이른바 테크노크라트technocrat로 불리는 소수 전문 기술관료 집단의 영향력 증대경향이 지적되기 시작했다. 비어에 따르면 이러한 테크노 크라트의 대두와 함께 그 대항자로서 토포크라트가 등장한다고 한다. 토포 크라트라는 그리스어의 '토포스'(장소)에서 파생된 조어로서 지역적 단위로부터 정치적인 위임을 받아 그 지역의 전체적 이익 증진을 도모하려고 하는 선출·비선출직의 정치 엘리트를 가리킨다. 그들은 단독으로 혹은 단체장 및 지방의원의 전국조직이라는 장을 활용하여 활동한다. 비어는 이러한 현 상을 '중앙집권과 지방분권의 분석틀로서는 파악하기 어려운 연방제 대표구 조의 변화(Beer 1978)'라고 본다. 아울러 지역과 기능의 대립이 지방정치의 지도자들에게 일종의 정통성을 부여하는 측면을 강조하고 있다.

토포크라트의 관심 범위는 그들 권위의 원천인 지역의 경계선에 한정된 다.[10] 이념형으로서 토포크라트는 특정한 기능적 이익에 대해서는 일체 관심

---

[10] 5장의 피터슨 모델에 적용하면 토포크라트는 도시이익을 형성하고 지키는 역할을 하고 있는 셈이다.

을 두지 않는다. 만일 그들이 특정한 기능적 이익에 편향되어 지역전체 이익에 손해를 끼쳤다고 지역주민들이 판단하는 경우, 그들의 정통성은 무너지게 된다.

한편, 이념형으로서의 테크노크라트는 특정 지역에 대해서는 일체 관심을 두지 않는다. 어떤 테크노크라트(예를 들어 보건행정의 전문가라고 하자)가 뉴욕주 주정부에서 근무하고 있다고 하자. 토포크라트로서의 주지사는 보건위생 예산을 재정상의 이유로 삭감하려는 상황이라고 가정하자. 이 상황에서 테크노크라트는 그가 봉사하는 기능적 이익 혹은 그가 속하고 있는 전문 직업군의 이해와 권위를 우선시하기 때문에 지사의 정책에 반대할 것이다. 주정부내의 지위에 연연해서 토포크라트와 타협하는 것은 배신행위이며 테크노크라트로서의 정통성, 혹은 전문가 집단 내에서의 지위와 평판을 크게 저하시키는 것이 될 것이다. 지사는 그를 해고시킬지도 모르지만 그는 머지않아 새로운 일자리를 찾게 될 것이다. 왜냐하면 전문가 직업군 단체에서 유망한 자리를 제공할 것이기 때문이다.

이장의 1절에서 인용하였던 라이트는 '말뚝 울타리 연방주의'Picket Fence Federalism라는 개념을 제시하였다(그림 4-2 참조). 각종 이익단체가 정책영역별로 연방·주·지방자치단체라는 정부차원을 종단하는 형태로 발달해 있다는 것이다. 그리고 이에 대항하는 것으로서 정부차원별로 전국횡단적인 조직(소위 Big Seven)[11]이 형성되어 있다. 전자가 자신의 지분확대를 위해서

---

11 Big seven이란 미국 주정부 및 지방정부와 관련된 지방연합 조직을 가리킨다. 구체적으로는 다음과 같은 7개 단체다. Council of State Governments, National Governors Association, National Conference of State Legislatures, National League of Cities U. S. Conference of Mayors, National Association of Counties, International City/County Management Association Council—역자주.

그림 4-2 말뚝형 연방제의 이미지

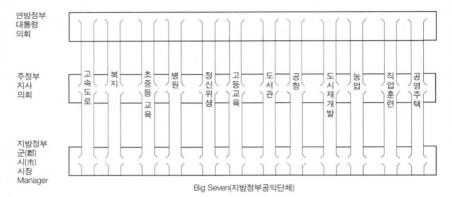

연방정부
대통령
의회

주정부
지사
의회

고속도로 복지 초중등교육 병원 정신위생 고등교육 도서관 공항 도시재개발 농업 직업훈련 공영주택

지방정부
군(郡)
시(市)
시장
Manager

Big Seven(지방정부공익단체)

개별보조금 획득에 노력하고 있는 것처럼 후자는 주·지방자치단체의 재정에서 보다 운용 폭을 넓히기 위해 세입공유Revenue Sharing제도의 도입을 요구하게 되었다. 이 양자의 긴장관계가 미국 연방제의 특징이라고 할 수 있다.

토포크라트의 활동은 이러한 전국횡단적인 지방조직의 로비활동에 그치지 않고 개별적인 지방정치가들의 지도력 발휘라는 형태로도 나타날 수 있다. 최근 미국에서는 주지사의 법적 권한강화가 꾸준히 진행되고 있다. 이는 주민이 지방정치 리더가 발휘하는 기능적 이익에 대한 대항력에 기대 내지 일정한 지지를 보내고 있음을 시사한다(Wright 1990).

이러한 토포크라트의 개념, 그리고 테크노크라트와의 대립관계는 미국만의 특수한 현상이라고 할 수 있는 것일까. 반드시 미국만의 특수한 현상이라고 할 수는 없으나 나라별로 양상이 크게 다르다는 것은 말할 수 있을 것이다. 먼저 테크노크라트의 조직화 및 분화 정도는 각 나라별로 차이가 있으며 그러한 기능적 이익이 어디까지 지방정부에 침투해 있는가도 다양하다. 예를 들어 미국에서는 공항 건설 및 관리운영에 대한 프로가 존재하지만 일본 등 많은 나라에서는 그 정도까지 전문화가 진행되지 못하고 있다. 한편 지역에 특화된 제너럴리스트generalist는 공선·비공선 모두 미국 이외의 나라에도 존재하고 있다고 생각할 수 있다. 다만 그러한 지방 엘리트가 어느 정도까지 조직화되어 있는가에 대해서는 편차가 크며 전국조직이 갖는 자원과 영향력에도 차이가 크다. 또한 정부간 및 다른 섹터(대학, 민간기업 등)로의 이동가능성은 테크노크라트와 토포크라트 양자의 행동양식에 영향을 준다.[12]

(2) 제도

앞서 살펴본 바와 같이, 로즈 모델에 의하면 정부간 관계에서 교섭과 거래는 조직간 자원 교환과정의 일종으로 이해할 수 있다. 어떤 정부단위가 보유하고 있는 법적권한도 재정규모도 모두 자원이라고 볼 수 있다. 어떤 정부단위가 중앙정부로부터 특정 사업에 대한 허가를 받는 것도 어떤 정부차원이 그때까지 타 차원이 독점하고 있던 정책에 대해서 포괄적인 권한이양을 이루어내는 것도 동일한 차원의 문제로서 취급할 수 있다는 것이다. 이 모델에 대한 비판 가운데 가장 유력한 동시에 중요한 것은 법적 자원resource을 거의 독점하며 게임의 규칙을 일방적으로 변경할 수 있는 압도적 권한hegemonic power을 지닌 (영국의) 중앙정부와 주어진 틀 속에서 게임을 행하는 지방정부의 비대칭적 관계가 로즈 모델에서는 분명히 나타나 있지 않다는 지적이다 (Rhodes 1986a). 바꾸어 말하면 지방은 국면에 따라서 어떤 때는 대등한 헤게모니를 가진 상대방이 되며 어떤 때는 단순히 대리인agent으로 취급되는

---

12 또는 일본에서는 전국차원에서의 정부간 로비활동을 자치 관료라고 하는 '유사 토포크라트'에 의존하고 있다. 伊藤 1997을 참조.

데 이는 중앙정부가 제멋대로 고삐를 쥐었다 놓았다 하는 것에 불과한 것이 아닌가하는 비판이다.

로즈는 이에 대해 비록 규칙의 변경에는(특히 그것이 일방적인 행위인 경우) 비용이 뒤따른다는 점을 지적하고 있지만 동시에 중앙과 지방의 역학 관계가 비대칭적이라는 점도 기본적으로 인정하고 있다. 자원의 교환과정 에는 특정한 패턴이 도출되기 마련인데 그러한 특정 패턴의 배후에는 양자의 전략에 제약을 가하는 제도적 요인이 반드시 존재한다는 것이다.

중앙과 지방의 권한배분, 인사제도, 혹은 재정구조 등은 많은 경우, 헌법 과 법률에 의해 뒷받침되며 쉽게 변경되지 않는 특징이 있다. 지금까지의 중앙통제 모델에 따른 설명의 대부분은 이러한 제도연구에 근거한 것이었 다. 일본 사례에서는 '기관위임사무'로 대표되는 법적권한의 중앙정부 집중, 중앙 관료의 지방 관료에 대한 능력적 우위를 전제로 한 '낙하산天下り 인사'13 그리고 '3할 자치'14라는 용어로 표현되는 지방정부의 재정적 자율성의 결여 등이 많은 연구자에 의해 지적되고 있다(辻 1976 등을 참조).

● 법적 통제의 측면
정부간 관계는 사적 행위자간의 상호관계와 비교하여 법률이라는 공식 적인 규칙에 기초하고 있는 경향이 강하다는 것은 굳이 언급할 필요도 없을 것이다.

13 퇴직관료가 관련 민간단체 및 공기업의 고위직에 취임하는 현상을 가리킨다. 일본 신화에서 신이 하늘로부터 강림하였다 는 이야기에서 파생된 표현으로 우리나라에서 '낙하산 인사'라 고 불리는 현상과 매우 유사하다―역자주.
14 지방의 세수총액에서 차지하는 지방세의 비중이 1/3에 불과 하여 지방의 자주재원이 부족한 것을 나타내는 표현이다―역 자주.

'법이란 무엇인가'라는 물음은 '사회과학 이론과 모델' 시리즈에서 별도로
한 권을 마련해야 할 정도로 큰 주제이며 문외한이 경솔하게 언급할 수 있는
일은 아니지만 미국과 같은 앵글로법 계통의 국가와 대륙법 계통의 국가(일
본은 이 계통에 가깝다) 사이에는 '법률이란 무엇인가'라는 관념에 차이가
있다. 일반적으로 전자는 법이란 재판관이 선언한 것이며 후자의 경우에는
성문법전 그 자체를 의미한다고 인식되고 있다.[15] 물론 미국에서도 재판소의
판례가 법의 모든 것은 아니다. 그러나 미국 정부간 관계의 특징 중 하나로써
재판소가 판결을 통해서 관여하는 정도가 크다는 점은 확실하다. 건국 당시
부터 연방 재판소가 위헌입법심사라는 형태로 주의 입법과 행정에 개입하는
것에 대해 분권파들은 경계심을 가졌었다. 그런데 실제 시행 결과 비교적
최근까지 연방과 주가 대립하는 사건에서 연방재판소는 종종 연방에 불리한
판결을 내리는 경향을 보였다. 이것이 미국이라는 나라의 분권적 일면이기
도 하다.
　예를 들어 마베리 대 매디슨 사건으로부터 반세기 이상을 지나 두 번째
위헌심사 케이스가 된 드레드 스콧Dred Scott 사건(1857)에서는 남부에서 노예
였던 흑인이 북부에 이주해 자유인이 되는 것을 허용하는 연방 법률이 소유권
을 부당하게 침해하는 것으로 간주되어 위헌판결이 내려졌다. 또한 뉴딜시
기에 루즈벨트 대통령은 사회경제에 대한 적극적 관여를 내용으로 하는 여러
입법을 시도하였는데 연방재판소는 상당기간 그러한 입법들이 헌법에 비추

---

15 즉, 독일인에게 야구에서 스트라이크가 무엇인가 하고 묻는
다면 야구규칙을 펼쳐놓고 '스트라이크라는 것은 투수가 던진
공이 홈베이스 위, 타자의 무릎과 어깨 사이의 공간을 통과한
것'이라고 답할 것이다. 한편 미국인에게 같은 질문을 한다면
'스트라이크라는 것은 타자 앞을 볼이 통과한 직후 심판이 스트
라이크라고 외친 것이다'라고 답할 것이다.

어 볼 때 주의 권한에 속하는 사항이라는 이유로 위헌이라고 판시하였다.

정부간 분쟁이 사건으로서 법정에 회부되어 거기서 주와 자치단체에 대한 개입이 정당하다고 판시된 예는 1950년대 이후 공민권관련 사건 때부터 증가하기 시작했다. '분리되어 있지만 평등'이라는 원칙을 뒤집고 흑인과 백인의 교육시설을 분리하고 있었던 주의 행위를 부정한 브라운 판결(1957) 등이 그 전형이다. 오늘날에도 연방재판소는 정부간 조정자 역할을 담당하고 있다.[16]

미국과 같이 예외적인 사례 외에는 대개 법적인 통제는 국가의 성문 법률에 의해 중앙정부에서 지방정부로 하향적으로 작용하는 편향성을 띠기 마련이다. 일본에서도 기관위임사무라는 법적 통제제도가 널리 알려져 있다. 중앙정부가 수행해야 하는 사무를 지방정부의 장에게 위임하여 그 집행에 관해서도 주무장관(대신) 등의 지휘명령을 받아야 할 뿐만 아니라 그 집행에 위법, 태만이 있을 경우 직무집행명령소송을 거쳐서 강제적인 이행과 함께 위임을 받은 단체장의 파면까지도 가능하다고 하는 것이 지방자치법에 규정되어 있었다. 주민선거에서 뽑힌 지방정부 지도자를 파면할 수 있다는 비민주적 색채가 농후한 전형적인 중앙통제 제도라고 할 수 있다.

다만 그 운용에 관해서는 통제의 강도에 의문이 없지는 않다. 실제 그러한 파면도, 파면을 요구하는 소송의 청구도 없이 그 규정자체가 폐지되었으며 또한 어느 사무가 기관위임사무인가를 명확하게 구분하는 것도 어렵기 때문이다. 그러나 '사용하지 않는 전가傳家의 보도寶刀'라 할지라도 제도로서는

16 뉴딜 정책을 인정한 이후의 판례경향은 집권 쪽으로 치우치고 있다. 하지만 적어도 이론상으로는 중앙의 지방에 대한 일방적 통제보다는 쌍방향에 작용하는 조정기능을 재판소가 담당할 수 있는 여지를 상당히 남겨놓고 있다.

어느 정도 통제기능이 있다고 말할 수 있다. 또한 기관위임사무의 제도적 효과에 대해 단체장이 기관위임사무라는 것을 구실로 의회의 통제를 벗어날 수 있다는 점을 지적하여 중앙정부의 통제적 측면뿐만 아니라 지방정부 내부의 영향력 구조에 미치는 영향을 중시해야 한다는 논의도 있다.

어느 편이건 간에 기관위임사무제도 그 자체는 최근의 지방분권 개혁을 통해 폐지되었으며 새로이 법정수탁사무, 자치사무로 재편되었다. 이와 함께 정부간 분쟁을 조정하는 새로운 법률적 제도가 마련되었다. 이러한 제도 개혁 하에서 어떠한 정부간관계가 형성될 것인가에 관심이 모이고 있다. 또한 정부간 관계를 규정하는 법적인 제도는 이하에서 서술하는 재정과 의사소통 등의 측면을 규정하는 데도 매우 중요한 의미를 가진다고 할 수 있다.

● 재정적 통제의 측면

정부간 재정적 통제에는 크게 두 가지 측면이 있다. 하나는 재원 배분 측면이다. 다른 하나는 그러한 배분을 전제로 행정수요에 대응할 수 있는 수입을 확보하기 위한 재정이전 측면이다. 먼저 세원의 배분이다. 이는 정도의 차는 있지만 중앙정부가 배분에 관해 기본 틀을 설정한다. 지방이 그 틀에 대해서 어느 정도 재량을 가지는가는 국가와 시대에 따라서 매우 다양할 것이다. 또한 세원의 문제는 어떠한 세가 얼마만큼의 비용으로 징수 가능한가라는 문제와도 관련되는데 이 또한 사회경제의 동향과 기술의 변화에 크게 영향을 받는다.

미국 헌법이 제정되기 이전, (매우 약체였던) 연방정부의 큰 고민거리는 주邦 정부가 제멋대로 세금을 징수하여 외국과의 관계를 혼란에 빠뜨리거나 국내의 통상교역을 저해하는 것이었다. 이때의 세금은 관세다. 관세는 비교적 징수가 용이한 세금이다. 항구 등에 세관 몇 개를 설치하고 수출입품에 대해 일정한 비율로 세금을 부과하면 확실한 수입을 얻을 수 있다. 거기서 미합중국 헌법은 관세는 연방만이 징수할 수 있으며 주는 관세를 부과할 수 없다고 명시하였다. 그러나 20세기 들어 연방정부는 소득세라고 하는 미개척의 윤택한 세원을 발굴하였다. 소득세는 징세에 많은 수고와 기술, 그리고 인력이 필요한 세금이지만 경제성장에 직결되어 세수가 증가하는 매력을 가지고 있다. 물론 토지가격도 통상도 국내의 상거래도 경제성장에 따라서 증가하기는 하지만 소득만큼 반응이 즉각적이지 않다. 서장에서도 언급하였지만 연방정부는 연방재판소가 내린 소득세 위헌 판단에 대항하여 1913년 헌법을 수정하였고 이에 따라 소득에 대한 과세가 가능하게 되었다.

이에 대해 주와 지방자치단체는 이러한 매력적인 세금을 연방이 차지한 것에 대해 별다른 항의를 하지는 않았다. 만일 연방이 아닌 주나 지방자치단체가 이러한 새로운 세금을 부과하였더라면 정치적인 위험(보복)이 뒤따랐을 것이 틀림없다. 즉, 주민들이 이러한 결정을 한 단체장과 의원들을 다음 선거에서 추방할 것이기 때문이다. 그 뿐만이 아니라 소득세를 지불하는 부유층이 그 지역에서 빠져나가버릴 우려가 크다.[17] 연방에 윤택한 세목을 부여하고 거기에서 보조금 명목으로 자신들의 수입에 충당하는 편이 안전하고 인기를 유지하는 방법이기도 하다. 다른 나라와의 비교에서 분권적이라고 평가받는 미국의 주와 지방자치단체 재정이 연방에 의존하게 되는 계기가 바로 이와 같은 이유 때문에 생겨났다.

일본과 같이 세원배분에서 중앙의 통제가 엄격한 국가에서도 새로운 세금을 지방정부가 창설하는 것은 불가능하지 않다. 그러나 일본의 지방정부

---

17 5장의 티보 모델의 발로 하는 투표가 그 예이다.

는 중앙정부의 승인이라는 미국에는 없는 장애가 있으며 세금부담자가 역외로 유출될지도 모른다는 위험부담을 항상 염두해 두어야 한다. 지방의 독자적 과세시도는 많은 경우, 교토시 寺社佛閣18에 대한 관광세, 원자력 발전소에 대한 과세 등, 역외 유출이 어려운 세원에 집중되어 있는 것은 바로 이러한 이유에서다. 최근 분권화의 흐름 속에서 자주적인 지방과세는 큰 흐름이 되고 있지만 도쿄도와 오사카부에서 은행에 대한 외형표준과세(이는 세목이 아니라 법인사업세에 대한 과세방법이지만)를 둘러싼 논의에서도 은행이 도쿄, 오사카에서 이전해 나가는 것이 아닐까하는 우려(또는 나간다는 위협)가 수반된다.19

이렇듯 세원배분을 전제로 하여 각각의 지방정부 또는 정부차원이 분담하고 있는 업무량에 걸맞은 수입을 확보할 필요가 있다. 바꾸어 말하자면 지방정부는 많은 경우 그 업무를 수행하기 위한 수입을 스스로 확보하지 못하기 때문에 다른 수단으로 이를 보충하여야 할 필요가 있다. 그 방법은 크게 빚을 내는 것(지방채의 발행)과 중앙정부로부터 원조를 받는 것(정부간 재정이전)의 두 가지다.

빚을 내는 데는 일본과 같이 중앙정부의 승인이 필요하거나 미국의 지방

18 寺社라는 것은 寺院과 神社(제2차 세계대전 이전 일본의 국교인 神道의 사당)를 말하며 佛閣은 사원의 건물을 지칭한다— 역자주.
19 건물 평수나 종업원 수와 같이 외관상으로 쉽게 알 수 있는 것을 기준으로 세금을 매기는 특수한 과세방식. 국세의 소득세・법인세처럼 법인・개인의 소득을 세세히 파헤쳐서 세액을 정하는 소득표준방식과는 대조된다. 도쿄 및 교토의 은행에 대한 외형표준과세 조례에 대해 은행 측은 소득을 기준으로 한 세금액과의 형평성 문제를 내세워 소송을 제기하였고 하급심에서 은행 측이 모두 승소하였다. 결국 최고재판소에서 양측의 화해가 이루어져 당초 3%로 설정되었던 세율이 0.9%로 인하되었다 — 역자주.

정부와 같이 주에 따라서는 지방채발행 등을 금지하고 있는 등 일정한 법제도적 규제가 있다.[20] 그 뿐만이 아니다. 지방채는 인수자가 중요하다. 가난한 지방정부에 대해서는 지방채를 인수할 곳이 없거나 금리, 변제기한 등의 조건이 매우 까다롭게 설정된다. 일본의 경우 지방채 일부는 중앙정부가 설정하는 독자적인 펀드인 재정투융자에서 인수하기 때문에 민간금융기관으로부터의 압력은 현재까지 그리 크지 않은 편이다.

재정이전은 많은 경우 중앙정부에서 지방정부로 이전되는데 지방에서 부족한 재정수입을 이를 통해 보전하고 있다. 이는 크게 세입공유와 보조금으로 나눌 수 있다.

세입공유는 일본의 지방교부세제도가 그 전형적인 예다. 국가(중앙정부)의 세금(소득세, 법인세, 주세, 소비세, 담배세)에서 일정한 비율을 자동적으로 공동(pool)자금으로 확보한 후 이를 미리 정해놓은 공식에 의거하여 지방정부에 배분하는 것이다. 지방교부세는 원칙적으로 그 사용목적을 배분하는 주체인 중앙정부가 특정할 수 없다는 점에서 보조금과 다르다.[21] 또한 그 세입공유는 때때로 경제·재정적 지역간 격차의 시정을 위해 이용된다. 일본의 지방교부세 배분공식은 굉장히 복잡하지만 단순화시켜 말하면 다음과 같다. 먼저 총무성이라는 중앙관청이 지방정부 각각에 대해서 자체수입과 필요한 지출을 산출한다(기준재정수입액과 기준재정수요액의 산정). 이는 전년도 실제 얼마나 수입이 있었는가, 얼마나 지출하였는가와 관계없이

---

20 지방채 발행시 도도부현, 정령지정도시의 경우에는 총무대신의 허가가, 시정촌의 경우 도도부현의 지사의 허가를 필요로 하였으나 지방분권일괄법 제정으로 2006년도부터 사전협의제로 변경되어 지방채 발행의 자율성이 더욱 커지게 되었다—역자주.

21 다만 배분공식의 보정계수를 조작함으로써 다양한 정책유도가 가능하다.

이루어진다. 그 수입예상액이 지출예상액을 초과한다면 교부금은 제로다. 수입예상액이 지출예상액보다도 부족한 경우에는 그 부족분을 보전하여 준다. 이로 인해 부유한 지방정부보다도 가난한 지방정부에 많은 교부금이 배분된다.

미국에서도 이와 같은 세입공유제도가 닉슨정권 때 창설되어 당연한 것이지만 지방정부의 지지를 받았다. 스스로의 수입 증대 노력없이 특별한 조건이 달려있지 않는 자금이 연방정부로부터 이전된다는 것은 실로 '아이스크림 다음으로 맛있는' 것이었다. 그러나 일본의 교부세(지방재정의 거의 30%를 충당한다)정도의 비중을 차지하지는 못하였으며 1986년 폐지되고 말았다.

또 하나의 재정이전 방법인 보조금은 중앙정부의 지방정부에 대한 통제 수단으로서 많은 나라에서 활용되고 있다. 보조금은 세입공유와 달리 중앙 정부에 의한 조건(제한)이 달려있다. 미국의 경우 지방에 대한 재정이전은 대부분 그러한 형태를 띤다. 중요한 것은 이 조건(제한)이 어느 정도 엄격한 것인가라는 것이다. 중앙에서 지방에 대한 보조금을 교부할 때의 구속은 다양한데 그 가운데 가장 중요한 것은 사용목적이다. 예를 들어 다리를 놓기 위해서 받은 보조금은 타 용도로 전용할 수 없는 것이 보통이다.

때때로 지적되듯이 보조금의 폐해는 그 구속이 너무 엄격하다는 것이다. 보조금을 받은 지방정부는 다리를 놓기 위해 사용하기만 하면 되는 것이 아니라 어디에 놓을 것인가(장소 제한), 어떻게 놓을 것인가(시공기준의 세목), 누가 놓을 것인가(업자의 선정) 등 정당화가 가능한 경우도 있지만 많은 경우 과도한 개입 또는 정치적 부패로 이어질 개연성이 높은 규제를 받게 된다. 조건(제한)을 완화하는 하나의 방법은 사용목적을 넓게 묶는 방법이다. 고속도로의 중앙분리대에 나무를 심기 위한 보조금이 아니라 고속도로의 유지관리를 위한 보조금, 나아가 도로에 쓰는 것이라면 어떤 식으로 사용해도 무방하게 하는 것이다. 혹은 대도시교통이라는 식으로 보다 포괄적인 목적을 설정하여 지방정부가 지하철, 도로, 버스 등의 메뉴 가운데 적합한 것에 사용하는 것을 인정해 주는 것이다. 거꾸로 보조금에 의해 중앙이 지방에 대해 정책유도를 행하는 것이 정당한 것이라고 한다면 오히려 조건(제한)을 엄격히 하여 이 조건에서 벗어나지 않도록 제대로 관리할 필요가 있을 것이다. 예를 들어 공항관련 보조금을 LA시가 교육과 관광선전 등에 사용하여 정부간 분쟁이 발생한 일이 있었다. LA시의 주장은 공항은 지역과 밀착한 것이기 때문에 이러한 지출은 최종적으로 공항발전으로 이어진다는 것이었다. 즉 관광선전에 의해 여객이 늘어날 뿐만 아니라 교육을 충실하게 하면 노동력의 질이 향상되어 산업진흥으로 이어지고 이를 통해 공항도 발전한다는 논리였다.

보조금의 또 한 가지 특징인 동시에 비판의 원인이 되는 것은 보조금이 정치와 관련되기 쉽다는 점이다. 배분공식에 의해서 배분되는 세입공유와 달리 보조금은 예산편성과정에서 정당(소위 족의원)과 의회의 위원회, 담당 중앙성청과 예산편성 부국과의 교섭에 의해 결정된다. 정치의 관여가 비판받는 이유 중 하나는 유력한 의원이 있는 곳은 유리하고 그렇지 못한 곳은 불리하게 배정되는 형평성 문제가 있기 때문이다. 또한 정치가는 선거를 의식하지 않을 수 없기 때문에 눈에 잘 띄는 사업(예를 들어 신칸센 신설사업)에 대한 보조금 확보에는 열성적이다. 반면에 그 보다 중요할지도 모를 눈에 잘 띠지 않는 수요(기존 신칸센의 보수)에 대해 정치가들은 좀처럼 움직이려 하지 않는다.

● 정부간 커뮤니케이션의 측면

차원이 각기 다른 정부가 상호의존관계에 있는 경우, 서로가 어떤 식으로 의견조정을 하고 어떤 식으로 분쟁을 해결하는가는 대단히 중요한 포인트다. 예를 들어 어떤 지방정부의 단체장이 중앙의 어떤 관청과 교섭이 필요하다는 판단을 하였다고 하자. 그는 어떻게 접촉을 시도하며 어떤 식으로 자신의 입장을 알리며 또한 어떻게 최대한의 이익을 확보하려고 하는가. 그리고 그 과정에는 어떠한 제도적 규정이 작동하고 있는 것일까.

정부간 의사소통에서 우선적으로 고려할 것은 '행정'루트라고 부를 만한 통로다. 거기에는 시와 중앙관청 각각의 담당부국 직원이 교섭창구가 된다. 물론 그 사이에 중간차원의 지방정부(예를 들면 일본의 도도부현)와 중앙관청의 특별지방행정기관의 직원이 개입할 수도 있다.

또한 '정당'루트의 존재도 상정할 수 있다. 지방정부의 지도자가 어떤 특정 정당에 속하고 그 정당이 중앙정계에서 일정한 영향력을 보유하고 있다면 그 정당을 통로로서 이용하는 것도 선택지의 하나이기 때문이다. 타로는 프랑스에서 2개의 루트 중 행정루트가 이탈리아에서는 정당 루트가 강하다는 결론을 이끌어내고 있다(Tarrow 1977). 정당이 중앙과 지방을 연결하는 역할을 수행하기 위해서는 '지방의 정당화'와 '정당의 지방화'가 조건이 될 것이다. 즉 지방정부내의 권력구조가 어느 정도 정당에 의해 결정되어질 것, 정당조직이 중앙차원뿐만 아니라 지방차원에서도 발달하고 나아가 이들 사이의 의사소통(혹은 명령과 복종) 채널이 어느 정도 정비되는 것이다.

가령 정당이 이러한 기능을 수행할 수 없는 경우에도 시장에게는 별도의 정치적 루트가 남겨져 있다. 그 시의 선거구에서 선출된 국회의원을 중앙과의 연결통로로 활용하는 것이다. '가쿠에이角栄 정치[22]'로 대표되는 일본의 지역이익 유도정치가 그 전형적인 예다.

　더욱 예외적인 경우로서, 지방정부 지도자 자신이 직접 정치적 영향력을 중앙차원에서도 유지하고 있다면 그는 '연계linkage 통로'로서 무엇이 가장 적당한 경로인가를 일일이 따져볼 필요가 없다. 프랑스의 겸직자유제 하에서는 대도시 시장이 동시에 유력한 각료라는 일이 드물지 않다. 전형적인 예가 미테랑의 정적이며 보혁保革연합시대의 파트너이자 수상이었던 시라크였다. 그는 오랫동안 파리 시장을 겸직하였다. 프랑스 중앙정계 거물정치가의 대부분은 지방에 권력기반을 가지면서 지방정부의 공직을 겸하고 있다.

　이처럼 다양한 의사소통의 경로는 정부간 관계에서 중요한 테마의 하나이지만 그 배경에는 인사제도를 비롯한 일련의 제도적 규정요인이 있다는 것은 분명하다. 정당 등을 경로로 하는 경우에는 정당과 그 밖의 정치활동이 어떻게 규제되고 있는가(지방정치가와 중앙정치가의 접촉을 규제하는가, 촉진하는가)라는 것이 중요한 제도적 요인이 된다. 일본에서 인사파견·교류라는 것은 주로 중앙정부의 직원을 일정기간 지방정부에서 일하게 하는 관행[出向]을 가리킨다. 중앙정부가 강제적으로 직원을 파견하라는 법률은 없지만 지방의 의뢰에 의해 파견이 이루어지는데 이는 일종의 행정 루트를 통한 의사소통의 역할을 한다. 다만 중앙이 기대하는 기능의 하나로써 파견 지방정부에 대한 통제라는 측면을 부정할 수는 없다. 이러한 관행의 배경에는 파견을

22 다나카 가쿠에이(田中角栄, 1918-1993)는 1970년대 초반 일본의 수상을 역임한 정치가다. 서민출신으로 건설업체 사장을 역임하였으며 지역개발 사업 등에 있어서 타의 추종을 불허하는 수완과 추진력을 발휘하여 '컴퓨터 달린 불도저'라는 별명을 얻기도 하였다. 그러나 한편으로는 파벌형성을 위해 정경유착과 금권스캔들을 일으켰으며 수상을 그만둔 뒤에는 미국 록히드 항공사로부터 뇌물을 수수하였다는 혐의로 구속되기도 하였다—역자주.

가능하게 하는 급여·처우면의 제도적인 배려가 있다(稻継 1996).

(3) 이데올로기

정부간 관계의 참여자는 이데올로기, 혹은 R.A.W. 로즈 모델에서 말하는 평가체계를 가지며 이들은 정도의 차이는 있지만 행위자의 행동과 전략을 규정한다. 개인의 이데올로기뿐만 아니라 조직으로서의 평가체계('주식회사 고베시' 등)가 형성되어 있는 경우도 있다. 특히 미국과 같이 견고한 제도적, 헌법적 기반이 있는 경우에는 정부차원에서의 평가체계(州權주의 등)를 갖추고 있다고 생각할 수 있다.

이 밖에 정부간 상호작용의 과정에서 발생하는 이데올로기도 있을 수 있다. 로즈의 '게임의 규칙'이라는 것은 그 이미지에서 제도로서 취급해야 한다는 인상을 받지만 실은 자원의 교환과정에 참가하는 각조직의 전략에 일정한 틀을 제공하는 참가자들의 공통규범을 가리킨다. 구체적으로 로즈는 1970년대에서 1980년대에 걸친 영국의 정부간 관계에서 다음과 같은 게임의 규칙을 이끌어 내었다(Rhodes 1986c, pp.52~53).

① **프래그머티즘(실용주의):** 교조주의적인 특히 당파적인 논의로 일의 진행(달성)을 방해해서는 안 된다.

② **콘센서스(합의):** 해결책을 밀어붙이는 것보다 합의에 의한 해결이 바람직하다.

③ **공정함:** 정책에 의해 영향을 받는 모든 당사자에게는 가령 반대자라 할지라도 의견을 진술할 기회가 부여되어야 한다.

④ **배려:** 설사 합의에 이르지 못하였다 하더라도 패자의 상처를 최소화하려는 노력을 아껴서는 안 된다.

⑤ **영역:** 각 참가자의 영역을 넘어서는 요구를 해서는 안 된다. 예를 들어 중앙차원에서도 항상 주관관청이 있으므로 타 성청(부처)이 개입해서는 안 된다.

⑥ **비밀유지 의무:** 논의와 결정은 엘리트에 의한 비공개를 원칙으로 하며 당사자 이외는 배제된다. 전형적인 예는 대신(장관)과 지방단체의 지도자 간의 직접회담이다.

⑦ **비정치화:** 논의는 정치적 차원이 아니라 기술적인 차원에 국한하는 편이 바람직하다.

⑧ **상호신뢰:** 중앙의 참가자는 지방자치의 가치를, 지방의 참가자는 통치권을 서로 존중한다. 신뢰할 만한 상대라고 판단되어야 비로소 논의 및 결정에 참가가 가능하다.

여기서 소개한 게임의 규칙은 영국의 특수한 경험을 반영한 것인 동시에 정책결정에 참가하는 사람들의 공통적인 규범의식을 나타내는 것이다. 그리고 이들 규칙의 대부분은 장기간 안정적으로 유지되면서 참가자의 전략을 구속하는 역할을 한다. 로즈는 이 '게임의 규칙'이 자원의 교환과정을 규정하는 하나의 중요한 구조적 요인이라고 본다. 구체적으로 손에 잡히는 것은 아니라 할지라도 참가자들 간에 공유된 이데올로기로서의 '게임의 규칙'이 정부간 관계에서 발생한다는 것이다. 앞서 살펴본 정부간 의사소통과 네트워크가 정부간의 공간적 거리를 메우는 것이라고 한다면 '게임의 규칙'은 정치과정에서 시간적 거리를 메우는 것이라고 말할 수 있다.

정부간 관계(IGR)의 개념과 국가간 차이

정부간 관계(IGR)라는 개념이 등장하기 이전부터 미국의 중앙과 지방정부 간에는 실질적인 긴밀화가 진행되고 있었다. 2장에서 부분적으로 언급되어 있듯이 미국 행정학의 시조라고 할 수 있는 우드로우 윌슨은 1887년 「행정의 연구」라는 논문에서 행정학을 발전시키기 위한 중요 연구대상의 하나로서 페더럴리즘(federalism)의 변화양상을 언급하였다. 원래 페더럴리즘은 연방정부와 주정부의 권한을 명확하게 하여 양자의 상호 독립을 이상으로 하였는데 윌슨은 페더럴리즘의 의의는 인정하면서도 20세기를 맞이하여 연방, 주, 지방정부간의 협력관계 구축이 필요함을 지적한 것이다.

중앙지방 관계의 긴밀화는 이처럼 일찍부터 인식되었지만 페더럴리즘이라는 용어를 대신하여 보다 직접적으로 중앙지방 관계의 긴밀화를 나타내는 정부간 관계론이라는 용어가 본격적으로 등장한 것은 1930년대 들어서다. 이 시기는 미국 정치학계에서 뉴딜정책의 등장과 함께 정치행정이원론(분리론)에서 정치행정일원론(융합론)으로의 전환이 일어난 시기이기도 하다. 즉, 정부간 관계론은 중앙과 지방, 지방과 지방간의 관계가 독립적 관계(비교적 상호관련이 적었던 관계)에서 융합적 관계(상호관련이 밀접한 관계)로 전환되던 시기에 정부간 교섭 및 협상이 중요한 연구 영역으로 부상하는 현실을 나타내기 위해 등장한 개념이었다고 할 수 있다.

그런데 미국과 한국, 일본의 정부간관계(IGR) 개념의 차이점은 무엇일까? 미국에서는 연방정부와 주정부간 관계가 독립에서 융합으로 전환하는 과정에서 정부간 관계라는 개념이 등장하였다. 그에 반해 한국과 일본은 중앙과 지방관계가 긴밀한 융합 관계에서 보다 독립적 관계로 전환하려고 하는 규범의식, 또는 실제 전환현상 속에서 발생하는 현실을 정부간 관계론으로 설명하고자 하는 경향이 강하다. 아울러 한국과 일본은 수직적, 중앙집권적 정부간 관계를 수평적, 분권적 관계로 변화시키려고 하는 입장에서 행정학자들을 중심으로 '지방자치단체'라는 표현 대신 온전하고 대등한 의사결정 주체로서 '지방정부'라는 표현을 사용하는 경우가 많다.

▌읽어볼 책: Wright, D.S.(1988), Understanding Intergovernmental Relations(3rd ed.), Pacific Grove: Brooks/Cole Publishing, 경기개발 연구원.(2008). 지방분권 개혁의 전략과 과제 I, II.

5장
복지와 지방자치

5장에서는 복지라는 정책영역에 초점을 맞추어 더 자세하게 지방
정부의 기능에 대하여 논하고자 한다. 여기에서 복지를 다루는
것은 그것이 현대의 중요한 정책영역이라는 사실 때문만은 아니
다. 복지는 본서의 기본적인 틀인 국가와 사회의 관계에 있어 간과
할 수 없는 요소이기 때문이다

1. 복지국가와 현대행정

'복지국가화'라는 광범위한 현상의 전체 모습을 이장에서 남김없이 파악하는 것은 불가능하다. 여기에서는 이 책의 주제에 한정해서 몇 가지 측면을 지적하는 것으로 그치고자 한다.

첫째, 복지국가화는 국가와 사회관계에 근본적인 변화를 가져왔다고 말할 수 있다. 고전적인 야경국가관이 과거에 존재한 실제의 국가상과 과연 어느 정도 일치하는가는 잠시 접어두더라도, 사회 구성원의 건강이나 경제의 제諸 문제(실업·빈곤·질병 등)에 대하여 대체로 국가라고 하는 것은 냉담했었거나 아니면 무력했다. 그러한 문제는 먼저 개인의 노력, 가족·친족·친구에 의한 상호 부조, 교회 등의 자선활동에 의해 부분적으로 해결되어왔던 것이다.

그런데 20세기에 들어서 국가의 담당자들은 더 이상 그러한 무관심을 유지하는 것이 어려운 상황이라는 것을 자각하게 되었다. 그러한 변화의 배경에는 크게 나누면 두 가지의 요소가 숨겨져 있다. 첫 번째는 산업혁명으로 인간이 행하는 경제활동의 역동성dynamism이 비약적으로 커지게 됨에 따라 호황·불황의 여파로 혜택을 받거나 곤경에 처하는 사람들의 수와 정도가 증대한 것이 있다. 두 번째는 정치적인 변화로서 민주화다. 사회 구성원은 국가에게 종래와 같은 단순한 동원 대상(세금을 징수하고, 나아가 전쟁 시에는 병사로서 징집되는)이 아니라, 정통성을 얻기 위해 불가결한 지지(투표)의 원천이 되었다.[1] 이리하여 국가는 사회 구성원들과 깊은 관련을 맺게 되었고, 사회 구성원 역시 국가에 의존하는 정도가 증가하게 되었다.

둘째, 복지정책이 국가에 있어 중요한 기능이 되었다는 것은 정책에서 논쟁이 첨예하게 나타나고 때로는 격렬한 계급적 대립마저 두드러지게 되었다는 것을 의미한다. 복지정책을 둘러싼 갈등은 1970년대 후반 경부터 선진 국가들의 경제성장이 둔화되면서 보다 명백하게 나타나게 되었다. 그때까지는 선진공업국은 정도의 차이는 있어도 복지 서비스를 계속 확충하여 왔는데, 그것을 반대 방향으로 전환시키려는 정치세력이 대두하기 시작하였던 것이다. 이러한 정책논쟁이나 정치투쟁의 근원에는 복지라는 정책이 지닌 본질적으로 역설적인paradoxical 성격, 즉 누군가로부터의 자유와 누군가에게로의 자유 사이의, 또는 개인의 자유권과 국민의 평등권 사이의 균형을 어떻게 획득할 것인가라는 쉽사리 해답을 얻기 어려운 문제가 놓여 있다(Oakley 1994, p.6).

이와 같은 정치투쟁을 포함한 여러 가지 경로를 거쳐 복지국가는 단일 형태로 수렴한다기보다 몇 가지 패턴으로 분류할 수 있는 변형variation을 보이게 된다. 에스핑 - 앤더슨Esping - Anderson은 '자유주의', '보수주의', '사회민주주의'라는 세 가지 복지체제 유형을 제시한다. 자유주의적인 복지체제에서는 전통적인 근로윤리규범이 사회복지 프로그램의 발전을 방해하는 경향이 강하다. 복지 수익자는 엄격한 기준을 통과한 후에야 그나마 충분하지도

[1] 또한 비즈니스 지도자들에게 있어서도 노동자이면서 동시에 생산한 상품을 구입해 주는 소비자로서 통합할 필요가 있었다.

않은 서비스를 받는 것이 가능하다. 국가는 복지서비스를 가능한 시장에 맡기기를 원한다. 이러한 유형에 해당하는 것이 미국과 캐나다. 다음으로 보수주의 복지체제에서는 자유주의처럼 시장에 대한 신뢰가 아니라, 조합주의적cooperative 계급의식과 현상 유지, 그리고 가족에 대한 신뢰가 강하다. 따라서 가족적인 가치를 붕괴시키려는 노인돌봄day-care 등의 복지프로그램은 기피되고, 가족이 부양할 수 없는 경우에 한해 국가가 개입한다는 태도를 취한다. 이러한 예는 프랑스 및 독일 등 유럽 국가 대부분이 해당한다. 마지막으로 사회민주주의 복지체제에서는 시장이나 가족에 의한 노력을 기대하는 것이 아니라, 복지비용cost은 사회가 공유해야 한다고 생각한다. 여기서는 복지서비스의 '탈상품화'가 이루어진다. 에스핑은 북유럽 국가들이 여기에 가깝다고 말한다. 복지국가화의 형태는 이와 같이 산업민주국가 안에서도 다양한 갈래를 보이고 있는 것이다(Esping - Anderson 1990).

　　마지막으로 이것은 이미 반복하여 서술하였던 것이지만, 복지국가화는 정부간 관계에 큰 변화를 가져왔다. 복지정책이 지방자치나 지방정부의 기능과 어떠한 관계를 맺을 것인가라는 문제가 이장의 주요한 테마다. 그것을 이해하는 데 도움이 되는 모델model로서 피터슨Peterson 모델과 이중국가론 모델을 아래에서 검토한다. 그 전에 먼저 피터슨Peterson 모델의 이론적인 토대였던 티보Tiebout의 지방정부지출 모델에 대하여 서술하고자 한다.

2. 이론 정리 : 티보 모델, 피터슨 모델, 이중국가론 모델

(1) 티보 모델(Tiebout Model)

공공선택론이란 이 시리즈[2]의 기반이 되는 이론 모델의 집합체 또는 체계다. 공공선택론이 무엇인가를 한마디로 표현하는 것은 어렵지만, 단순화시켜 표현하면 '정치학이 품고 있는 문제를 경제학의 수법으로 해결하려고 하는 접근approach'이라고 생각한다. 정치적인 행위자actor는 각자 가지고 있는 선호에 근거하여 목적을 달성하기 위해 합리적인 판단을 한다. 하지만 공공서비스는 시장 메커니즘 즉 재화 및 서비스 제공자의 공급과 소비자의 수요에 근거해서 가격이 결정되는 구조가 아니기 때문에, 그만큼 자원배분은 비효율적이 된다. 바로 이점이 정치학이 가지고 있는 문제점이라고 할 수 있는데, 그 전형적인 예가 무임승차free-rider의 문제다.

예를 들어 마을의 치안을 유지하기 위해서는 어느 정도의 비용이 드는데, 그 비용은 세금으로 충당된다. 하지만 그것으로 달성되는 생활상의 안녕은 많은 액수의 세금을 지불한 사람에게도, 거의 세금을 지불하지 않은 사람에게도 동일한 정도로 누릴 수 있는 것이다. 게다가 평상시라면 평화로워야 하는 마을에 불순한 의도를 지닌 사람이 있어 그 마을의 부잣집에 침입하여 금품을 훔쳤다고 하자. 치안은 수납한 세금으로 운영되는 경찰기구를 통해서만 유지되는 것이 아니라, 시민의 협력이나 준법정신에 의해서도 지탱된다. 그런데 이 강도는 마을 치안에 상당히 부정적인 영향을 끼치면서도, 거액의 훔친 금품을 운반하는 경우에는 그 치안을 향유하여 안심하고 도주하는

---

2 본서는 '사회과학 이론과 모델'이라는 11권으로 이루어진 시리즈의 일부임 — 역자주.

것이 가능하다. 한편 부자는 이미 치안 유지를 위해 거액의 납세를 하고 있음에도 불구하고 공공서비스에 근거하여 안전을 충분하게 누리는 것이 불가능하였던 것이다. 피해를 입은 부자는 아마도 공공서비스에 의지하는 것이 아니라 사적 재화로서 배타적으로 누릴 수 있는 안전(더 튼튼한 금고, 개인적인 안전 서비스나 손해보험 등)에 더 적극적으로 투자하게 될 것이다.

정부는 공공서비스의 제공자로서 이러한 문제에 직면하는데, 선거·투표, 항의 데모, 폭동과 같은 정치과정외에는 공공서비스 소비자의 선호를 판단할 수 있는 방법이 없다. 이러한 방법 중에서 가장 제도화되고 아마 대부분의 사람이 바람직하다고 생각하는 선거라는 방법도 시장 메커니즘과 비교하면 상당히 불완전한 것이며, 자원의 최적 배분은 바랄 수 없다. 이러한 공공지출의 비효율성에 대한 전형적인 논의는 예컨대 새무엘슨P. Samuelson의 '정부지출의 순수이론'에서 발견할 수 있다(Samuelson 1954).

하지만 티보는 그의 논문 「지방정부지출의 순수이론」에서 반론을 시도하였다. 두 논문의 제목 차이에 여실히 나타나듯이 티보는(국가)정부와 지방정부와는 공공지출이나 서비스 제공이 가지는 함의implication가 다르다는 것을 주장한다. 즉 지방정부의 경계선을 넘어서 자유롭게 이동하는 주민과 복수의 지방정부 사이에는 시장 메커니즘에 가까운 자원배분기능이 있다는 것이다(Tiebout 1956) 모리와키 도시마사森脇俊雅도 지적하였듯이 티보 모델은 이미 1장에서 소개한 허쉬만Hirschman보다 앞서서 정부간 이동에 대한 이론적인 틀의 원형을 제시한 것이라고 말할 수 있다(森脇 2000, p.147). 즉 허쉬만이 추후에 제시하는 '탈출'이라는 선택지는 국민이 국가에 대하여 실행하는 것은 어려울지 모르지만 주민이 지방정부에 대하여 실행하는 것은 상당히 용이하다는 것에 티보는 주목하였던 것이다. 하지만 티보 모델에는 얼핏

비현실적이라고 생각할 수 있는 다음과 같은 전제조건이 뒤따른다.

전제 1: 주민이 지방정부의 경계선을 넘어 이동하는 데 드는 비용cost은 일체 없다.

전제 2: 주민은 지방정부의 정책 메뉴(과세액, 제공하는 서비스의 종류, 질, 양 등)에 대하여 정보를 지니며, 스스로의 선호에 따라서 지방정부를 선택한다.

전제 3: 제공되는 공공서비스는 파급효과spill over를 발생시키지 않는다. 즉, 한 지방정부가 제공하는 서비스는 그 지방정부의 주민 이외는 향유할 수 없다(長峯 1998, p.51, 米原 1977, pp.128~130).

사회과학의 모델에 익숙하지 않은 초심자는 여기에서 전제조건의 비현실성을 어떻게 다룰 것인지에 대해 특히 주의해야 한다. 예를 들어 전제 1에 대해서는 이사나 그 외의 절차들, 근무지와의 거리 변동, 커뮤니티적인 인간관계로부터의 이탈, 오랜 기간 익숙했던 주거지역에 대한 애착과 그 외의 심리적 요인 등 실제로 다양한 비용이 이동에 수반하는 것을 금방 알아챌 수 있을 것이다. 전제 2나 전제 3에 대해서도 마찬가지로 주민은 때때로 자신이 현재 거주하고 있는 지방정부의 정책메뉴에 대해 알지 못하며, 혹은 알려고도 하지 않고, 나아가 다른 지방정부가 제공하는 서비스의 혜택을 직접·간접으로 받는 것도 때때로 있다는 것이다. 하지만 그렇다고 해서 티보 모델 자체가 바로 타당하지 않다고 말할 수는 없다(대부분의 경우 우리들이 깨닫게 되는 이러한 비현실성은 모델 설계자도 충분히 알고 있는 것이다).

하여간 티보에 의하면 지방정부에 의한 서비스 제공은 모든 사람들의 서로 다른 선호에 합치하는 형태로 이루어질 수 있다. 왜냐하면 주민이라는 소비자와 지방정부라고 하는 공급자의 관계는 적어도 국민과 중앙정부의 관계보다는 소비자가 자신의 선호에 따라 선택하는 것이 용이하다는 점에서 훨씬 시장에 가깝기 때문이다.

이 티보 모델은 규범적인 성격이 강하다. 왜냐하면 실제 지방정부정책을 설명하는 도구로서가 아니라 몇 가지의 가치전제에 근거한 후에, 이와 같이 되어야 한다(공공서비스 제공의 대부분은 지방정부에게 위임하는 편이 자원배분을 적정화한다)고 서술하는 것이기 때문이다. 티보 모델이 지방재정 논의에서도 아주 중요한 지위를 차지하는 것으로 간주되는(米原 1977, p.129) 이유는 그것이 현실의(특히 미국의 경우) 지방정부가 납세자 획득경쟁을 서비스와 세율의 패키지package를 통해 행하고 있다는 것, 또한 주민이 어느 정도까지 그러한 지방정부가 제시하는 패키지에 따라 실제로 주거지를 바꾸고 있는지에 관심을 기울이게 하였다는 하는 점이다. 티보 모델은 현실 관찰에서 도출된 모델이 아니라는 약점이 있지만 현실 발견을 촉진하는 기능을 담당하였다는 것에 그 의의가 있다고 말할 수 있다(森脇 2000, p.150)

티보 모델은 지방정부가 제공하는 재화나 서비스의 종류에 제한을 두지 않는다. 이와 관련하여 다음에 소개하는 피터슨Peterson 모델은 어떤 의미에서 티보 모델을 복지정책에 한정하여 응용한 것이라고 말할 수 있다.

(2) 피터슨 모델(Peterson Model)

피터슨은 저서 『도시 한계City Limits』에서 미국 연방제 가운데 도시가 놓여 있는 구조적인 위치를 명백하게 하면서, 복지(또는 재분배)라는 정책영역에서의 정부간 관계의 특징을 묘사하고 있다.[3] 그는 티보의 모델을 시안試案으로 하면서 아래와 같은 모델을 제시한다.

티보 모델은 지방정부의 경계선을 넘어서는 주민의 자유로운 이동으로 인해 지방정부는 주민이 바라는 세금과 서비스의 패키지를 추측하는 것이 가능하다고 가정한다. 하지만 피터슨에 따르면 주민이 세금 부담으로 얻는 편익과 세금의 비율, 그리고 공공서비스의 수요와 공급 비율과의 2개의 선이 교차하는 점에서 공공지출은 최적규모가 된다(그림 5-1 참조). 또한, 피터슨은 '도시 이익'이라는 개념을 사용하면서 지방정부가 복지정책을 열심히 추구하는 것은 불가능하다고 주장한다.

티보 모델의 낙관적인 결론을 거부하면서도 피터슨은 티보와 중요한 점에서 일치를 보인다. 지방정부가 종국에는 전국규모의 시장(노동시장, 자본시장 등)에서 개방계開放系라고 하는 것이다. 그것은 지방정부의 정책선택에 대하여 일정 방향으로 경향성bias을 부여한다.

피터슨에 의하면 도시의 이익증진에 공헌한다고 생각되는 개발정책 즉 도시의 경제적인 가치를 증진하려는 기업유치정책이나 관광자원보호정책 등은 주민의 지지를 얻기가 쉽다. 한편 재배분정책, 즉 수익자(복지서비스의 소비자)와 부담자(그 때문에 필요한 세금을 납부하는 자) 간에 불일치가 생기고 그 결과 소득계층 사이에 자원이 이전되는 정책은 주민 사이에서 지지의 차이를 발생시킨다. 즉 재분배정책을 충실하게 실시하는 것은 이미 살고

3 Peterson 1981. 여기까지 피터슨 소개에 있어서 이 책은 거의 공통적으로 『도시 한계』라고 하는 번역이 사용되어졌으며, 거기에는 어떤 문제도 없지만, 영어의 city limit에는, 시의 경계선 (종종 'X시에 온 것을 환영합니다. 인구 5125명' 등과 같이 쓰인 간판이 도로에 늘어져 있는 곳)의 의미가 있으며, 그 시의 경계선이 인구나 자본의 이동을 제한하지 못하는 것뿐만 아니라 시의 입장은 구조적으로 제한되어지고 만다는 상당히 아이러니하면서 매력적인(cute) 서명이기에, 굳이 원어를 존중하는 것으로 하였다.

있는 저소득자층의 지지를 받을 뿐만 아니라 타 지역으로부터 그러한 서비스의 제공을 기대하는 저소득층의 유입을 불러온다. 반대로 편익보다 부담이 커지는 소득 수준이 높은 주민은 이러한 정책을 지지하지 않을 뿐만 아니라 자신의 선호와 더 일치하는 지방정부로 거주지를 옮기고 만다. 부유한 이주자들이 이주하게 되는 도시는 당연히 재분배정책에 다른 지역만큼 열정을 기울이지 않는데, 그 도시의 지방정부에게 이러한 유입은 그 자체로 잉여자원(세금부담 능력이 높은 신주민)을 낳고, 도시 이익에 일치하기 때문에 재분배정책에 열정적이지 않은 태도를 지속하게 될 것이다(Peterson 1981, pp. 20~38).

그러면 실제 미국에서 복지정책과 지방정부의 관련성은 어느 정도까지 피터슨 모델과 적합한 것인가? 피터슨 모델이 제시되기 이전에 이 문제를 다룬 연구는 체계적이라고 말하기 어렵지만 몇 가지가 눈에 띤다. 에드워드

[그림 5-1] 피터슨의 지방정부에 의한 서비스 공급 모델

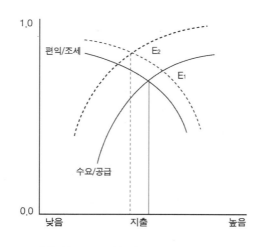

출처 : Peterson, 1981: 35.

밴필드Edward Banfield는 뉴욕시 사례를 분석하여 시 정부의 복지부문 관료들이 자유주의적liberal 정치가의 행태에 따라 자유주의적 복지정책을 전개하고 있으며, 지방정부와 복지는 친화親和적이라고 결론내리고 있다. 반면에 리차드 클로워드Richard Cloward 등의 연구는 보수적인 지방정치가들의 영향 아래에서 지방정부 관료가 복지에 소극적인 태도를 취하는 경향을 지적한다. 더딕 M. Derthick은 매사추세츠 주의 복수의 도시를 비교한 결과 정치가보다 오히려 복지부국의 장Top의 가치나 선호에 의해 복지정책의 집행이 소극적(연방이나 주의 규칙을 정형적으로 준수함)인가 적극적(재량을 행사하여 복지수급자의 이익보호를 시도함)인가가 결정된다고 한다. 아이라 샤칸스키Ira Sharkansky 등의 연구에서는 주민 참가와 주민의 조직화가 진행되고 있는 샌프란시스코 등의 도시에서는 '빈곤에 대한 전쟁'등과 같은 연방프로그램에 민감하게 반응하지만, 그것은 예외적인 경우이며 다른 많은 지방정부는 둔감하였다고 한다. 샤론 크래페츠Sharon Krefetz는 볼티모어Baltimore와 샌프란시스코의 두 도시를 비교하여, 주 정책, 흑인의 참가, 시의 통치구조 등의 요인에 의해 샤칸스키 등의 연구나 일반적인 상식에 따르면 자유주의적이어야 할 샌프란시스코보다도 오히려 볼티모어가 복지정책에 적극적이라고 말한다 (Krefetz 1976, p.11, Lineberry and Sharkansky 1971, Derthick 1974, Banfield 1969, Cloward and Piven 1966).

이와 같이 피터슨 이전에도 복지정책과 지방정부의 관계에 관심을 기울인 연구가 존재했지만 그것은 체계적인 비교연구가 아니었거나, 비교하여 차이variation를 발견하고 그것을 설명한다는 태도였다. 그런데 피터슨은 그러한 차이를 논외의marginal 것이라고 확실히 무시할 수 있을 만한 결론을 유도한다. 즉 정치가나 행정관의 선호 등의 요인에도 불구하고 지방정부에는 구조적인 제약이 있기 때문에 복지에 적극적으로 대처할 수 없다고 하는 것이다. 『도시 한계City Limits』에서 피터슨은 뉴욕시를 일종의 일탈 사례로서 다룬다. 뉴욕은 구조적인 제약이 있음에도 불구하고 선심성 복지정책을 지속하였다. 그것이 가능했던 이유로서 (뉴욕이) 세계에서도 손꼽히는 규모와 번영의 역사를 자랑하고, 재분배정책이 비교적 일찍부터 시작되었으며, 수익자는 기득권으로서 복지정책을 지키려고 하였다는 것, 그리고 시정의 지도자는 그러한 이유들을 극복하지 못했다는 것을 들고 있다. 하지만 뉴욕에서도 그러한 (일탈적인 경향의) 정책이 영구히 계속되는 일은 없었다. 1960년대 무렵부터 다양한 형태로 경종이 울려졌는데, 이윽고 1975년에 재정파탄에 직면하게 되면서 주 및 연방의 재정원조와 그것에 동반하는 개입을 통해, 일탈 사례는 일반적인 패턴으로 회귀하게 되었다는 것이다.

피터슨은 후에 마크 롬M. Rom과의 공저에서 그의 모델의 열쇠가 되는, 복지서비스 수준의 격차에 의해 복지수급자의 이동이 발생한다고 하는, 이른바 '복지의 자석효과'에 대해 검증하였다(Peterson and Rom 1990). 그들은 지방정부의 단위를 도시都市로부터 주州로 확대scale up한 후에, 빈곤율과 복지급여수준의 상관相關관계를 조사하였다. 복지의 자석효과를 검증하는데 직접적 관찰대상인 낮은低수준의 주州로부터 높은 수준의 주州로의 수급자의 이동에 더하여 해당 주에 거주하는 빈곤층의 정주定住정도와 합쳐 표준화한 빈곤율貧困率을 고안하였는데, 복지수준이 올라갈수록 빈곤율도 상승한다고 하는 정正의 상관이 있다는 것을 보여주었다(Peterson and Rom 1990, pp.2~71). 즉 주를 포함한 지방정부 지도자들이 복지를 충실하게 시행할수록 도시의 경제적인 지위를 저하시킨다고 하는 딜레마에 실제로 직면하고 만다는 것을 확인하였던 것이다.

(3) 이중국가론 모델

영국의 경우 특히 1970년대 무렵부터 네오·마르크스주의 논자가 행정이나 정부간관계의 이론 모델에 큰 영향을 주기 시작하였다고 여겨진다(曾我 1994, p.113). 자본주의국가의 재정위기 문제에 대해 많은 네오·마르크스주의자들이 연구에 몰두하였는데, 여기서는 지방정부의 기능 특히 복지정책과 직접 관련되는 이론 모델을 구성한 손더스Saunders 등이 제시한 '이중국가론' 모델을 소개한다.

손더스는 국가구조에는 중앙과 지방의 이중성이 있다고 주장한다. 단순화시켜서 말하면, 다원주의 모델은 지방차원의 경합적이며 개방적인 정치과정에 적합하고, 마르크스주의 모델은 중앙차원의 코포라티즘적인 정치과정에 적합하다는 것이다. 다원주의 모델은 노동재생산 비용을 낮게 억제하려는 목적으로 행해지는 '사회소비'social consumption에 해당하는 공공지출을 둘러싼 과정이며, 마르크스주의 모델은 생산성 향상을 목적으로 한 '사회투자'social investment에 해당하는 공공지출을 둘러싼 과정이다. 사회소비는 지방정부가 주민에 대한 투자나 서비스 제공이라는 형태로 이루어지지만 사회투자는 중앙정부에 의해 사적 영역private sector을 대상으로 이루어진다.

이러한 두 개의 국가기능은 때때로 충돌하지만 지방정부가 사회소비를 그리고 중앙정부가 사회투자를 맡는다고 하는 기능분화에 의해 관리manage되고 있다. 손더스는 그 이유를 아래와 같이 서술하고 있다.

첫째로 사회소비 기능이 필연적으로 사회투자 기능에 종속되는 것은 사회투자가 생산을 지속하기 위한 조건들을 정비하는 데 결정적으로 중요하기 때문이다. 둘째로 지방주민에 대한 (지방정부의) 민주주의적인 책임은 필연적으로 중앙차원의 코포라티즘 전략에 의해 저해받기 때문이다. 셋째로 대개 자본주의사회에서는 (복지 등의) 사회적인 필요needs를 요구하는 이데올로기가 개인 소유권의 이데올로기 앞에 굴복하기 때문이다(Saunders 1981, p.34). 즉 사회투자는 결국 사회소비와 충돌하여도 우선되어진다는 것이다. 그 이유는 사회투자가 사회소비에 비하여 이익으로서 더 중요할 뿐만 아니라, 지방정부가 중앙정부에 종속한다고 하는 제도적인 구조에 의해 확보되기 때문이며, 나아가 이데올로기로서도 더 강고하게 뿌리내리고 있기 때문이다.

이중국가론 모델은 영국에서 대처 정권에 의한 복지국가 해체 시도의 흐름과 맞물려 발생하였던 노동당좌파가 장악한 지방정부와 대처리즘하의 중앙정부와의 다툼이라고 하는 현실정치의 전개 하에서 어느 정도 설득력을 지니고 있다고 주장되었다. 하지만 영국에서도 이중국가론 모델에 대해 상당한 비판이 가해지고 있다.

먼저 이중국가론 모델이 너무도 결정론에 기울어 중앙과 지방 리더의 정치적 책략 등의 연구를 무시하고 있다는 것이다. 즉 이중국가론 모델은 국가와 사회의 관계 그 자체에 초점을 둔 나머지 중앙·지방을 포함한 공공부문 내부의 조직이나 전략을 소홀히 다룬 점이다. 다음으로 자본주의 국가의 공공지출을 이 모델과 같이 이분법적으로 접근하는 것이 어느 정도 타당한가라는 의문이다. 예를 들어 교육정책은 개개인의 교양을 높여 사회생활의 질을 향상시킨다는 의미에서는 사회소비적인 요소를 지니는 것이지만, 동시에 노동력의 질을 높여 생산성을 더 향상시킨다는 의미에서는 사회투자적인 요소를 가지고 있다. 이와 같은 국가기능의 분류가 곤란하다고 하는 문제는 같은 네오·막시스트 계열인 오코너O'Conner 등도 인식하고 있다. 그런데 그들은 어떠한 예산항목도 그것의 주요한 목적을 판별하고, 어떤 정치적·경제적

세력에 공헌하는가를 판단하는 것으로 대략적인 분류가 가능하다고 본다 (O'Conner 1973). 하지만 이러한 모호함을 남긴 구분에 따라 정부조직이나 그 외의 정치 행위자actor가 어떻게 행동하며, 어떠한 정책과정을 거치게 되는가가 결정된다고 한다면, 그것은 왜 그러한가 라는 의문이 남는다. 나아가 사실인식의 문제로서 예컨대 어느 정도 중앙정부의 구속 하에 산업정책 등의 사회투자(피터슨의 용어로는 개발정책)가 있지만, 점차 영국에서도 지방정부의 중요한 역할로서 인식되기 시작했다는 것, 또한 전국 기준에서 중앙정부가 행하고 있는 사회보장 프로그램도 존재한다는 것 등을 들어서, 이중국가론 모델이 시사示唆하는 정도로 단순한 기능분화가 이루어지고 있는 것은 아니라는 지적도 있다.

하지만 여기서 가장 흥미를 끄는 것은 앞서 소개했던 피터슨 모델에서는 중앙정부가 재분배정책(복지)을 행하고, 지방정부는 개발정책을 중요시하지만 복지정책에는 열정적이지 않다고 하는 것에 대하여 이중국가론 모델은 완전히 반대의 것, 즉 지방정부야말로 복지정책을 담당한다고 하는 점에 있을 것이다.

3. 복지와 지방정부의 관계:
이익·제도·이데올로기에 의한 설명

피터슨 모델과 이중국가론 모델은 중앙정부와 지방정부의 기능에 대해 정반대로 말하고 있다. 이것을 어떻게 이해하면 좋을 것인가? 일본의 상황을 염두에 두면 지방정부야말로 복지의 담당자라는 인식이 공유되고 있으며,

이중국가론 모델이 더 받아들여질 수 있다고 생각된다. '선진 국가들에서 일반적으로 사회복지는 분권화되는 경향이 있다'라는 것은 확실한 것 같다. 하지만 사토 미쓰루佐藤滿가 지적하듯이 '복지국가가 보편적인 권리로서 사회 보장을 실현하는 것이라고 한다면, (지방정부로의) 분권은 그 보편성의 저해 요인으로 될 가능성이 있고', 따라서 피터슨 모델이 시사하고 있듯이 복지정 책을 지방정부에게 맡기는 것은 힘들다고 생각하는 편이 오히려 '세계적인 상식'이라고 생각할 수 있다(佐藤 2000, p.70).

먼저 피터슨 모델도 그리고 이중국가론 모델도 최초부터 비교연구를 위한 이론 틀을 제공하기 위해 설계된 모델이 아니라는 것에 주목할 필요가 있다. 특히 피터슨 모델은 미국 연방제에서 도시의 제도적인 자리 매김을 도모함으로써 왜 1950년대부터 70년대에 걸쳐 연방정부가 내세운 복지정 책 프로그램이 지방차원에서 충실하게 집행되지 않은 채 끝났는가라는 의 문을 풀려는 시도에서 출발한 것이다. 피터슨은『도시 한계Civil Limits』이후의 저서에서 지방정부의 범위를 도시로부터 주州로 확대하는 동시에 연방제 본연의 모습에 대한 개혁안을 제시하고 있다. 즉 피터슨은 자신의 모델을 연방제 이외의 사례에 확대적용하려고 하는 것까지는 생각하고 있지 않았던 것이다.

한편 이중국가론 모델을 전개한 손더슨 등은 자본주의 국가에 대하여 일 반적으로 적용될 수 있을 만한 용어를 사용하는 경향이 보인다. 예를 들어 앞서 인용한 부분의 '자본주의 사회에 있어서는'in a capital society 등이 이에 해당 한다. 하지만 이중국가론 모델은 영국에서의 역사적인 전개나 제도·구조에 자극을 받아 만들어진 것이며, 실증적인 사례기술에 관해서는 오히려 영국 에 한정되는 서술방식이 되고 말았다(曾我 1994, p.38).

이러한 유보를 한 상태에서, 양자의 '모순'을 설명해보자. 설명은 이익·제도·이데올로기 세 가지에 대해 각각 살펴보기로 한다.

(1) 이익(利益)

사토佐藤는 일본에서 지방정부와 복지정책이 친화적인 것을 특수한 것으로 취급(피터슨 모델을 '세계적인 상식'으로 간주하였다)하는데, 그 이유의 하나로서 복지정책이라는 영역 그 자체에 나라마다 특징이 있다는 점을 시사한다. 지금까지 이 책은 피터슨이 말하는 재분배정책을 일본에서 생각하는 복지정책과 완전히 같은 것으로 취급하여 왔는데, 그것은 정확하지 않다는 것이다. 이것은 에스핑 - 앤더슨이 지적하는 것과 같이 국가별로 복지체제가 다를 가능성과도 일치한다.

일본의 경우 '정책 고객을 빈곤층에 한정하는 부자로부터 가난한 사람으로의 재배분·소득 이전'이 아니라, '고령화 사회의 도래와 함께 모든 사람이 고객이 되는' 복지로 정책 중점이 옮겨 가고 있는 것이라고 한다면 일본에서 피터슨 모델의 적용가능성은 줄어들게 될 것이다(佐藤 2000, p.69). 한마디 더 덧붙이면 복지정책의 내용 차이는 미국과 일본 두 사회의 소득배분 격차가 반영된 것인지도 모른다. 만약 손더스가 말하는 사회소비에서 복지정책이 담당하는 계급간의 소득재배분적 성격이 비교적 엷은 일본이 미국과 동일한 정도로 소득재배분적 성격이 뚜렷하게 된다고 한다면 피터슨 모델의 적용가능성은 높아질 것이다.

복지라고 하는 정책 패키지에 무엇이 포함되어 있는가, 그 수익자는 누구인가라는 차이variation 문제는 나라별 비교에서는 간과해서는 안 되는 점이라고 말할 수 있다.

이익 배치에 대해서는 정책형성에 임하는 지방정부 지도자가 복지정책을 추구하려는 존재인가 아닌가의 여부에 대해서도 주의를 기울이지 않으면 안 된다. 피터슨도 뉴욕 사례에서 인정하고 있듯이 복지 수급자의 기득권화가 진행되면 미국에서조차 지방정부가 복지정책을 추구(일시적이라고 해도)하는 것이 실현된다. 이러한 기득권화는 복지 수급자와 정치적 압력하에 놓여 있는 정치가들에게만 일어날 수 있는 것은 아니다. 복지정책의 집행에 관련되는 다수의 비선출직 전문가들의 기득권화에도 주목할 필요가 있다. 복지를 제공하는 측에게도 복지 프로그램 삭감은 사활문제가 될 수 있기 때문이다. 미국의 경우 선행연구의 일부는 이러한 측면을 다루고 있다. 피터슨 모델은 결국 복지서비스 수혜자의 이익, 그리고 시장 소비자와 유사하게 움직이는 수혜자의 행동에 대응하여 '도시 이익'을 결정하는 입장에 있는 지방정부 지도자의 이익만을 대상으로 하고 있으며, 그 중간에 위치하는 복지를 직접 공급하는 서비스 제공자나 관리자들의 이익은 분석 대상에서 제외하고 있는 것이다. 영국의 경우 이러한 전문화와 전문가들의 조직화가 진행하고 있는 것을 생각한다면 이 차이가 영국과 미국 사이의 다름을 설명하는 요인이 될 가능성이 있다(Laffin 1986).

또한 이른바 복지의 자석현상을 더욱 촉진하는 요인으로서 미국의 소득계층 분화는 불행하게도 때때로 인종문제와 얽혀 있는 것을 지적할 수 있다. 특히 미국 역사에서 특수한 소수자minority인 흑인 문제는 저소득자의 주택문제 등을 중심으로 하여 새로운 정치적·사회적·법적 분쟁을 일으켜 왔다. 그러한 의미에서 복지의 자석효과의 부정적minus인 부분, 즉 가난한 사람의 유입이 부자의 유출을 불러온다고 하는 면은 인종적 요인과 관계가 없다고 단언하기 어려울 것이다.

더욱이 중앙과 지방의 복지정책 담당자의 다름은 정책 결정자의 전략을 장기적 관점에서 다룰 것인가, 아니면 단기적 관점에서 다룰 것인가에 의해 설명될 수 있을지도 모른다. 다나베 구니아키田辺國昭는 일본 사례(지방정부 단위는 도도부현, 정책은 국민건강보험)를 검토하여, 일본에서도 역시 인구의 지역 간 유동성이 높은 경우 지방정부의 독자적인 고복지정책추구는 장기적으로 유지될 수 없다고 결론 내리고, 피터슨 모델(그의 표현으로는 경제제약 모델)에 어느 정도 지지를 보내고 있다(田辺 1996, p.138). 즉 일본에서 지방정부지도자가 선거를 목전에 앞두고 복지를 줄이는 것은 거의 불가능하다. 그렇지만 그렇다고 해서 그 지도자가 장기적으로 복지의 충실화를 꾀할 것이라는 보장도 없다는 것이다. 비슷하게 뉴욕과 같은 특수한 조건 하에서도 어느 정도까지 고복지정책을 실제로 추구하지만 결국은 파탄에 이르게 된다는 것이다.

이와 같이 나라에 따라 복지정책을 둘러싼 이익의 배치 상황은 미묘하게 다르며, 피터슨 모델이나 이중국가론 모델과 같은 큰 틀을 단순하게 적용시키는 것만으로는 파악할 수 없는 차이variation가 때때로 존재하는 것이다.

(2) 제도

정부간의 기능이나 권한 분담은 각 나라의 역사적인 경위뿐만 아니라 헌법을 정점으로 하는 법제도의 틀 안에서 결정되는 것이다. 소가 겐고曾我謙悟는 영국 지방정부의 법적 지위의 특수성에 주목한다. '영국의 지방정부는 산업진흥 등 개발정책을 실시하는 권한을 부여받고 있지 않다. 때문에 영국의 지방정부는 미국의 지방정부와 같이 지역경제를 향상시키기 위한 수단을 보유하고 있지 않으며, 따라서 소비에 중점을 두게 된다'고 한다(曾我 1994,

p.113). 영국과 미국은 모두 기본적인 법리로서 권한유월ultra vires 아래에 있으며, 법에서 인정된 범위를 넘어선 활동은 불가능하게 되어 있다. 물론 개발정책적인 정책수단의 폭은(이중국가론 모델의 비판에서 소개하였듯이) 영국에서도 전혀 없다고는 단언할 수 없지만, 미국의 지방정부보다는 제한적으로만 부여되어 있다고 생각할 수 있다. 소가會我는 이러한 지방정부의 제도적인 자리 매김의 차이를 가지고 두 모델의 차이를 설명하였던 것이다.

다만 일본의 경우에는 지방정부의 기능에 대한 법적인 제한은 희박하기 때문에 지방정부가 복지정책과 친화적인 것을 설명하기 위해서는 새로운 요소를 고려할 필요가 있다. 사토佐藤는 일본의 중앙정부와 지방정부간의 융합적인 관계에서 그 원인의 일부를 찾는다. 즉 중앙정부와 지방정부의 관심영역이 일치하는 정도가 높은 일본에서는 복지에 관해서도 피터슨이 개혁의 핵심으로서 열거한 (복지의) 전국적인 기준 설정이나 개별보조금 등이 제도적으로 포함되어 있으며, 정부간 재정조정 제도가 발전되어 있기 때문에 지방정부는 복지정책에 적극적으로 행동하는 것이 가능하다는 것이다.

(3) 이데올로기

미국의 두드러진 특징으로서, 존엄이나 평등 등 복지정책을 지탱하는 가치와 근로, 자립이나 자기 노력 등 복지를 소원하게 하는 가치가 병존하기 때문에 복지정책에 관한 논의를 더욱 대립적인 것으로 만든다는 점이 지적되곤 한다. 그러한 지적이 옳다면, 그리고 그러한 가치 대립이 일본이나 영국에서는 훨씬 희박하다고 한다면, 애초에 어떤 정부차원에서건 복지를 소홀하게 다루는 태도를 명확히 할 수 있는 곳은 미국뿐이라고 말할 수 있을지 모른다. 피터슨도 주州 수준에서 '복지의 자석효과' 논의를 끌어내어 복지의 감축을 요구하는 정치세력과 유지를 도모하는 세력의 대립 구도를 지적하고 있다. 예를 들어 위스콘신 주州는 민주당 자유주의자들liberal의 강고한 지역 기반이 존재하고 개혁주의적 정치문화를 계승한 이른바 복지의 선진 주州였지만 불황 하에서도 복지서비스를 더욱 확충하려고 하는 현직 민주당 주지사의 정책에 비판이 가해진 결과 보수적인 공화당 후보가 현직을 이긴 사례를 들고 있다. 또한 레이건의 예에서도 알 수 있듯이 대통령선거에서도 복지 때리기 bashing를 선거 캠페인의 핵심으로 내세워 승리하는 것이 가능했던 것이다.[4] 이것은 이른바 미국적인 가치의 내재적인 대립을 강조하는 사고다.

반대로 정당차원에서 이데올로기적인 대립이 약하다는 것으로 미국의 특수성을 설명하는 것도 가능하다. 소마에 기요사다宗前清貞는 일본에서 좌익 정당이 지방을 기반으로 하는 전략을 채택하고, 그것이 어느 정도 성공을 거둔 것에 주목한다(宗前 1994, p.138). 또한 사토 역시 '지방정부는 중앙정부에 대하여 분권 추진을 요구하는 것과 함께, 재정적 관점에서 복지의 감축을 요구하기 십상인 중앙정부·재계에 대해 복지정책의 수호자이기도 했다'라고 지적하고 있다(佐藤 2000, p.171). 이러한 상황은 미국에서 공화당·민주당 혹은 보수·진보liberal 정도의 느슨한 이데올로기 대립이 아니라, 영국에서 보수당·노동당, 또는 일본에서 자유민주당과 사회당·공산당과 같이 대립이 훨씬 선명하며 지지 세력도 명확한 경우에만 생각할 수 있는 것이다. 이것은 제도로서도 이익 배치로서도 설명할 수 있지만,[5] 한 국가에서 복지에 대한 이데올로기의 차이가 그 근저에 있다는 것은 명백하며, 여기서는 이데

---

4 다만 레이건 본인은 때때로 곤궁한 사람이 편지 등으로 호소하여 오면, 대통령의 입장이나 백악관의 스텝을 통해 도움을 주고, 거대한 관료제의 희생이 된 국민의 편이라고 하는, The First Caseworker를 자인하고 있다.

5 宗前은 이와 같은 요인을 제도로서 분류한다.

올로기에 의한 설명 예로서 열거해 둔다.

다케치 히데유키武智秀之는 '복지는 대상자의 법적 자격entitlement을 실현하기 위한 획일성과 지역이나 개인의 형편을 중시하는 개별성이라고 하는 서로 모순되는 가치'를 포함하기에 '일원적으로 딱 떨어지지 않는 정책구조를 나타내고 있다'고 한다(武智 1996, pp.2~3). 일견 모순되는 것과 같은 두 개의 모델은 그 딜레마를 잘 보여준다고 말할 수 있을 것이다.

마지막으로 복지 문제는 정부간의 권한이나 상호작용의 문제로서만이 아니라 공공부문과 민간부문 사이의 문제이기도 하다는 것을 지적해 둔다. 복지 서비스를 단지 시장화市場化하는 것이 효율성을 포함하여 좋은 결과를 이끌어내는 것이 아니라는 것은 영국 등의 경험에서 명백하지만, 복지 서비스를 모두 공공부문이 담당해야만 한다고 생각하는 것도 어렵다. 우선 일본이나 북유럽 등지에서 나타나고 있는 고령화 사회는 복지정책의 존재방식을 크게 변화시키게 될 것으로 판단된다. 고령자 돌봄care service은 계급간 부의 이전이 아니라, 국민으로서의 최저 생활national minimum을 보장하는 측면이 강하며, 게다가 지금까지의 논의에서 알 수 있듯이 분권화와 친화적일 가능성이 높다. 한편 단순한 급부가 아니라 24시간 돌봄 체제의 정비라는 새로운 수요needs는 종래 복지와는 무관하였던 민간자본6에게 공급을 맡기는 것이 훨씬 적합할지도 모른다. 또한 자원봉사 센터와 복지 서비스와의 연관은 새로운 일이 아니지만 분권화된 공공부문과 자원봉사 부문의 새로운 관계 구축도 필요하다(田尾 1990 특히 7장 참조). 복지정책은 지방정부의 능력,

6 佐藤는 돌봄(介護)이라고 하는 특수한 복지 서비스에 있어서는, 특히 도시부에서 24시간 태세를 이미 완성하고 있는 편의점, 택시, 세큐리티 서비스, 정유소 등의 민간자본이 참가하는 가능성을 시사한다.

그 지도자들의 전략, 나아가서는 지방자치의 질을 가늠하는 데 있어 앞으로 더욱 중요한 시금석이 될 것으로 생각한다.

일본의 사회보장 구조개혁

　　일본에서는 1980년대에 접어들면서 사회복지가 지방자치단체의 주요한 정책과제로서 자리 잡게 되었다. 특히 저출산, 고령화 등이 진행하면서 고령자복지의 확충은 불가피한 과제였으며, 핵가족 사회에서 개호(곁에서 돌보아 줌)문제는 사람들의 관심 대상이었다. 전국적으로 사회복지 서비스의 양적 확대가 증가하였으나, 정부에 의한 일방적인 복지서비스 제공과 국고부담이 증대하는 문제점을 드러내었다. 이에 따라 1990년대 중반 이후 사회보장을 구조적으로 재검토하고 기본적인 이념과 틀을 바꾸려는 '사회보장 구조개혁'의 논의가 이루어지고 있다.

　　그 특징으로는 첫째, 사회보장에 이바지했던 각종 규제를 철폐하려는 것이다. 둘째, 각종 보험 급여 수준을 대폭적으로 하향 조정하는 조치가 이어지고 있다. 셋째, 사회보장의 거의 모든 분야에 영리사업을 참여를 인정하였는데, 사회보장에서 제공하는 서비스는 기초적인 부분에 머물고 부족한 부분은 시장(market)에서 보충하는 형태로 전환되고 있다. 넷째, 지방자치단체가 관련되는 부분이 확대되는 동시에 지방자치단체의 기구개혁을 촉진하고 업무량 감소와 연결되고 있다. 즉 보건, 의료, 복지 등을 시장화 하고 새로운 이윤추구의 영역을 만들어가는 질적인 전환을 진행하고 있는 것이다.

　　이러한 일련의 움직임은 정부는 최소한의 복지서비스를 제공하고, 부가적인 부분은 개인 내지는 시장에 맡기는 것이라고 할 수 있다. 지방자치단체는 보건, 의료, 복지, 주택 서비스 등의 종합화, NPO를 중심으로 한 지역복지활동의 충실화, 그리고 지역복지활동의 계획화를 통해 지역에서 복지서비스의 충실화를 시도하고 있다. 하지만 개호보험제도의 도입을 계기로 많은 지방자치단체가 서비스 공급주체로서의 역할을 소홀하게 하는 경향도 나타나고 있다.

6장
분권을 둘러싼 역동성

6장에서는 지방분권화라는 통치구조의 중요한 개혁을 분석하기 위한 모델을 제시한다. 이와 함께 지금까지 소개한 피터슨 모델, 집권·분권/융합·분리 모델 등을 이용하여 실제로 분석을 실시하기로 한다. 이장은 단지 모델을 제시하는 것에 그치는 것이 아니라 어떤 의미에서는 연습을 해 보는 성격을 가진다.

1. 중요한 전제: 사회과학에서의 예측

일본에서 지방분권이 주창된 지는 오래되었지만 최근에 들어 겨우 본격적인 분권개혁이 시작된 느낌이다. 3장에서 서술하였듯이 지방자치는 다양한 희망이나 기대로 지탱된다. 그래서 분권을 바라는 목소리는 늘 강하였지만 때때로 '불협화음이 가득한 혼성 합창'이라는 상황으로 전개되기 쉽다(辻山 1994). 하지만 최근 몇 년간의 동향을 보면 역시 실질적인 제도개정을 포함하여 지방분권을 위한 개혁이 추진되어왔다는 사실은 의심할 여지가 없다. 구체적 움직임을 살펴보면 우선 1995년에 성립한 지방분권추진법에 근거하여 지방분권추진위원회가 발족하였다. 동위원회는 5차에 걸친 권고를 정리하여 정권교체 등의 정치적 변동을 거치면서도 1999년 지방분권일괄법의 성립이라는 결실을 맺었다. 2000년 4월 1일을 기점으로 동법은 시행되었고, 이에 따라 새로운 제도 하에 정부간의 관계가 전개되게 되었다. 기관위임사무 폐지와 함께 지방정부의 사무는 자치사무와 법정위탁사무로 재구성되었으며, 국가의 지방에 대한 관여 축소, 도도부현으로부터 시정촌으로의 권한이양, 지방정부의 편성·조직 원리의 재검토(국가로부터의 필치규제[1]

---

1 지방분권추진법 제5조에서 말하는 필치규제란 '국가가 지방공공단체에 대해 지방공공단체의 행정기관 또는 시설, 특별자

폐지·완화나 시정촌합병추진)등, 그 내용은 여러 부분에 걸쳐 있었다.

이번에 실시된 지방분권개혁은 각 방면으로부터 많은 주목과 논의를 불러 일으켰다. 행정학의 분야에서도 다수의 연구자가 개혁에 직접 참여하여 씨름하게 된 것은 현 분권개혁의 하나의 특징이라고 할 수 있다. 그 영향이기도 하겠지만 최근 몇 년간 그리고 지금도 지방정부의 실무가들은 나와 만날 때마다 (당시)진행 중인 개혁 내용이 무엇인가, 그리고 이러한 제도개정이 추후 어떠한 영향을 지방정부에게 주게 되는가에 대해 질문하곤 한다. '지금부터 분권은 도대체 어떻게 될까요?' 이러한 종류의 질문에는 정말로 당혹스러웠다. 나로서도 어떻게 될 것인지를 확실히 알 수는 없다. 내 능력이 부족하기 때문에 알 수 없다고 하는 것이지만, 이장에서 조금이라도 그 실마리를 찾아볼 작정이다. 다만 그 질문에 대한 대답은 아니지만, 먼저 질문자체 및 질문에 대한 답을 알 수 없다고 하는 현상에 대하여 검토해보자. 왜냐하면 그것은 사회과학에서 이론이나 모델에 대하여 고찰하는 것과 연결되기 때문이다.

사회과학뿐 아니라 대체로 경험적 과학에서는 기본적으로 세 개의 단계, 즉 이해, 설명, 예측의 과정이 있다. 이해라는 것은, 무엇이 중요한 것인가에 대해, 현실에서 일어나고 있는 무수한 사실로부터 불필요한 것, 관계없는 것을 제거해 가는 작업이다. 설명이라는 것은 남아있는 다양한 요인을 원인 (독립변수, 설명변수)과 결과(종속변수, 피설명변수)로 정리하고, 그 인과관계를 확인해가는 작업이다. 그리고 예측이란 도출된 인과관계를 미래에 비추어 몇 가지의 조건 하에서는 이러한 결과가 생겨날 것이라고 추정하는 작업이다.

격 또는 직명을 갖는 직원 또는 부속기관을 설치해야만 한다'고
하는 의무를 부과하는 것을 말한다 – 역자주.

평소 존경하는 선배 정치학자로부터 다음과 같이 이야기를 들은 기억이 있다. 한마디로 요약하면, '예측은 해서는 안 된다'는 것이다. 굳이 예측하고 싶다면 다음 두 가지 조건 중에서 하나 이상을 만족시켜야 한다는 것이다. 하나는 예측을 외국어로 쓰는 것이다. 아마 예측은 틀리겠지만 그 때에는 모른 척하면 된다. 만일 적중하면 자신이 과거에 쓴 예측을 끄집어내고 번역한 후 적중하였음을 주장한다. 다른 하나는 100년 후를 예측하는 것이다. 그 예측이 맞았을지 틀렸을지는 100년 후가 되어야만 알 수 있다. 그 때에는 거의 틀림없이 예측을 한 사람은 죽었을 것이기 때문에, 창피를 당하지 않고 넘길 수 있다는 것이다. '만약 적중하더라도 이미 죽었기 때문에 아무도 칭찬해주지 않지 않은가'라는 내 질문에 대해서, 선배는 '괜찮다. 학자라는 것은 한가하기 때문에, 반드시 후배 중에 누군가는 엄청난 예측을 한 사람이 있었다는 것을 발굴해 낼 것이다'라고 대답했다. 이러한 경고는 사회현상을 예측한다고 하는 것에 관하여 귀중한 시사를 준다.

　다시 한 번 말해 두건대 예측은 빗나가는 것이다. 게다가 비참할 정도로. 왜 그런 것일까?

　너무나도 당연한 말이지만 예측의 정밀도는 예측자의 능력에 의존한다. 예측을 하려고 하는 사람은 현재 입수 가능한 데이터나 사실을 근거로 몇 가지의 인과관계나 변화의 패턴을 추출하고, 미래에 적용한다. 그 과정에서 인간은 때때로 멍청한 오류error를 범하고 만다. 내가 처음 대학에서 강의를 할 때의 일이다. 첫날 강의에는 100명에 가까운 학생들이 출석하였다. 경험도 없었고 많은 사람 앞이라 긴장을 해서 능숙하게 이야기하는 것이 불가능하였다. 다음 주 출석자는 70명 정도로 줄었다. 게다가 그 다음에는 50명 이하가 되었다. 이야기하는 것은 여전히 능숙하지 않았다. 어쩌나? 이래서는 곧 교실이 텅텅 비게 되겠지라고 걱정했다. 다행스럽게도 예측은 빗나갔다. 출석자는 40명 정도 선에서 유지되었으며, 학년말 시험 직전에는 극적으로 늘어나면서 학기를 끝마쳤다. 여기에서 내가 범한 오류는 두 가지다. 첫째, 대학에서 강의 출석자 수는 강사의 강의 내용이나 방식, 즉 교실 내 요인으로만 결정된다고 믿은 것이다. 하지만 실제 출석자 수는 오히려 교실 밖의 요인, 즉 연휴, 취직활동이나 귀성 시기, 졸업의 필요needs 등에 의해 결정된다는 점이다. 두 번째 오류는 2회 연속으로 출석자가 감소하는 사건을 겪으면서, 그것이 지속적인 경향trend이라고 오해한 것이었다.

하물며 사회에서 발생하는 사상事象은 복잡하게 얽혀 있으며, 무엇이 어떻게 연결되고 있는가가 분명하지 않은 것이 많다. 과연 무엇을 중요한 요인으로 생각하면 좋은가? 변화는 경향trend인가? 그렇다고 하면 그것이 장기적인 것인가? 단기적인 것인가? 변동이 나타내는 선(궤적)의 형태는 원형인가, 곡선인가, 아니면 직선인가? 그러한 질문에 대하여 우리들은 때때로 잘못된 판단을 하고, 때로는 알아채지 못하는 경우도 있다. 예를 들어 1973년의 오일쇼크는 그때까지 경이적이라고도 말할 수 있는 일본경제의 성장을 한 번에 둔화시켰기 때문에, 많은 사람들은 일본의 미래가 절망적이라고 예측하였다. 저렴한 석유자원의 공급이 불안정하게 되면 자원이 없는 일본은 원료를 수입·가공하여 부가가치를 덧붙여 수출하는 방식을 유지하기 어렵게 될 것이라고 일컬어졌던 것이다. 하지만 일본은 두 차례에 걸친 오일쇼크를 잘 극복하고, 위기 기간 동안의 적극적인 투자와 연구개발의 성과도 있어 오히려 국제 경쟁력을 향상시켰다. 그러자 이번에는 21세기의 모델은 일본이다. 또는 21세기의 세계는 일본이 지배한다고 하는 일본경제 최강론이 주장되었다. 절망론·최강론 모두 단기적인 요인을 과대하게, 게다가 과장되

게 해석하였기 때문에 생긴 초보적인 오류였다.[2]

사회과학은 자연과학과 비교하여 특히 예측이 어렵다. 그 이유는 여러 가지가 있다. 먼저 사회과학에서는 실험, 특히 조건을 통제control한 상태에서의 실험이 어렵다. 사회과학에서도 모의실험simulation이 불가능한 것은 아니지만, 진정한 실체로서의 사회는 하나뿐이며 예측자의 편의를 위해 사회 현실을 실험으로 제공하는 것은 불가능한 경우가 많다. 덧붙여 사회과학에서 예측은 분석하는 사람이 그 대상이 되는 사회 그 자체로부터 완벽하게 분리될 수 없다는 문제가 있다.

두 가지의 잘 알려진 예를 들어보자. 하나는 선거에서 이른바 공표announcement 효과로 불리는 것이다. A라는 정당이 승리할 것이라는 예측이 성립하고, 그것이 사전에 공표되면 그 정당을 지지하지만 열정적이지 않은 사람들은 '자신들이 투표에 가지 않아도 괜찮다'고 생각하고 투표하지 않기 때문에, 승리했어야 할 정당이 패배하거나, 승리해도 격차margin가 줄어들게 된다는 것이다.[3] 다른 하나는 주식 시장에서의 예상이다. 유명한 주식 거래의 고수 A가 기업의 재무내용과 그 외의 조건을 정밀히 분석한 결과 그 기업의 주가는 상승할 것이라고 예상하였는데, 그 예상대로 되었다는 사례가 있다. 그런데 주식 상승의 이유는 예상자의 분석이 정확하였다기보다는 예상 자체의 영향에 의한 것이라는 점이다. 즉 '어느 고수가 오른다고 말한 주식은 지금 사야지'라는 것으로 인해 매매가 이루어지고, 주가가 정말로 상승하였다는 것이다. 선거 공표 효과의 예는 예측이 부負의 방향으로 영향을 주었으며,

2 앞에서 '예측'에 대하여 경고를 남긴 학자가 이와 같은 일본 최강론이 휩쓸고 있을 때 이미 그것은 환상이라고 지적한 것은 깊은 인상을 남긴다.
3 蒲島 1988, 제9장에 공표(announcement) 효과에 대한 분석이 있다.

주가의 예에서는 예측이 정正의 방향으로 영향을 주었다는 것이다. 이러한 점에서 사회과학의 예측은 자연과학의 예측과는 결정적으로 다르다. 천체를 관측하고, 그 움직임을 분석하여, 몇 시간 후에 그 천체는 그 지점으로 이동할 것이라는 예측을 세운 경우, 천문학자는 적어도 별이 예측자와 오랜 기간 알고 지냈기 때문에 예측하는 말을 듣고 그대로 움직여줄까, 또는 말한 것과는 반대로 움직여서 곤란하게 만들어야지 하고 생각하는 것은 아닐까 등을 고민할 필요가 없다. 선거와 주식이라고 하는 두 가지의 예는 약간 극단적이기는 하지만, 사회를 대상으로 하는 예측에는 늘 이러한 종류의 치우침 bias이 발생할 수 있다는 것을 보여준다.

더욱이 예측이라는 행위에는, 이 책에서 이미 서술했던 것과 같이, 예측자의 규범의식과 연관성이 있다. 다음 시즌에 요미우리 자이언츠가 우승할지에 대한 예측은 예측자가 자이언츠에 대하여 어떠한 감정을 지니고 있는가에 크게 좌우된다. 지방분권이라는 거대하며 또한 중요한 대상에 대해서는 더욱 규범의식이 영향을 준다. 여기에도 하나의 딜레마가 있다. 자이언츠를 아무렇지 않게 생각하는 사람도 있지만, 그런 사람들은 대부분 야구를 모르며, 그들에게 정확한 우승예상을 기대하기 어렵다. 지방분권에 대한 예측을 근거에 따라 할 수 있는 상당한 지식이나 경험을 가진 사람은 지방자치 문제에 대해서 틀림없이 일정한 치우침bias을 가지고 있을 것이다. 중앙의 관료, 자민당정무조사회의 부회관계자, 지방6단체의 스태프 , 현縣의회의원, 시 직원, 촌장 등은 각자의 입장과 이해利害가 있고, 그것에 근거하여 '분권은 이렇게 된다', '분권은 이렇게 되어야만 한다'는 주장을 때로는 무의식적으로, 때로는 전략적으로 혼동하면서 주장한다. 분권개혁에는 광범위한 당사자들이 각각의 이익·제도상의 지위·이데올로기에 따라 행동하는 만큼, 그 불확실성은 높아진다. 더욱이 명백한 정치적·당파적 치우침bias이나 제도적인 이해利害로부터 거리를 두기 쉬운 연구자의 경우에도, 치우침에서 완전히 자유로운 것은 아니다. 연구자가 신과 같은 중립적 입장을 견지한다고 하여도, 연구대상이 흥미롭기를 바라는 직업적인 희망은 남을 것이다.[4]

즉, 일반론으로서 경험적인 사회과학에서는 이해와 설명이 주요한 임무이며, 예측은 잘 되면 횡재라는 정도로 생각하는 편이 좋다. 물론 선거·투표행동과 같이 풍부한 데이터와 예측의 필요성needs이 있기 때문에 정밀한 모델 구축을 통한 예측으로 (아마도 많은 실패 경험이나 그 원인을 검증하는 과정을 거치면서) 성과를 거두는 영역도 있지만, 그것은 어디까지나 예외라고 보아야 할 것이다.[5]

이와 같이 사회과학의 예측에는 본질적인 문제가 있다. 그래도 때로는 예측이 요구되는 것은 지금까지의 논의에서 추론할 수 있듯이 연구자와 실무가 사이에는 큰 균열이 있음에도 불구하고 그것이 제대로 (특히 실무가 측에서) 인식되지 않은 것에 원인이 있을 것이다. 사회과학에서는 예측보다도 이해와 설명에 중점이 있으며, 모델도 예측을 위한 것은 많지 않다. 예를 들어 마르크스이론이나 조합주의corporatism 모델 등은 일정 조건 하에서 '누가 우위에 설 것인가', '어떠한 정책이 결정될 것인가'에 관한 예측에 어느 정도 도움이 될 것이다. 하지만 다원주의 모델은 '어떠한 과정이 될 것인가'에 대해서는 어느 정도 시사를 얻을 수 있지만 '누가 우위에 설 것인가', '어떠한 정책이

---

4 영국의 지방정부연구자들의 대부분은 그 복지정책의 축소, 지방에 대한 통제(control) 강화, 대학정책 등의 점에서 대처 정권에 비판적이며, 대처 개인도 싫어하는 것 같다. 하지만 많은 연구자가 인정하고 있는 대처의 (유일한) 공헌이 있다. 그녀 덕분에 영국에 있어 정부간 관계는 큰 전개를 보였으며, 또한 그 연구도 활력에 가득한 것으로 된 것이다.

5 이 영역의 성과에 대해서는 小林 2000을 참조.

결정될 것인가'에 대해서는 아무 것도 알려주지 않는다. 또한 영역을 더 한정한 모델(예컨대 피터슨 모델)의 경우 예측 능력이 보다 향상될 것이지만, 일반적으로 연구자는 역시 모델을 과거 또는 현재의 (복지 등) 특정 정책에서의 패턴을 분석하는 틀로서 사용한다. 더욱이 사회과학 특히 정치학의 경우 모델은 설명이나 예측보다 오히려 이해(사실의 발견)를 위한 도구format로써 고안·설계된 것도 많다.

반면에 실무가는 기본적으로 미래지향적이다. 현재 주어진 모든 조건을 파악하고, 최대한으로 활용하여 설정한 목적이나 목표를 실현하는 전략을 세우고 실행한다. 선거 실무가의 예로써 후보자를 당선시키려는 선거 참모라는 전문가를 생각해 보면 잘 알 수 있다. 그는 고용주인 후보자의 모든 조건 가운데, 주어진 조건[與件]인 성별, 연령, 외모, 소속 정당 등을 감안하면서, 나아가 가변 조건인 정치 자금과 사용 방법, 동원인의 배치, 연설 내용, 그리고 그 외의 것을 조작하여 가능한 당선 라인에 근접시키고자 한다. 여건의 유리함(외모가 좋고, 정당 이미지가 좋음)을 전면에 내세우고, 게다가 풍부한 정치자금을 잘 사용하고, 동원인을 최대한 활용하고, 연설도 선거민이 받아들일 수 있도록 만들고, 그럼으로써 겨우 안심하고 투표일을 맞이하게 되는 것이다. 한편 선거를 분석하는 연구자는 상승세의 정당에 속하고, 자금이 풍부하고 외모도 좋으며, 설득력 있는 연설을 하고, 동원인이 잘 움직여서 후보자가 당선되었다는 종류의 상황은 분석 대상으로서 매력을 느끼지 못한다. 연구자에게 있어 분석 대상으로 알맞은 것은 예컨대 자금은 없고 연설도 서투르며, 얼굴도 변변하지 않고 선거운동 조직도 엉성하였는데도 불구하고 후보자가 당선된 경우다. 그 선거에서는 일단 X당의 후보라면 당선된다는 것이 판명되기 때문이다.[6] 이와 같이 사회과학의 영역에서는 실무가와 연구자 간의 거리가 자연과학보다도 멀어지는 경향이 있다는 것이 좀처럼 이해되지 않고 있다.

　　그리고 '분권은 지금부터 어떻게 될까요?' 라는 질문이 자주 제기되는 또다른 원인은 아마도 지방정부가 지금의 분권개혁 과정에서 정보부족에 고심하고 있기 때문이라고 생각한다. 지방정부는 분권개혁 동향에 따라 제도적인 자리 매김에 큰 변경이 일어나는 것을 알고 있으며, 가능하면 자신들에게 유리한 형태로 개혁이 진행되기를 바란다. 물론 지방분권추진위원회에도 지방정부의 대표는 참가하고 있다. 지방6단체도 의견서를 제출하는 등 자신들의 견해를 분권개혁에 반영하기 위해 노력을 아끼지 않았다. 하지만 3000을 넘는 지방정부 모두가 대표되는 것은 아니다. (도도부현과 비교하여) 정령지정도시, 그리고 소규모 기초자치단체 등은 분권의 흐름에서 주역이 되지 못하고, 오히려 정보 소외로 시달리고 있는 것으로 생각된다. 분권의 향배에 대한 질문에서 지방정부 간에도 분권을 둘러싼 정책공동체 내의 위치에 따라서 불균형이 발생하고 있다는 것을 미루어 짐작할 수 있다.

2. 분권 '붐boom'과 그 배경

　　그런데 지방분권이라는 통치 시스템의 개혁이 화제가 되고, 정치적으로

---

6 물론 실무가적 능력이 넘치는 학자도 있으며, 연구자 지향이 강한 실무가도 존재한다. 이 예에서 이상적인 실무가란 선거 당일까지는 제(諸)조건하에서 최선을 다해 전력을 기울이며, 결과가 나온 뒤에는 그 당락의 원인을 연구자의 시점에서 분석하여 다음 선거를 대비하는 사람을 말하는 것이다. 하지만 내 생각에는 그와 같은 이상적인 혼합형(hybrid)이 나타나는 것은 상당히 어렵다.

검토 과제로서 다루어지고, 관계자 사이에서 격렬한 논의를 부르고, 실제로 개혁이 이루어지고, 그리고 새로운 제도 배치 아래에서 정치가 전개되는 등의 흐름은 일본에 한정된 이야기가 아니다. 내가 아는 바로는 한국이나 ASEAN 국가들, 동유럽, 중앙유럽의 국가들, 그리고 영국이나 북미 등 성숙한 지방자치의 역사를 가진 나라에서도, 특히 최근에는 분권이 큰 이슈다. 이것은 왜 그런 것일까? 일본의 분권개혁과 이러한 각국의 분권화 노력을 같은 흐름에서 이해해야만 하는 것인가? 아래에서 고찰해 보도록 하자.

(1) 국제환경의 변화

환경변동은 어느 시대에도 늘 있던 것이다. 하지만 20세기 말부터 새로운 세기에 걸친 현대는 지금까지 인류가 경험하지 못한 속도와 거대함으로 변화가 일어나고 있다는 인식을 많은 논자가 표명하고 있다. 다양한 사회경제적·지리적 조건, 고유의 역사나 문화가 존재하는 많은 나라들에서 분권이라는 방향으로 국내제도를 재편성하려는 움직임이 있다고 한다면, 공통항으로서 이러한 변동이 국제환경을 통해 영향을 미치고 있는 것은 아닌가 하고 추측할 수 있다.

피터슨 모델은 지방정부가 사람과 자본의 흐름을 통제하는 것은 불가능하지만 국가(중앙정부)는 가능하다는 정부 차원 간의 구조적 차이에 주목하는 모델이었다. 하지만 아래와 같은 비판도 있을 수 있다.

확실히 피터슨이 집중적으로 연구를 수행하였던 1960년대, 70년대까지는 그렇게 말할 수 있었다는 것이 사실이라고 하여도, 1980년대, 90년대에는 국제환경의 통합화가 한층 가속되었다. 그 규모와 속도는 피터슨의 예상을 뛰어 넘는 것이 아니었는가? 현재 국가도 노동력, 자본의 이동에 대한 통제력을 계속해서 상실해가고 있는 것은 아닌가? 국가 간 노동력 이동은 여전히 도시 간 이동만큼 용이하지 는 않지만, 선진 국가들 간의 자본시장에서는 급속한 통합이 진전되고 있다. 즉, 현재는 국가도 도시와 비슷하게 개방화 open system되고 있는 것이 아닌가 하고 판단된다. 이러한 상황에서는 국가도 도시와 비슷하게 타국과의 격심한 경쟁에 내몰리고, 그 와중에 자국의 경제를 유지·발전시켜 나가야 한다는 과제에 직면하고 있다. 이제 현재의 국가는 사회·경제적인 외적 환경요인에 의해 정책이 제약되고 있는 존재라고 말할 수 있지 않을까(曾我 1994, p.62).

또한 민주주의를 논하는 문맥에서도 비슷한 지적이 가능하다.

근대에서 자명한 것으로 보였던 민주주의 기반으로서의 주권국가 틀이 국경 내·외의 양방향으로부터 동시에 흔들리고 있다. 거기에는 사람과 사물, 자본과 노동력, 금융과 주식, 정보와 전자 커뮤니케이션 등이 국경을 넘어서 이동하는 세계화(globalization)라는 현상도 개입하고 있다(千葉 2000, p.48).

이와 같은 조류가 과연 어느 정도까지 정부간 관계나 지방자치 경영에 영향을 미치는 것인가? 정직하게 말해서 아직 분명한 것은 없다. 하지만 적어도 다음과 같은 것을 말할 수 있을 것이다. 첫째, 이러한 조류는 확실히 존재하지만, 지구상의 모든 장소에 균등하게 영향을 미치는 것은 아니며, 경우에 따라서는 같은 국가 내에서도 지역에 따라 미치는 영향이 서로 다를 수 있다. 둘째, 국가의 틀이 동요한다는 의미로서는 환경에 열려있었던 정부(지방정부)와 닫혀있었던 정부(중앙정부)라는 이론적인 이분법이 이제는 통용되지 않게 되었기 때문에, 지방정부에 대한 중앙정부의 우위가 상대화될 가능성이 있다는 것이다.[7] 또한 그러한 환경변화를 중앙정부가 올바르게 파악하고,

그에 적절하게 대응하기 위해서 스스로의 기능을 대외적인 정책이나 거시경제 등으로 순화시키고, 지금까지 담당해왔던 하위정치low-politics,8 내지 지방정부에 대한 지휘감독 등의 기능으로부터 자유로워진다고 하는 선택을 취할 가능성도 있다.

(2) '반중앙(反中央)'전략

분권화 추진을 요구하는 움직임에는 이른바 '반중앙反中央'의 정치적 전략이 작동하는 경우가 있다. 가장 두드러진 예는 동유럽과 중유럽 국가들의 분권 동향일 것이다. 이들 국가에서는 구舊 소비에트연방 해체 등의 급격한 정치적 변동을 모두 수용하여, 자국의 정치적 재편성을 빠른 템포로 몰두하지 않으면 안 되는 사정이 있다. 체제개편 과정에서 눈에 띄는 특징은 과거의 중앙정부 통제체제, 계층적인 조직편제로부터 탈피를 시도하고, 철저한 분권과 지방정부 간의 평등을 지향하는 제도개혁을 추진한다는 것이다(Horvath 2000). 또한 분권 '붐'의 제1의 배경으로 든 국제환경의 변화는 국가권위나 통치의 유효성을 상대화시킨다. 그 결과 '근대의 주권적 국민국가에서 지금까지 폭력적으로 억압되어 통합되어 왔던 민족, 인종, 문화, 종교, 언어 등의 다양성과 차이의 승인이 다문화주의, 정체성identity 정치, 차이의

---

7 이와 같은 경향의 연장선상에 1장에서 본 글로벌 모델(global model)이 있다고 말할 수 있다.
8 신자유주의계열, 상호의존론 학자들은 군사력과 영토문제를 넘어서서 경제적 상호의존이나 문화, 기술, 지식, 정보, 환경, 생태를 고려한 이슈들이 국제정치에서 중요하다고 강조하였는데, 그런 이슈들에 의한 것을 하위정치라고 한다. 반면에 전통적 현실주의자들은 군사력의 관점에서 정의된 권력이라는 개념에 주안점을 두고 군사적, 정치적 이익의 극대화와 영토의 확장, 군비경쟁을 통한 국익과 전쟁과 평화라는 부분을 주로 다루었는데, 그것이 상위정치라고 할 수 있다―역자주.

정치 등의 명목으로 국민이라는 범주category에 친화성을 갖지 못하는 소수민족, 제 집단, 그리고 지역주민 등에 의해 강력하게 요청되고 있다'고 하는 상황이 발생하고 있다(千葉 2000, p.48). 더욱이 지금 유럽에만 한정된 것이지만, 공통 통화나 국경을 넘어선 노동시장 형성 등 유럽연합의 통합 추진이 각국의 중앙정부 권한을 저하시킬 뿐만 아니라 국내 소수자들의 의식을 고양시키고, 그에 대응하여 중앙정부도 과거 부여하지 않았던 포괄적인 자치권이나 제도적 보장을 (때때로 그 지역만으로 한정하여) 부여하는 움직임도 있다. 이러한 경우에 국내 다수자가 거주하는 지역에 대한 자치권의 문제와 때때로 연동하여 대규모의 체계적인 분권화가 추진되는 일도 있을 수 있다.

(3) 사회경제의 성숙에 따른 변화

공공부문에 의한 서비스 제공에 대해, 어느 정부 차원이 서비스 내용의 결정권을 가질 것인가의 논의는 복지든 교육이든 도시기반정비이든 간에 끝까지 파고들면 문제의 본질은 다음과 같다. 즉, 국내의 통일적 기준에 적합한 평등하며 지리적인 조건에 따른 격차 없는 서비스와 지방별 특수 사정을 고려에 둔 개성 있는 서비스 사이에서 어느 쪽을 선택할 것인가에 의하여 결정된다는 것이다.

일본에서는 전자의 평등한 공급 쪽에 중점을 두어 왔다. 따라서 중앙정부가 권한을 보유하고 (행정)지도를 통해 평균적인 서비스 제공이 이루어져 왔다. 그러한 것을 부정적으로 서술하는 상투어로서, '긴타로아메金太郎飴9라는 표현이 자주 인용되었다. 내가 과거에 이 단어를 부정적인 문맥에서 사용하였을 때, 어느 개발도상국의 유학생이 다음과 같이 말하였다. '우리나라에

9 어디를 자르든 단면이 얼굴이 붉고 살이 찐 아이의 얼굴이 나타나게 만든 가락엿—역자주.

서는 학교 등의 교육시설이나 도로, 병원 등이 정비되어 있는 것은 수도를 중심으로 하는 일부 도시에 지나지 않는다. 많은 아이들이 영양불량으로 고통 받고 있으며, 중앙정부도 지방정부도 그에 대해 아무것도 할 수 없다. 일부 지역은 반정부 게릴라가 지배하고 있으며, 공공서비스를 말할 형편이 아니다. 도대체 긴타로아메의 어디가 나쁘다는 것인지 알 수가 없다'. 이러한 반응은 물질적 풍요로움에 익숙해져서 전국 수준의 행정서비스 달성에 더 이상 어떤 감사함도 느끼지 못하게 된 나라의 인간이 지닌 오만함에 대한 통렬한 비판으로서 깊이 새겨 둘 필요가 있다. 하지만 뒤집어서 생각하면 사회경제 발전단계에 따라서 집권에 의한 평준화와 분권에 의한 차별화의 어느 쪽을 우선해야만 하는가라는 균형점은 변하기 마련이라고도 말할 수 있을 것이다. 즉 국내 어디에 사는가에 따라 학교가 있는가? 없는가? 학교 건물이 철근인가? 가건물인가? 급식이 잘 공급되는가? 그렇지 않은가? 등과 같은 문제에서 현저한 격차가 발생하는 경우에는 중앙집권적 평준화를 중시 하지 않을 수 없지만, 그와 같은 기초적인 부분이 거의 정비되어, 여가 활동을 어떻게 지도할 것인가? 컴퓨터를 수업에 어떻게 활용할 것인가? 등과 같은 부가가치적인 부분에서만 차이가 발생하는 경우에는 지방분권적 차별화의 방향으로 나아가게 된다고 말할 수 있을 것이다.

이와 같이 정리하면 일견 단순한 현상으로 생각되는 세계 각지의 분권 움직임도 그 배경에는 차이가 있을 것이라는 생각이 든다. 분권 '붐'의 제1의 배경인 국제환경변동의 요소는 세계 어느 곳에서도 효력을 발휘할 것이지만 그 과정은 서로 다를 것이며, 제2의 '반反중앙' 요소는 존재하는 국가와 그러하 지 않은 국가가 분명하게 나뉜다. 제3의 성숙화의 요소도 경제발전에서의 불균형이 명백히 존재하고 있기 때문에 나라에 따라 적용되는 경우와 아닌 경우가 있다. 예컨대 인도네시아에서는 제1요소와 제2요소가 강력하게 작용하고 있는 것으로 생각된다. 또한 필리핀의 분권화는 제1요소가 본격적으로 도래하기 전에 반反마르코스 운동의 일환으로서 추진되었던 것이다. 영국의 경우 블레어 정권의 분권화에서는 제1(EU통합), 제2(反대처), 그리고 제3(포스트 복지국가)의 요소가 각각 작동하고 있는 것으로 생각된다. 일본의 분권개혁에서는 제2요소는 부재하거나 아주 희박하며, 제1요소는 원인遠因으로서 있을지 모르지만, 기본적으로는 제3요소를 배경으로 하면서 서서히 추구되어 왔던 것이라고 말할 수 있다.

3. 분권의 분석 모델

(1) 이와사키(岩崎) 모델

이상과 같은 세계적인 규모의 분권 붐은 분권이라는 단어의 인플레이션 현상을 발생시키고, 나아가 분권개념의 혼란도 불러 일으켰다. 그러한 원인의 하나로서 좋은 통치 시스템의 열쇠로서 분권화 추진을 주창하는 세계은행의 존재가 있다. 세계은행은 분권을 지방정부로의 분권, 출장기관 등 일선기관 수준의 집행에 대한 권한 이전, 나아가 민간부문이나 자원봉사 부분으로 공공기능 이양 등 중앙정부의 작업량을 경감하는 것이라면 무엇이든 분권이라는 개념에 포함시키고 있다. 또한 영국에서도 정치적인 분권과 행정적인 분권(지방정부로의 분권인가, 출장기관으로의 분권인가), 경합적 분권과 비경합적 분권(시장에 맡길 것인가의 여부), 내적 분권과 권한 이양(독립행정법인 등 새로운 조직설립을 포함하는가의 여부)의 세 가지 측면 모두를 통합하는 개념으로서 분권이 논의되어지곤 한다(Yusuf et al. 2000).

거기에 더하여 일본에서는 분권개혁의 진행과 함께 이상형으로 삼는 외국의 몇몇 나라를 참고로 그 제도·구조를 모방하거나 분권화와 연방제 채용을 직접적으로 연결하려는 종류의 논의까지 등장하게 되었다. 그러한 가운데 분권개념을 정리한 것이 이와사키 미키코岩崎美紀子다.

이와사키는 전체차원(중앙정부)과 지역차원(지방정부)의 법적인 관계, 결정자와 집행자의 위치, 지역차원의 재정, 각각의 시민과의 관계 등을 근간으로 하여, 연합형·연방형·단일형·출장형의 4가지 주요 모델을 제시한다(그림 6-1 참조). 요약하면 연합형은 전체차원의 기관이 지역차원의 복수複數 정부에 의해 창조되고, 시민은 지역차원에서만 참정권을 지닌다. 연방형은 전체차원·지역차원이 각각 독자적인 헌법을 지니며, 시민도 각 차원에 모두 참정권을 지니고, 양자의 관계는 기본적으로 대등하다. 단일형은 전체차원 정부에 의해 지역차원의 정부가 창조되는 관계이지만, 양자 모두 시민이

[그림 6-1] 권력의 일원화 · 다원화에 있어 모델의 관계

출처: 이와사키, 1998: 8

참정권을 지닌다. 양자의 관계는 전체차원이 결정하고 지역차원이 집행하는 측면과 전체차원이 지역차원의 결정에 영향을 주는 측면 등이 있다. 출장형은 전체차원의 조직 일부로서 지역차원 기관이 존재하고, 시민은 지역차원에 대한 참정권이 없다. 이러한 각 주요 모델 중 지방차원이 결정(과정)에서 지닌 영향력과 집행(과정)에서 행사하는 재량을 기준으로 하여 다시 4개의 분류가 있다. 즉 지방차원이 결정에 대한 영향과 집행에서 재량이 인정되는 I형, 재량만이 있으며 영향은 없는 II형, 영향만이 있고 재량은 없는 III형, 재량·영향 모두 없는 IV형이다(岩崎 1998).

이와사키 모델은 특정 제도를 채용하면 바로 분권으로 연결되는 논리의 비약을 피하는 것과 함께, EEC로부터 출발하여 최종적으로는 통합 유럽으로 향하는 과정처럼 국가의 틀을 넘어선 변혁을, 연합형 하위 모델 I로부터 하위 모델 IV로 그리고 연방형으로 진행되는 형태로 정리할 수 있다는 점에서 유용한 분류다(岩崎 1998, p.8). 그리고 분권 유형은 최종적으로는 권력의 다원성이라는 관점에서 정리되고 있다. 즉, 이와사키 모델에서 집행자의 재량 등은 하위 모델 중에서 처리되며, 최종적으로는 시민에 의한 접근access 내지는 의견표출 통로channel가 보장된 정부단위가 어느 수준까지 공존, 경합적 관계를 유지하고 있는가에 의해 분권의 정도가 측정된다.

(2) 집권·분권, 융합·분리 모델의 적용

일전에 나는 미국의 레이건 정권의 분권개혁을 집권·분권, 융합·분리 모델을 이용하여 역사적으로 위치를 매겨 분석한 적이 있다(秋月 1996). 아래에는 그 개요를 소개하고자 한다.

미합중국 헌법은 연방과 주의 권한을 정리하여 배분하는 형태로 통치기구를 규정하고 있다. 연방정부에 부여된 권한은 화폐를 제조하는 것, 주 사이의 통상을 규제하는 것, 수출입품에 과세하는 것, 외국과 조약을 체결하는 것, 외국과 교전하는 것 등이 명시적으로 열거되고 있다. 주 정부의 권한으로는 선거를 시행하는 것, 주 내의 통상을 규제하는 것, 공중의 위생·안전·도덕을 유지하는 것 등이 있다. 연방정부와 주정부는 함께 과세권, 채권발행권, 재판소설치, 기업인가 등의 권한을 보유한다. 그 권한을 부여하지 않는다고 명시한 예로서 연방정부에게는 주간州際통상에 대한 과세, 주 경계선의변경 등이, 또한 주정부에게는 수출입품과세, 화폐주조, 조약체결 등이 금지되어 있다. 이처럼 헌법 표현상으로는 정부가 담당해야만 할 기능이나 권한을 구별·정리하여 연방과 주 사이에 분담하는 것이 가능하다고 전제되어있다. 이처럼 헌법 구성상 연방정부와 주정부 사이에는 권한의 배분이나기능의 분담은 강조되었다. 하지만 헌법제정자들은 그 권한과 기능의 공유문제에 대해서는 거의 염두에 두지 않았던 것이다.

주 권한을 지켜야만 한다는 견해와 연방에 강력한 권한을 집중해야만 한다는 견해는 때때로 대립하였다. 하지만 양자의 타협을 가능하게 한 요인중 하나는 헌법의 표현을 의도적으로 모호한 것 혹은 유동적인 것으로 해석한것이다. 연방의회 권한을 열거한 제1조 제8항의 말미에 적혀있는 '이상의제 권한을 수행하는 데 필요하고 적절한necessary and proper 입법을 행한다'라는항목은 집권파가 받아들이기 쉬운 것이었으며, '헌법에 의해 연방에 부여되지 않고, 또한 주에 금지되지 않은 모든 권한은 주에 유보된다'고 하는 수정제10조는 분권파의 불안에 응답하는 것이었다. 연방의회에게 특정 주州법을무효로 할 수 있는 권한을 부여해만 한다는 집권파의 주장은 채택되지 않은채, 제6조에서 헌법, 연방 입법, 외국의 조약이 '국가의 최고규범'임을 선언하는 것으로 타협이 이루어졌다(Johnson et al., 1990, p.238).

이와 같은 헌법체제는 분권·집권의 축에서는 연합규약보다 훨씬 집권적이지만, 그 후의 미국 연방제 동향을 돌이켜 생각해보면 상당히 분권적인 구조에서 출발하였다고 할 수 있다. 중요한 것은 첫째, 헌법 문구는 큰 틀을 제시하는 것에 그치고 실제 운용이나 후세의 판단에 그 발전을 상당 정도 맡긴 점이다. 둘째, 헌법 문구는 정부 차원 간의 기능을 공유하기보다는 분담한다는 분리적인 접근을 전제로 하였다는 것이다. 그 후의 헌법체제에서 연방제는 집권화와 융합화를 지향하는 길[道程]을 따르게 되었다. 그 과정은 재정, 경제, 법률, 정당제 등 여러 갈래에 걸친다. 특히 중요했던 것은 뉴딜 후기부터 연방최고재판소가 주간州間통상 규제를 연방권한으로 정한 헌법 규정에 대한 해석을 완화하였기 때문에, 노동입법, 농산물규제, 사회보장 나아가 민간기업의 인종차별금지 등 폭넓은 영역에서 연방 관여가 인정될 수 있게 되었다는 것이다.

연방정부는 헌법 문구를 훨씬 뛰어 넘어서 활동범위를 넓히고, 또한 주나 지방자치단체에 대한 재정적 이전을 통해 직·간접으로 주나 지방자치단체들이 관할하는 사항에 개입하게 되었다. 이와 같이 '권력과 기능은 공유되고 있지만, 명백하게 연방정부가 우월한 시스템'(Reagan 1972, p.45)이 완성되었다. 그것에 도전을 시도한 것이 레이건이었다.

레이건은 대통령 선거기간부터 연방제 개혁을 가장 중요한 과제로서 호소하였다. 당선 후 연설에서 그는 '연방 편제establishment의 규모와 영향력을 축소하는 것, 그리고 헌법이 연방정부에 부여했던 권한과 주정부나 인민에게 헌법상 유보했던 권한 간의 구별을 더 명확하게 인식시키는 것이 나의 의도이다'라고 선언하였다. 정권 발족 후 곧 레이건은 연방 복지사업의 재편성을 통해 연방제를 더 명확한 형태로 되돌리려고 시도하였다. 구체적으로는 연방정부가 실시했던 복지사업Aid to Families with Dependent Children과 Food Stamp의 권한과 책임을 원칙적으로 개별 주州에 이양하되 그때까지 연방과 주州가 공동으로 출자하여왔던 빈곤자 대상의 의료프로그램Medicaid은 연방 소관으로 한다는 것이었다. 이 '거대한 교환great swap'으로 약칭되는 대규모 제안은 연방정부로부터 주정부로 정책 주도권의 중점을 옮기는 동시에 중복된 정부 간의 권한관계를 본래 헌법이 설정限定하고 있는 명확한 기능분담 시스템으로 돌아가는, 이른바 분권분리형 연방제로의 회귀를 지향하였다고 말할 수 있다. 앞에서 소개한 취임연설에서도 분명하게 나타나듯이 그는 수정 10조의 문구를 말 그대로 해석해야만 한다는 입장이었다.10

레이건정권의 연방제개혁 초점은 연방정부로부터 주 내지는 지방자치단체로의 재정 이전, 구체적으로는 보조금 틀과 지출액에게 모아졌다. 사용목적이 세세하고 특정되었던 개별보조금을 목적이 더 유연하며 보조금을 받는 측에게 폭넓은 재량을 부여하는 포괄보조금으로 통합하여 주 부담이나 연방의 관여 정도를 경감시키는 전략을 택했다. 또한 레이건 정권은 주로의 권한 이양과 보조금 액수 자체의 삭감을 조합하는 전략을 취했다. 아울러 연방제개혁은 그 외의 다른 목적, 즉 급박했던 문제로서 재정적자를 경감하는 것, 나아가 국내 연방정부 프로그램이 발생시키는 해악(노동의욕의 저하, 불공정 등)을 제거하는 것 등도 포함하고 있었다.

이와 같은 레이건 정권의 일련의 연방제개혁은 각 방면으로부터 비판에 시달린다. 먼저 레이건 자신이 연방제개혁의 상징으로 간주했던 복지프로그램의 교환은 의회뿐만 아니라 주정부, 이익단체, 나아가 연방정부 내부로

10 보수적인 정치가가 선호하여 취하고 있는 이와 같은 입장을 'constructionist'라고 부름.

부터 강한 반대에 직면하고, 결국 의회 의사일정에 오르지도 못한 채 사라지게 되었다. 보조금 지출 액수 자체를 삭감하는 과정에서는 정책영역 간에 격심한 '차등화ばらつき 경향'이 나타났다. 레이건 정권 제1기의 행정관리예산국 장관을 지낸 데이비드 스토크먼은 영역 간 차등화 자체가 아니라 차등화가 이루어지는 방식이 문제라고 지적한다. 연방직할예산이건 보조금이건 간에 필요성 내지는 합리성에 근거하여 삭감이 이루어져야 하나 실제로는 지출 수혜자 측의 정치적 영향력에 좌우되고 말았다는 것이다. 가장 정치적 압력이 강한 것(농업보조금이나 퇴역군인에 대한 서비스, 의료복지 등)은 거의 삭감되지 않았고, 중간정도의 것(학교예산이나 운송관계 등)은 상당히 삭감되었고, 결국 가장 삭감할 수 있었던 것은 힘이 없는 사람들, 압력을 행사할 수 없는 사람들에 대한 서비스였다고 비판하는 것이다(Stockman 1986).

또한 환경정책에서 서로 다른 정부 차원 간에 걸친 규제를 둘러싸고 일어난 사건이 레이건 정권의 연방제개혁 '후퇴'를 더욱 강하게 인상 짓는 결과를 가져왔다. 1970년에 설치되었던 연방환경보호청에 레이건은 철저한 규제 철폐론자로서 알려진 앤 고서치A. M. Gorsuch를 새로운 장관으로 임명하였다. 그녀는 주州로 권한양도·보조금 삭감·주 규제에 대한 감시철폐를 기본방침으로 내세워, 그때까지 환경보호청이 담당했던 역할을 전환시키고자 하였다. 하지만 의회가 성립시킨 산업폐기물처리를 위한 프로그램 일부를 의도적으로 지출하지 않았던 것, 또한 그 집행에서 담당차관의 부정이 발각되어 장관은 사임에 내몰렸고, 그 후임으로 공화당 온건파로 초대 환경보호청 장관이었던 러클즈하우스W. D. Ruckelshaus가 취임하였다. 그는 전임 장관의 환경규제 완화 정책을 재전환하여 주州에 대한 집행 감독을 부활시켰다.

정부간에 걸친 규제에 관한 다른 중요한 사건은, 1984년 고속도로highway

보조금법에서 음주연령조항을 용인했던 것이었다. 음주운전은 미국에서 교통사고의 주요 원인의 하나다. 교통사고사망자 가족들이 결성한 시민단체 MADDMothers Against Drinking Driving는 단속의 허술함을 사망사고 증가의 원인으로 보고 연방입법을 통해 주 차원의 엄격한 법집행이 이루어지도록 주정책을 전환시키려고 시도하였다. 구체적으로는 연방이 설정한 음주연령(21세)보다도 낮은 연령의 음주를 인정하는 주는 21세 이상으로 음주연령을 올리지 않는 한, 고속도로 관련 연방보조금을 일률적으로 삭감한다는 것이었다. 이것은 헌법상 주州 관할로 명기되어있는 시민의 안전 및 도덕에 관한 사항에 대해 전혀 다른 별개의 운송관계 보조금을 지렛대로 하여 연방정부가 개입한다고 하는 교차cross-over제재로 불리는 방법[手法]이다. 처음에 레이건은 반대의향을 표명하였다. 하지만 MADD의 활발한 로비 활동으로 의회 및 정권내부에 초당파적 지지가 생기고, 결국에는 레이건도 법안에 서명했다(Conlan 1986, pp.27~28). 연방보다도 낮은 음주연령을 설정하고 있어 이 제재를 받을 가능성이 있는 한 주는 이러한 '협박적' 수단에 격렬하게 반발하여 연방재판소에 소송을 제기하였다. 하지만, 1987년 최고재판소는 합헌판단을 내리고, 결국 1988년에 와이오밍wyoming주는 21세로 음주연령을 올리는 것으로 결착되었다.

　연방제개혁의 목적은 다양한 분야를 포괄하기에 레이건 개혁의 성패에 대한 평가는 간단하지 않다. 하지만, 헌법이 묘사하는 분권·분리형 구조로 회귀하는, 달리 말하면 '권한의 구별을 명확하게 한다.'는 것에 대해서는 실패로 끝났다고 말할 수 있다. 가장 중요한 정책제언인 복지프로그램 교환도 실현이 불가능하였다. 또한 환경보호청이나 교차제재의 경우도 하나의 정책영역에 연방과 주(그리고 많은 경우에는 지방자치단체도)가 관심을 공유하고, 필요하다면 연방이 개입한다고 하는 고도의 융합적인 시스템은 흔들리지 않았다는 것을 시사하고 있다. 반대로 정부간 관심 공유를 전제로 한 개혁 - 예컨대 보조금의 정리통합 - 등은 성공하였다(Williamson 1986, pp.43~47쪽).

헌법체제는 일단 분리를 전제로 하여 대략 분권적인 성격을 가지고 출발하였다. 다만 그것은 어디까지나 그 후 전개된 것과의 상대적인 평가다. 남북전쟁은 주의 연방이탈의 정치적 실현가능성을 원천적으로 봉쇄하였을 뿐만 아니라 노예제라고 하는 헌법상으로 주州에게 권한이 유보되어 있어야 할 문제에 연방정부가 개입할 수 있게 되어 집권화를 현저하게 촉진하였다. 연방재판소는 헌법 안에 포함되어 있는 해석의 여지가 큰 부분(집권의 방향에서는 제1조 8항의 유연조항, 주간통상규제조항, 분권의 방향에서는 수정 제10조)을 개별 사건에 비추어 판단하고 있다. 그 판단은 시기적으로는 제각각이지만 전반적인 흐름으로는 수정 제10조를 엄격하게 적용하지 않고 유연 조항 및 주간통상 규제조항 등의 폭넓게 인정하여 집권화를 촉진하였는데 이는 주의 관할사항에 연방 관여를 인정한다는 의미에서 융합화도 촉진했다. 이상으로부터 미국 연방제의 역사적 전개와 레이건 개혁의 의도 및 실제 변화를 나타내면 [그림 6-2]와 같이 될 것이다.

하지만 '연방, 주, 지방자치단체가 각각 독립하여 기능을 분담한다고 하는 구도가 미국에서 실현되었던 적은 과거 한 번도 없었다'고 하는 모턴 그로진즈Morton Grodzins의 주장에 따르면 그 전제는 오히려 [그림 6-3]과 같이 되어야만 할 것이다. 그는 헌법제정에 앞서 1785년 이미 중앙정부는 주州에 초중등 교육기관을 위한 보조금을 부여하였으며, 헌법제정부터 현재에 이르기까지 가장 지역적인 기능이라고 일반이 믿고 있는 교육 영역에서 일찍부터 연방이

[그림 6-2]

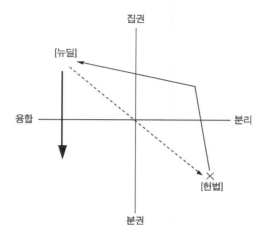

[그림 6-3]

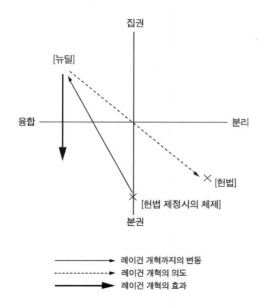

──────▶	레이건 개혁까지의 변동
------▶	레이건 개혁의 의도
━━━▶	레이건 개혁의 효과

관여하기 시작했음을 강조한다. 헌법은 그때까지 주가 보유하고 있던 관세 과세권을 박탈하였다. 이것은 주와 연방정부 사이에 어느 정도 재정적인 이전을 통한 조정이 필요해진다는 것을 뜻하며, 실제로 주의 차입금(借金)을 대신 떠맡는(肩代わり) 방식으로 이루어졌다. 이러한 사례의 규모나 액수는 크지 않지만, 양자의 협력은 필요한 것으로 여겨졌고, 실제로도 상당히 잘 이루어 졌던 것이다. 지방자치단체에 대해서도 마찬가지로 말할 수 있는데, 지역사 회community를 기반으로 하여 연방정부나 주정부가 전혀 관련되지 않는 자율 적이며 독립적인 통치형태는 식민지시대 이래 실제로 존재하지 않았으며, 오히려 신화에 속한다는 것이다.

즉 헌법의 문구와 달리 미국 통치시스템은 당초부터 상당한 정도로 분리 적인 것이 아니라 중앙과 지방의 기능과 권한 공유가 있었다고 하는 것이다. 두 개의 축 안에서의 위치 매김은 어디까지나 상대적인 것이기 때문에 두 개의 그림도 완전히 배타적인 것은 아니다. 하지만 레이건 정권의 개혁에 대해서 각각의 그림에 근거하여 서술한다면 상당히 다른 뉘앙스가 된다. [그림 6-2]에 따르면 레이건은 헌법에 묘사되어있는 과거 확실하게 존재했던 아름다운 신전으로 되돌아가려고 했지만, 이미 신들은 이사한 후이고 신전 은 텅 비어 있었다고 할 수 있다. 그런데 [그림 6-3]에 따르면 레이건은 헌법에 묘사되어 있는 아름다운 신전을 방문하려고 했지만, 그것은 실제로는 존재 한 적이 없던 상상화였다는 것이 될 것이다.[11] 어찌되었든 분권·분리로의 회귀를 지향했던 개혁이 성공하기 위한 장애물은 높았다고 할 수 있다.

11 레이건 정권의 개혁의 귀추로부터 판단하면, 오히려 [그림 6-3]의 편이 설득력이 있다고 판단된다. 정부간의 기능이나 권 한을 분리하는 시스템이란 미국이 20세기에 들어서서 결별했 다(그림 6-2)고 하기보다는 처음부터 없었다(그림 6-3)고 보는 편이 더 납득이 갈 수 있다고 생각한다.

4. 분권을 둘러싼 이익 · 제도 · 이데올로기

(1) 이익

분권개혁을 추진하는 데 과연 어떠한 이익이 작용하고 있는 것인가? 국가나 사회에서 어떠한 행위자actor가 분권을 희망하는 것일까? 우선, 국가 행위자 중에서 중앙정부가 집권을 추구하는 것은 당연하다. 일본에서도 분권화개혁의 경우 때때로 '관료의 저항'이 있었다. 확실히 중앙 관료가 분권을 열심히 추진하는 것은 통상 생각하기 어려운 것이다. 다만 몇 가지 유보사항이 필요할 것이다. 첫째로 중앙관료제에서 지방정부와 직접 연결된 관청이 독립적으로 존재하고, 그 관청의 방침에 따라 분권개혁이 진행되는 경우를 생각할 수 있다. 일본의 자치성(현 총무성)이나 태국의 내무성 등이 여기에 해당한다. 둘째로 국가 행위자로서 중앙관료제를 넘어서는 정치적 영향력이나 법적 권한을 지니는 행위자가 관료를 뛰어 넘어서 지방분권 추진을 시도하는 경우 국가주도형 분권이 된다. 영국의 블레어 정권의 분권개혁은 수상자신과 아주 소수의 측근이 협의하여 단기간에 결정하고 그것을 국민투표에 회부했던 것이다.[12] 셋째로 국제환경 변동 등의 영향을 생각하는 경우 중앙관료제가 적극적으로 분권을 추진하는 것이 불가능한 일은 아니다. 이른바

[12] 블레어는 하향식(Top Down)으로 분권을 단행한 지도자의 전형이지만, 그렇다면 분권화한 후에는 집권적인 지도자는 도대체 어떻게 행동하게 될 것인가. 스코틀랜드 및 웨일즈에 있어 지방선거의 후보자 선정 등에서 블레어와 그 측근들(콘토로-프리크라는 별명으로 불리는)은 지방에 있어 후보자 선정에 개입하여 그의 정적인 노동당좌파의 거물을 공천에서 배제하였다. 그런데 배제된 사람은 때때로 독립 후보로서 승리를 거두어, 블레어에게 정치적으로 뼈아픈 패배를 안겨 주었다. 런던 시장선거에 있어서 리빙스톤의 승리도 같은 맥락에서 이해할 수 있다.

니스카넨w. A. Niskanen 모델에 따르면 관료는 예산이나 권한의 최대화를 도모하지만 관청 형성Bureau-shaping 모델에 따르면 관료는 자신들의 기능을 정리하여 재량을 확대하려고 한다는 것이다. 후자의 경우에는 중앙관료제가 오히려 지방분권을 촉진하거나 거기에는 이르지 않더라고 높은 비용을 투입하여 저지하려는 선택은 하지 않을 가능성이 남아 있다.

그러면 지방정부는 분권에 찬성하는 것일까? 아마도 기본적으로는 그러할 것이라고 말할 수 있다. 정치에 참가하는 행위자로서 영향력과 재량 확대는 바람직한 것이며, 그것을 제도적으로 안정시키는 것이라면 추진을 찬성하는 입장을 취하는 것이 보통이다. 하지만 여기에도 유보가 필요하다. 중앙정부가 한 덩어리가 아닌 것과 같이 지방정부도 하나의 덩어리가 아니다. 오히려 조직단위의 수는 지방정부가 더 많다.[13] 지방정부가 분권으로 얻을 수 있는 이익과 관련하여 지방정부 내부는 두 가지 측면에서 분열될 가능성이 높다. 첫째는 제도상 위치다. 일본의 경우 도도부현·정령지정도시·시정촌, 미국에서는 주·시정촌 중에서, 분권개혁의 수익자 내지는 분권의 주요 담당자가 어떤 정부 수준이 될 것인가가 명확해지면, 정부 차원 간에 의견 차이가 발생하며, 단지 지방분권추진으로 정리하는 것이 불가능한 상황이 된다. 둘째는 윤택한 지역과 빈곤한 지역(경우에 따라서는 도시와 농촌)의 사회경제적 격차gap다. 일본의 분권개혁 논의에서도 과세권한 확충을 중심으로 하는 재원 분권에 대해서는 종종 빈곤 지역의 지방정부는 소극적으로 태도를 취하는 경향을 보였다. 재정면에서 분권은 지방세율이나 채권발행 등에 대

---

13 일본에서는 지방정부 단위는 현재 3000정도(기초자치단체인 시정촌은 대규모 합병으로 1999년 3232개에서 2007년 11월 현재 1784개로 대폭 줄어들었다 — 역자주)지만, 미국에는 5만에 달한다.

해 종래의 중앙정부의 인·허가 등에 의한 통제를 철폐하는 것이다. 하지만 동시에 지금까지 중앙정부 보증에 의해 또는 중앙이 관리하는 펀드로부터 유리한 조건으로 돈을 빌리는 것이 가능하였던 것이 분권개혁에 의해 민간의 엄격한 조건, 심사, 등급 평가 등의 대상이 된다는 것을 의미한다. 따라서 재무내용이 좋은 지방정부, 지역 내에 우량 기업이 있어 조세수입이 윤택한 지방정부라면 개혁에 적극 지지를 하겠지만, 중앙이 관리하는 지역 간 격차 보정 계획scheme에 의해 재정을 지탱하고 있던 지방정부는 오히려 반대로 돌아서게 되는 것이다.14

다른 하나는 사회의 중요한 이익인 비즈니스 단체 등의 행위자는 분권에 대하여 어떠한 태도를 가질 것인가? 두 가지의 완전히 다른 방향성이 시사되어 왔다. 하나는 '분할하여 통치하라'는 격언대로 국가권력보다 세분화된 지방정부로 권한을 이전하는 편이 비즈니스로서는 제어하기 쉽다고 생각하여 분권을 추진 내지는 지지할 것이라는 것이다. 다른 하나는 지방분권이 지나치면 경제활동 등의 규제 및 관여가 지리적인 단위에 따라 제각각 이루어지는 것으로 인해 비용이 커지게 됨으로, 특히 전국 규모의 시장에서 활동하는 비즈니스 단체의 경우는 분권에 반대할 것이라는 것이다. 비즈니스 섹터의 정치적 통합정도에도 의거하지만 분권의 득실 계산은 기업이나 업계에 따라 다르며, 통합된 방침을 만들어내지 못할 가능성도 있다.

이와 거의 유사한parallel 상황에 놓여있는 것이 개발도상국에 원조를 실시하는 국제기관이나 선진국 원조기관의 이익이다. 분권화를 촉진하는 편이 바람직하다는 생각이 최근에는 우세한 것 같다. 그 배경에는 분권화가 높은

---

14 이미 일본에 있어서도 지방정부의 재무내용을 분석한 후에 융자조건을 결정하려고 하는 민간금융기관의 등급설정 움직임이 현저해지고 있다.

참여와 응답성 등을 특징으로 하는 '좋은 정부'good governance로 이어진다는 기대와 함께, 지금까지 원조 장애bottle neck가 중앙정부의 관료제나 국가원수급 거물의 부패에 그 원인이 있었기 때문에 오히려 분권화를 통해 원조 프로젝트를 직접 모니터링하는 편이 낫다는 인식이 존재하기 때문이기도 하다. 하지만 한편으로는 지방분권화는 권력의 세분화를 낳고 이에 따라 점검 및 감시 능력이 저하되며, 지방 보스의 할거주의 부패도 심화된다고 하는 정반대의 견해도 있다.[15]

어찌되었든 분권개혁에는 많은 행위자가 관심을 지니고, 각자의 이익에 따라 행동한다. 그것이 다수이며 복잡한 만큼 예측가능성은 아무래도 낮아진다.

(2) 제도

분권개혁이란 제도 변경을 의미한다. 따라서 단순하게 생각하면 제도는 종속변수이고 이익과 이데올로기가 방향을 결정하는 것으로 생각되지만, 사실은 그렇게 단순한 것이 아니다.

제도를 개혁하는 것은 하얀 백지 위에 좋아하는 그림을 마음대로 그리는 것과는 다르다. 분권개혁은 기존의 제도를 전제로 하여 그것을 변경하고, 미세조정하면서 진행하는 것이다. 일본에서 때때로 사용하는 '근본적根本的 개혁'이라는 용어의 인상과는 달리 개혁이란 실제로 위에서 말한 과정인 것이다. 또는 기존 제도를 파괴하는 것이 가능하다거나 그것이 전제조건이 되는 경우도 있지만, 그러한 경우에도 파괴되어야만 하는 구舊제도로부터 개혁 추구자가 완전히 자유롭다고는 말할 수 없다. 미합중국 헌법 제정은

---

15 아사히(朝日) 신문 2000년 7월 8일자 논설.

연합규약이라고 하는 구헌법을 파괴하는 것을 의미하였다. 하지만 헌법제정자는 구헌법의 규정을 상당수 참조하였다. 그리고 구사회주의 국가들의 분권개혁의 급격한 분리지향도 어떤 의미에서 그때까지의 엄격한 제도 구속을 역설적으로 보여주는 것이라고 말할 수 있다.

이것은 역사적 경로의존path dependency의 문제다. '어디로 갈 수 있는가는 어디로부터 왔는가에 의존한다. 현재의 발전은 과거의 발전경로에 의존한다'는 것이다.[16]

제도 중에서도 각 국가의 기본적인 통치 틀을 설정하는 것은 헌법이다. 헌법 개정을 고려하지 않는 분권개혁의 경우 당연히 헌법이 개혁의 범위[射程]를 제한한다. 미일 양국의 헌법을 보면 양자의 차이는 분명하다. 일본의 경우 지방정부를 나타내는 헌법상의 문구는 모두 '지방공공단체'다. 달리 말하면 일본에서는 헌법을 개정하지 않아도, 법률을 개정하거나 신규 입법을 하면 도도부현도, 시정촌도 존재하지 않게 될 가능성이 있다. 하지만 미국 합중국 헌법에서는 그 기본적인 구성 원리로서 주州가 모든 곳에 언급되고 있기 때문에 주를 폐지하는 것 등은 거의 생각할 수 없으며, 또한 법적으로도 불가능하다. 주의 폐지가 실현된다면 그것은 아마도 헌법의 개정이 아니라 헌법이 전면적으로 바뀌는 혁명을 의미할 것이다. 또한 실체로서의 주州경계선을 당사자 주州의 동의 없이 연방이 변경하는 것도 금지되어 있다. 가장 중요한 것은 헌법에 정해져 있는 수정 절차가 주州를 단위로 한 비준을 요구하고 있다는 것이다. 주를 폐지하려는 헌법 수정이 있을 수 없는 것은 주州가 그러한 헌법 수정을 받아들인다는 것은 자신의 존재를 부정하는 셈이 되고 말 것이기 때문이다.

16 역사적 경로의존성에 대해서는 靑木·奧野편 1996을 참조.

그런데 실제로 일본 전후의 지방제도개혁 시도는 제도로서의 지방정부를 개편하려는 경향이 강했다. 즉 개혁을 통해 행위자의 종류, 수, 명칭 등을 크게 바꾸는 것을 지향하였던 것이다. 여기에서 분권이란 현재는 '존재하지 않는 누군가'에 의해 담당되어지는 것이다. 소멸되는 지방정부(차원)가 있다면 그 대상이 되는 지방정부는 필사적으로 방해하려고 할 것이다.[17] 일본에서는 부현府縣을 대상target으로 하는 제도 개편이 몇 번이고 제언되면서도, 어느 것도 실패로 끝났다. 그 결과 이른바 '고도의 고정성hyper-immobilism'이라고 할 만한 제도의 안정성을 낳게 되었다(伊藤 1996, pp.115~116). 이번 분권개혁[18]은 처음부터 기존의 도도부현·정령지정도시·시정촌의 제도 배치를 전제로 하여 그 운용을 개혁하는 방향성이 제출되었다. 즉 분권의 담당자는 '존재하지 않는 누군가'가 아니라, '이미 존재하는 누군가'였던 것이다(大森 1998, pp.19~20).

(3) 이데올로기

이미 서술하였듯이 분권개혁은 다수의 이익이 교차하는 제도개혁이다. 관련되는 행위자가 한 가지 한 가지 이해타산으로 찬성과 반대를 반복한다면, 이른바 '총론 찬성, 각론 반대'의 상태에 빠진다. 경우에 따라서는 이익을 규합하거나, 득실계산을 완화시킬 수 있는 상징symbol을 동원하는 것도 필요하다.

분권개혁의 경우 이데올로기에 대해 고찰할 때 한 가지 의문에 부딪힌다.

---

17 또한 프랑스나 이탈리아 등에서의 지방제도개혁과 같이 정부의 층을 늘리는 것은 그것에 비하면 용이하지만, 그렇다고 하여도 정부간의 관계에 관련되는 기존의 당사자는 제도개혁의 영향을 주의 깊게 지켜보지 않을 수 없다.
18 제1차 분권개혁 — 역자주.

레이건 개혁과 같이 (성공 여부는 일단 제쳐놓고) 분권·분리형의 개혁을 추구하는 신조라고 하는 것은 명백히 알아차릴 수 있다. 분권을 지향하는 강고한 이데올로기는 3장에서 검토하였던 것과 같이 잡다한 바람[願望]의 집합체일 가능성은 있지만, 그래도 늘 존재하는 것이다. 한편 분권에 반대하는 집권의 이데올로기도 있다. 국가의 정체성identity이 소멸하지 않는 한, 집권을 지향하는 국가주의nationalism는 늘 잠재되어 있다. 분리도 또한 그것을 추구하는 이데올로기로서 책임의 명확화, 조직의 자율 등을 생각할 수 있다. 레이건 개혁은 적어도 그 당초 의도는 각각의 기능과 권한이 어떤 정부수준에 존재하는가를 단순명쾌하게 구별하려고 하는 것이었다. 그런데 과연 융합을 지향하는 이데올로기라고 하는 것은 존재하는 것일까? '모두 사이좋게'라는 것인가? 현재 나는 융합을 강고하게 지향하는 이데올로기를 발견하지 못했다. 그럼에도 불구하고 일본이나 미국의 사례를 보고 있으면 융합화가 진행되고 있으며, 적어도 분리화의 진행은 어렵다고 생각한다. 또한 분리·분권을 지향한 동유럽 국가들의 개혁도 혼란을 거쳐 융합화 내지는 정부차원의 조정·협동을 지향하고 있다고 할 것이다.

그렇다고 하면 이데올로기의 상태를 넘어서 융합이라고 하는 것은 일종의 '숙명'과도 같은 것이라는 생각이 든다. 과연 융합은 제도설계 담당자들의 이데올로기와 상관없이 피하기 어려운 것일까?

5. 융합의 배경

융합화 진행의 배경으로는, 처음부터 분리 달리 말하면 정부 차원 별로 기능이나 권한을 명확하게 분담하는 것이 어쩌면 어렵다는 것을 들 수 있을 것이다. 두 가지 정도 예를 들어보자. 첫째는 (픽션이어서 그렇기는 하지만 인상적이었기에 예로서 들고자 하는데), 영화『양들의 침묵』의 한 장면이다. 엽기적인 연쇄살인범을 쫓는 FBI(연방수사국) 실습생인 여성은 상사들과 함께 한 사체가 떠 오른 마을로 달려간다. 보고받은 사체의 상태에서 연속 살인범의 소행일 가능성이 높다고 판단하였던 것이다. 사체를 발견하고 인양한 것은 지역 보안관과 그 조수들이었다. 아마도 거의 발생하지 않는 살인 사건이고 그들은 긴장하고 있다. 사체가 보관된 방도 어수선하다. 그런데 실습생이 돌연 이렇게 얘기한다. '여러분, 이제 돌아가 주세요. 이제부터는 저희들이 담당하겠습니다. 무거운 사체를 여기까지 운반해 주어서 고맙습니다.' 상사인 FBI 수사관이 아니라 실습생이 말하는 것도 특색이 있다. 어이 없어 하는 지역 보안관과 조수들. 상사는 이러한 상황을 정리하는 훈련의 의미에서도 그녀에게 그렇게 말하도록 하게 하였을 것이다.

하지만 생각해 보면 이상한 이야기이기도 하다. 범죄수사 관할권은 기본적으로 주州에 있으며(공중의 위생·안전 질서의 유지), 주 경계선을 넘어서는 것이나 공민권침해, 유괴 등의 특정 범죄에 한하여 연방의 관할이 된다. 이는 관할을 분담하는 하나의 정리 방식이다. 유괴 후 살해하는 연쇄범일 가능성이 크다는 것을 근거로 FBI가 마을에 투입되었다. 하지만 사체가 발견되었던 시점에서는 그들이 쫓고 있는 연쇄범의 범행이라는 것은 전혀 알려져 있지 않은 것이다. 마을의 치안을 어지럽히고, 마을의 일원이 살해되었다고 한다면, 마을의 경찰이 움직이는 것이 당연하며, 영화 안에서도 마을 사람들의 불만은 묘사되고 있다. 이 문제는 그 대상이 사회에서 정체를 알 수 없는 막연한 실체인 경우, 과연 어느 정부 차원이 어떠한 역할을 담당해야만 하는지가 불명확하게 되어 버린다는 점을 보여준다. 이는 범죄에만 해당되는 이야기는 아니다. 경제동향을 필두로 다양한 사회적 요인factor은 때때로 유사한 양상을 보인다.

다른 하나는 오키나와에서 미군 기지를 둘러싼 정치(정책)과정이다. 이것은 하나의 실체(미군기지)에 실제로 복합적인 정책적 함의가 있는 좋은 예다. 일본의 중앙 정부에게 미군 기지는 국가안전보장에서 핵심을 점하는 시설이다. 군사적 측면을 중시하는 방위청과 미일관계 등 외교적 측면을 중시하는 외무성 등의 사이에도 미묘한 차이가 있지만, 어찌되었든 중앙정부에게는 국제적인 관점을 포함한 상위 정치high politics의 영역이다. 현縣에게 기지는 평화라는 상징symbol과 대척점對極에 있는 불유쾌한 존재일 뿐만 아니라 현 지역 전체 발전에서 저해 요소로 간주된다. 기초자치단체[市町村] 특히 기지를 직접 포함하고 있는 곳에서는 개발적인 측면도 있을 것이지만, 더 절박하게 다가오는 치안(기지 병사의 민간인 폭행 사건) 및 고용(기지 직원으로서의) 등의 문제가 중요하다. 이와 같이 각각의 정부 차원에서 완전히 다른 관심이 기지라고 하는 동일 시설로부터 생겨나는 것이다. 이러한 상황에서는 결국 서로 다른 정부 차원의 참가, 협력, 교섭, 타협이라고 하는 과정이 필연적으로 발생하지 않을 수 없다.

또한 미군 기지의 사례는 분권개혁에 관하여 최근 자주 일컬어지는 비유 즉, '국가는 안정보장이나 사법 등 최소한도의 것에 전념하고, 남은 것은 모두 지방이 하는 것이 바람직하다'는 주장이 반드시 현실적인 것은 아니라는 것을 시사한다. 안전보장은 가장 강력한 분권지향 논자인 경우에도 국가의 전권사항으로 간주하지만, 그럼에도 지방정부와 관심은 겹친다. 현실의 정치(정책)과정을 보아도, 중앙정부는 오키나와현이나 시정촌의 협력 없이는 기지 문제에 대처할 수 없다는 것은 의심할 여지가 없다.

융합이 숙명인가? 융합의 정도는 앞으로도 한층 강화될 것인가? 라는 문제는 현 시점에서 확실할 수 없다. 다만 다음과 같은 것은 말할 수 있을 것이다. 융합현상이 지속된다고 할지라도, 여전히 분권을 추진하는 것은 가능하다는 것이다(中邨 편, 2000. p.11). 하나는 융합을 분리체제로 지향해 가는 것이 아니라 협동을 전제로 하면서 최종적으로 책임을 명확하게 하는 것은(지금까지 일본을 포함하여 많은 국가에서 성공하여 왔다고는 말할 수 없지만) 불가능한 것이 아니다. 분권화의 하나의 방향은 책임 분담을 가능한 범위에서 지방정부로 그 중점을 옮기는 것에 있다.

다른 하나는 융합을 실마리로 하면서 지방정부가 관여하지 못했던 영역에도 관심의 중복을 상호 인정하고, 지방정부도 적극적으로 영향력을 행사하는 것이다.[19]

분권화는 정부간 기능이나 권한 배분의 재조정에 그치는 것이 아니다. 주민의 의사를 어떻게 반영하여 그 이익을 증진시킬 수 있는가라고 하는 지방정부의 능력과 전략의 문제이며, 정부 차원에서 협력을 어떻게 확보할 것인가라는 커뮤니케이션의 문제이기도 하다. 지방정부가 현대 통치구조에서 중요한 역할을 담당하는 이상 그와 같은 제 문제를 규정하는 제도개혁이 사람들의 많은 관심을 불러일으키는 것은 당연한 것이라고 말할 수 있을 것이다.

---

19 曾我謙悟의 표현을 빌리면 '공세'의 분권이라고 하는 것이다
(曾我 1998(三), p.107).

일본의 지방분권 동향

1990년대 이후 일본의 지방분권개혁은 제1차 분권개혁과 제2차 분권개혁으로 나눌 수 있다. 제1차 분권개혁은 1993년 6월 국회에서 '지방분권의 추진에 관한 결의'가 가결되면서 시작되었으며, 1999년 7월 '지방분권일괄법'의 성립으로 종결되었다. 제2차 분권개혁은 2001년 7월 '지방분권개혁추진위원회'가 발족되면서 시작되어 2006년 12월 '지방분권개혁추진법'의 성립으로 법제화가 이루어지면서 일단락되었다. 두 차례에 걸친 지방분권의 개혁은 기본적으로 중앙정부로터 지방자치단체로 권한을 이양하고, 수직적 관계에서 수평적 관계로의 전환을 지향하는 것이라고 할 수 있다.

우선 1차 분권개혁은 기관위임사무의 전면 폐지를 핵심으로 하는 행정면에서의 개혁이었다. 제1차 분권개혁의 주요 내용은 첫째, 중앙정부가 지방정부 업무에 관여할 경우에는 법정주의의 원칙, 일반법주의의 원칙, 공정·투명의 원칙을 준수토록 의무화하였다. 둘째, 기관위임사무를 폐지하고, 이를 '자치사무'와 '법정수탁사무'로 분류하였다. 종래에 기관위임사무 중에서 55%가 자치사무로 재분류되었다. 셋째, 중앙정부의 관여와 관련하여 중앙정부와 지방정부간의 분쟁이 발생될 경우에는 계쟁(係爭)처리위원회에 소(訴)를 제기할 수 있도록 하였고 지방정부의 조직 및 인사를 제약하고 있었던 필치(必置)규제 및 지방사무관제도도 폐지되었다.

제2차 분권개혁은 '삼위일체개혁'(국고보조부담금, 지방교부세, 세원이양을 포함하는 세원배분의 방식)에 초점을 둔 재정적 측면에서의 개혁이었다. 2001년 등장한 고이즈미 정권은 당시 국가채무잔액이 약 673조(엔)(이 가운데 지방채무가 약 188조(엔))에 달하는 위기상황을 타개하는 방안으로서 '구조개혁'을 추진하였으며 특히 재정재건을 핵심과제로 제시하였다. 이는 제1차 분권개혁에서 다루어지지 못하였던 개별 세목의 지방이양(세원이양)을 추진하는 동시에 국고보조부담금의 축소·폐지, 지방교부세 제도의 총액 삭감 및 산정 방식의 간소화를 동시에 추구하는 내용이었다. 2차 분권개혁의 결과 중앙정부로부터 지방자치단체로
약 3조(엔)의 세원이양이 이루어졌으나, 약 5조 1천억(엔)의 지방교부세 삭감과 약 4조 7천억(엔)의 국고보조부담금이 폐지되었다. 지방자치단체의 입장에서는 약 7조(엔)의 수입이 감소하게 되었다

그리고 2007년 이후 일본에서는 제3차 분권개혁에 대한 논의가 진행되고 있는데, 그 핵심은 초광역자치단체(도주제)의 도입에 관한 것이다. 이는 47개 도도부현을 6~12개의 도주(道州)로 개편한 다음 중앙정부의 권한과 개정을 도주정부로 대폭 이양하는 것이다.

저자 후기

공공선선택론, 합리적 선택론과 같은 정밀한 이론모델에 정통한 연구자가 아닌 저자가 '사회과학의 이론과 모델'시리즈의『행정과 지방자치』라는 매우 광범위한 대상을 담당하였다. 이 책의 집필을 마친 지금 다시 생각해봐도 식은땀이 흐를 지경이다. 따라서 일반적인 저자 후기 형식을 따르기 보다는 몇 가지 변명 비슷한 것을 여기서 말하고자 한다. 이점 양해를 바란다.

인간의 합리성이 어느 정도까지 정치적 현상을 설명할 수 있을 것인가. 이 문제는 대단히 중요한 주제. 중앙·지방을 망라한 관료제를 대상으로 한 이러한 물음에 대해 다양한 답들이 제시되고 있다. 즉 행정관료제를 전문적인 지식과 법적인 정통성을 갖춘 일종의 합리성의 체계로서 파악하는 경우도 있고 허버트 사이먼H. A. Simon과 같이 조직분석론적 접근을 통해 제한 합리성의 측면에 주목한 견해도 있으며 현대사회의 관료 두드리기bashing 풍조에서 보듯이 '비합리적인 체계'라는 비난도 최근 심심치 않게 들린다.

이 책이 이 문제에 적절한 답을 제공하고 있는가에 대해서는 자신 있게 말하기 어렵지만 적어도 다음과 같이 이야기 할 수 있다. 행정·지방자치라는 대상을 이 책에서는 국가와 사회라는 고전적인 구조 속에서 파악하였다.

이러한 분석틀에서 보면 '지역사회', '도쿄도청', '히로시마시의회', '자유민주당', '대장성(재무성)', '수상관저', '일본국 정부'와 같이 정치적 사건의 서술에 등장하는 용어는 정도차이는 있을지라도 '場arena'으로서의 측면과 '행위자actor'로서의 측면을 가지고 있다. 합리성이 단순히 개인차원에 머무르는 것이 아니라 '場arena'으로서 기능하는 경우 합리성은 제약될 수밖에 없다. 예를 들어 신문은 사장과 편집책임자의 지휘 하에 하나의 행위자로서 행동하는 경우도 있지만 실제 지면을 살펴보면 알 수 있듯이 복수의 기자, 편집자, 투고 · 기고자, 광고주 등에 의해 구성되는 서로 다른 사상과 의견이 공존하는 일종의 광장이기도 하다. 후자의 시점에서는 우리가 일반적으로 개인차원에서 기대하는 것과 같은 합리성이란 존재하지 않는다. 헐버스텀David Halberstam은 그의 저서 *Best and the brightest*에서 1960년대 후반 뉴욕타임즈 등이 "문화보도란이 공격하고 있는 대상을 정치보도란에서 칭찬하고 있다는 점에서 정신분열증적인 증상을 나타내고 있다"고 비판하였다. 헐버스텀은 명확히 전자의 입장(단일 행위자의 입장)에서 신문을 바라보고 있는데 이는 너무 단순한 견해라고 할 수 있다. 이 책의 대상인 행정과 지방자치는 조직원리에 기초하여 질서정연하게 행동하는 면과 다종다양한 인간과 집단이 교차하는 면이라는 양면성을 가지고 있다. 이 책을 통독함으로서 합리성의 적용가능성은 이 두 가지 성격의 균형이 어떻게 이루어지는 가에 따라 크게 좌우된다는 것을 초심자들도 쉽게 이해할 수 있으리라 기대한다.

다음으로 서술의 중점을 행정보다는 지방자치에 두었다. 참고문헌 리스트를 포함하여 행정전체를 균형 있게 다루지 못하고 있는 점은 양해를 구한다. 행정은 그 범위가 대단히 넓어 이 시리즈의 거의 모든 책과 관련성을 가지고 있다. 특히 '권력', '결정', '집단·조직', '관료' 등의 각권을 통해 행정을 분석하는 유용한 지식을 얻을 수 있을 것이다.

교과서라는 본서의 성격상 이제까지 신세를 진 많은 선배와 동료 여러분들에 대한 감사의 말은 최소한으로 줄이고자 한다. 무엇보다 천학비재淺學非才인 나를 오늘날까지 지도하여 주신 무라마쓰 미치오村松岐夫 선생님의 은혜는 평생에 걸쳐 갚는다 하더라도 부족함이 있을 것이다. 무라마쓰 선생님은 바쁘신 와중에도 초고를 검토하여 주셨다. 무라마쓰 선생님은 항상 '행정이란 무엇인가'에 대해 모색을 해 오셨고 작년에 그 결실의 하나로서 '행정학 교과서'를 선생님의 은사이신 고故 나가하마 마사토시長濱政壽 선생님에게 바치셨다. 저자가 그와 같은 일을 할 수 있을지는 자신이 없지만 이 책은 저자에게 있어서 행정연구의 첫 걸음으로 앞으로 더욱 노력하는 연구자가 되고자 한다.

초고 단계에서부터 상세한 조언을 준 것은 기타무라 와타루北村亘 씨(코난대학), 나카이 아유무中井歩 씨(쇼인여자대학)다. 소가 겐고曾我謙悟 씨(오사카대학)는 해외 연구년 중임에도 불구하고 교정본을 일부 검토하여 주었다. 모두 진심으로 감사드린다. 모리와키 쥰야森脇俊雅 선생님은 선생의 '집단·조직'교정본을 미리 볼 수 있도록 하는 파격적인 배려를 해 주었다. 집필의 기회를 주신 고바야시 요시아키小林良彰 선생님에게도 깊은 감사를 드린다. 또한 출판과정에서 너무나도 신세를 많이 진 도쿄대학출판회 편집부 竹中英俊·奧田修一 두 분께도 머리 숙여 감사드린다.

그리고 항상 밝은 웃음으로 대해주는 아내 유키有紀에게도 고맙다는 말을 전하고 싶다.

마지막으로 자유로운 환경 속에서 길러주신 부모님(故 秋月利英, 어머니 秋月季子)에게 이 책을 바친다. 집필의뢰를 받을 무렵 이미 병상에 있었던 부친은 집필 작업을 독려해주셨다. 부친은 기업의 인사, 교육, 연수에 오랫동안 종사하였는데 본서에서 저자가 조금이라도 '교육자'로서의 능력을 보였다면 이는 부친의 덕분이다.

2001년 3월 16일

아키즈키 겐고秋月謙吾

참고문헌

1. 일본어 참고문헌

青木昌彦・奥野正寛編『経済システムの比較制度分析』(東京大学出版会, 1996年).

縣公一郎, '行政学の現状と課題', 日本行政学科編, 『年報行政研究』, 第36号, (2001).

秋月謙吾 '非ルーティン型政策と政府間関係---関西国際空港計画をめぐる政治と行政---(1)-(5・完)'『法学論叢』123巻3, 4, 5, 6号, 124巻2号(1988年).

秋月謙吾 '地方制度改革分析に向けての一序説---アメリカ連邦制を題材として---'『法学論叢』140巻1・2号 (1996年11月).

阿部斉 'アメリカ大統領選挙について'『法学セミナー』増刊号 (1983年).

天川晃 '変革の構想---道州制論の文脈' 大森弥・佐藤誠三郎編『日本の地方政府』(東京大学出版会, 1986年).

天川晃 '地方自治制度' 西尾勝・村松岐夫編『講座行政学 第2巻 制度と構造』(有斐閣, 1994年).

天川晃 '『地方分権』の時代---戦後の制度改革の残したもの'中村政則編 『戦後日本・占領と戦後改革 第4巻 戦後民主主義』(岩波書店, 1960年).

阿利莫二 '地方六団体---地方自治をめぐる全国組織'日本政治学会編『年報政治学 日本の圧力団体』(岩波書店, 1960年).

伊藤大一 'テクノクラシー理論と中央・地方関係'『レヴァイアサン』4号 (1997年).

伊藤政次『中央周辺関係の比較政治学--- S. タローの仏伊比較分析からの接近---』(東京大学都市行政研究会, 1996年).

伊藤光利・田中愛治・真渕勝『政治過程論』(有斐閣アルマ, 2000年).

稲継裕昭『日本の官僚人事システム』(東洋経済新報社, 1996年).

稲継裕昭『人事・給与と地方自治』(東洋経済新報社, 2000年).

今村都南雄'日本における政府間関係論の形成'『法学新報』第96巻11・12号(1990年).

岩崎美紀子『分権と連邦制』(ぎょうせい, 1998年).

遠藤輝明編『地域と国家---フランス・レジョナリスムの研究』(日本経済新聞社, 1992年).

大嶽秀夫『政策過程』(東京大学出版会, 1990年).

大森弥'比較視座における『地方政府』の研究'大森・佐藤誠三郎編『日本の地方政府』(東京大学出版会, 1986年).

大森弥『分権改革と地方議会』(ぎょうせい, 1998年).

大森弥・佐藤誠三郎編『日本の地方政府』(東京大学出版会, 1986年).

加藤一明『日本の行財政構造』(東京大学出版会, 1980年).

今井利之『福祉国家の中央地方関係---シュフォードの英仏比較を軸として---』(東京大学都市行政研究会, 1991年).

浦島郁夫『政治参加』(東京大学出版会, 1988年).

木内信蔵『地域概論』(東京大学出版会, 1968年).

木村亘'財政危機の中の地方財政対策1975~1984年'水口憲人・北原鉄也・秋月謙吾編『変化をどう説明するか---地方自治編』(木鐸社, 2000年).

北山俊哉'中央地方関係と公共政策---新しい制度論的アプローチ---(1)(2完)'『法学論叢』第124巻2号(1988年), 第125巻4号, (1989年).

北山俊哉'国家のビジネス, 地方のビジネス'『法と政治』44-1号(1993年).

高崎正堯『国際政治』(中公新書, 1966年).

小滝敏之『政府間関係論』(第一法規出版, 1983年).

小林良彰『選挙・投票行動』(東京大学出版会, 2000年).

小林良彰編『地方自治の実証分析---日米韓3ヵ国の比較研究』(慶應大学出版会, 1998年).

櫻井公人・小野塚佳光編『グローバル化の政治経済学』(晃洋書房, 1998年).

佐藤竺『日本の地域開発』(未来社, 1967年).

佐藤満'地方分権と福祉政策---『融合型』中央地方関係の意義'水口憲人・北原鉄也・秋月謙吾編『変化をどう説明するか---地方自治編』(木鐸社, 2000年).

島袋純『リージョナリズムの国際比較---西欧と日本の事例研究』(敬文堂, 1999年).

新川敏光'政策ネットワーク論の射程'『季刊行政管理研究』59号(1992年).

新藤宗幸『アメリカ財政のパラダイム・政府間関係』(新曜社, 1986年).

宗前清貞 ‘地方政治における構造的制約の検討---ピーターソンモデルへの旅と離脱---’『東北法学』12号(1994年3月).

曽我謙悟『アメリカの都市政治・政府間関係---P.E.ピーターシンの所論を中心に---』(東京大学都市行政研究会, 1994年).

曽我謙悟 ‘地方政府の政治学・行政学’『自治研究』74巻6-12号(1998年).

曽我謙悟 ‘アーバン・ガバナンスの比較分析(一)---英・仏・日の都市空間管理を中心に---’『国家学雑誌』111巻7・8号(1999年).

田尾雅夫『ボランタリー組織の経営管理』(有斐閣, 1999年).

武智秀之『行政管理の制度分析』(中央大学出版部, 1996年).

田邊国昭 ‘地方分権と再分配政策のダイナミックス’日本行政学会編 『分権改革 その特質と課題』(ぎょうせい, 1996年).

千葉真『デモクラシー』(岩波書店, 2000年).

辻清明『新版 日本官僚制の研究』(東京大学出版会, 1969年).

辻清明『日本の地方自治』(岩波書店, 1976年).

辻清明・吉富重夫・足立忠夫・阿利莫二・加藤一明・西尾勝編『行政学講座』(1)-(5) (東京大学出版会, 1975~1976年).

辻山幸宣『地方分権と自治体運営』(敬文堂, 1994年).

中野実『現代日本の政策過程』(東京大学出版会, 1992年).

長瀬政寿『地方自治』(岩波書店, 1951年).

中邨章『アメリカの地方自治』(学陽書房, 1991年).

中邨章編『自治責任と地方行政改革』(敬文堂, 2000年).

新川達郎 ‘地方自治における３つの自由化---地方政府像の変貌---’『レヴァイアサン』12号 (1993年).

西尾勝 ‘過疎と過密の政治行政’日本政治学会編『年報政治学 五五年体制の成熟と崩壊』(岩波書店, 1977年).

西尾勝『行政学の基礎概念』(東京大学出版会, 1990年).

西尾勝『行政学』(有斐閣, 1993年).

西尾勝 ‘地方分権の推進’日本行政学会編『分権改革---その特質と課題』(ぎょうせい, 1996年).

西尾勝・村松岐夫編『講座行政学』(1)-(6) (有斐閣, 1994~1995年).

日本行政学会編『出先機関の実態と課題』(ぎょうせい, 1973年).

平野孝『内務省解体史論』(法律文化社, 1990年).

牧原出『政治・ネットワーク・管理---R.A.W.ローズの政府間関係論と80年代イギリス行政学---』(東京大学都市行政研究会, 1991年).

松下圭一『市民自治の憲法理論』(岩波新書, 1975年).

真渕勝 'アメリカ政治学における制度論の復活'『思想』(岩波書店, 1987年10月).

真渕勝 'カッツェンシュタインの行政理論---行政研究の外延'『阪大法学』41巻2・3号(1991年).

真渕勝『大蔵省統制の政治経済学』(中央公論社, 1994年).

水口憲人『現代都市の行政と政治』(法律文化社, 1985年).

水口憲人編『今なぜ都市か』(敬文堂, 1997年).

宮島喬・梶田孝道 '地域問題の展開と国民国家'宮島・梶田編『現代ヨーロッパの地域と国家』(有信堂高文社, 1988年).

村上弘 '西ドイツにおける中央地方関係の一断面'『自治研究』59巻1-8号 (1983年).

村松岐夫『戦後日本の官僚制』(東洋経済新報社, 1981年).

村松岐夫 '中央地方関係に関する新理論の模索---水平的競争モデルについて'『自治研究』60巻1,2号 (1984年).

村松岐夫『地方自治』(東京大学出版会, 1988年).

村松岐夫『日本の行政』(中公新書, 1994年).

村松岐夫 '日本における地方分権の特質'日本行政学会編『分権改革---その特質と課題』(ぎょうせい, 1996年).

村松岐夫『行政学教科書---現代行政の政治分析---』(有斐閣, 1999年).

村松岐夫・伊藤光利『地方議員の研究』(日本経済新聞社, 1986年).

森田朗編『行政学の基礎』(岩波書店, 1998年).

森脇俊雄『集団・組織』(東京大学出版会, 2000年).

山川雄巳『数理と政治』(新評論, 1998年).

米原淳七郎『地方財政学』(有斐閣双書, 1977年).

寄本勝美『自治の形成と市民』(東京大学出版会, 1993年)

リード, スティーヴン・R『日本の政府間関係---都道府県の政策決定---』(森田他訳, 木鐸社, 1990年).

2. 영문 참고문헌

Akizuki, Kengo, "Controlled Decentralization and Personnel Networking." in World Bank, ed., *Economic Development and Local Governance in Postwar Japan* (Oxford University Press, forthcoming).

Allison, Graham T., *Essence of Decision : Explaining the Cuban Missile Crisis* (Little, Brown, 1971).

Anma, Erik, and Stig Montin, eds., *Towards a New Concept of Local Self- Government?* (Fagbokforlaget, 2000).

Ashford, Douglas E., *British Dogmatism and French Pragmatism* (Allen & Unwin, 1982).

Ashford, Douglas E., *The Emergence of Welfare State* (Basil Blackwell, 1986).

Ashford, Douglas E., "British Dogmatism and French Pragmatism Revisited", in Coril Crouch and David Marquand, eds., *The New Centralism : Britain out of Step in Europe?* (Basil Blackwell 1989).

Banfield, Edward C., "Welfare : A Crisis without solution," *The Public Interest* (summer 1969).

Beer, samuel, "The Modernization of American Federalism," *PUBLIUS*, Vol.3 (1973).

Beer, samuel, "Federalism Nationalism, and Democracy in America," *American Political Science Review*, Vol. 72 (1978).

Benton, J. Edwin, and David R. Morgan, eds., *Intergovernmental Relations and Public Policy* (Greenwood, 1986).

Castell, M., *The Urban Question* (Edward Arnold, 1977).

Chubb, John E., "The Political Economy of Federalism," *American Political Science Review*, Vol 79, No. 4 (December 1985).

Cloward, Richard, and Frances Piven, "A Strategy to End Poverty," *The Nation* (May 1966).

Coleman, William D., and Henry J. Jacek, eds., *Regionalism, Business Interests and Public Policy* (Sage, 1989).

Conlan, Timothy, "Ambivalent Federalism," in Lewis Bender, ed., *Administering the New Federalism* (Westview, 1986).

Crouch Colin, and David Marquand, eds., *The New Centralism : Britain Out of Step in Europe?* (Basil Blackwell 1989).

Dahl, Robert A., *Who Governs?* (Yale University Press, 1961).

Dente, B., "Center Local Relations in Italy : The Impact of The Local and Political Structures," in Yves Meny and Vincent Wright, eds., *Center Periphery Relations in Western Europe* (George Allen & Unwin, 1985).

Dente, B., and F. Kjellberg, eds., *The Dynamics of Institutional Change: Local Government Relation in Western Democracies* (Sage, 1988).

Derthick, Martha, *Between State and Nation : Regional Organizations of the United States* (Brookings Insitution, 1974).

Duncan, Simon, and Mark Goodwin, The Local State and Uneven Development (Polity Press, 1988).

Dunleavy, Patrick, "The Limits to Local Government," in M. Boddy and C. Fudge, eds., *Local Socialism ?* (Macmillan 1984).

Dunleavy, Patrick, *Democracy, Bureaucracy, and Public Choice* (Harvester Wheatsheaf, 1991).

Dunleavy, Patrick, and B. O' Leary, *Theories of the Stare* (Macmillan, 1987).

Easton, David, *A Framework for Political Analysis* (Prentice - Hall, 1965).

Elazar, D. J., *American Federalism : A View from the State*, 2nd edition (Praeger, 1976).

Esping - Andersen, Gøsta, *The Three World of Welfare Capitalism* (Polity Press, 1990).

Friedman, David, *Misunderstood Miracle* (Cornell University Press, 1991).

Goldsmith, Michael, ed., *New Research in Central - Local Relations* (Gower, 1986).

Grodzins, Morton, *The American System* (Rand McNally, 1966).

Hall, Peter, *Governing The Economy : The Politics of State Intervention in Britain and France* (Oxford University Press, 1986).

Hanf, Kenneth, "Introduction," in Fritz W. Scharpf and Hanf, eds., *Inter - organizational Policy Making : Limits to Coordination and Central Control* (Sage, 1978).

Hawley, Willis D., and Michael Lipsky, eds., *Theoretical Perspectives on Urban Politics* (Prentice - Hall, 1976).

Heclo, Hugh, "Issue Networks and the Executive Establishment," in Anthony King, ed., *The New American Political System* (American Enterprise Institute, 1979).

Henig, Jeffrey R. *Public Policy and Federalism : Issues in State and Local Politics* (St. Martin's, 1985).

Hirschman, Albert O., *Exit, Voice and Loyalty : Response to Decline in Firms, Organizations and State* (Harvard University Press, 1970).

Horvath, Tamas M., "Municipal Autonomy and Intergovernmental Relations : The Hungarian Cage," in Erik Amna and Stig Montin, eds., *Towards a New Concept of Local Seif - Government ?* (Fagbokforlaget, 2000).

Huntington, Samuel, "The Founding Fathers and the Division of Powers." in Arthur Maas, ed., *Area and power* (Free Press, 1959).

Johnson, Chalmers, *MITI and the Japanese Miracle : The Growth of Industrial Policy, 1925-1975* (Stanford University Press, 1982).

Johnson, Paul E., John H Aldrich, Gary J. Miller, Charles W Ostrom, Jr., and David W. Rohde, *American Government : People, Institutions, and Policies,* Second Edition (Houghton Mifflin, 1990).

Jones, Grorge, and John Stewart, *The Case for Local Government,* Second Edition (Grogre Allen & Unwin, 1985).

Katzensteim, Peter J., "Center - Periphery Relations in Consociational Democracy : Austria and Kleinwalsertal," in Sidney Tarrow, Peter Katzenstein and Luigi Graziano, eds., *Territorial Politics in Industrial Nations* (Praeger, 1978a).

Katzensteim, Peter J., "Conclusion : Domestic Structures and Strategies of Foreign Economic Policy," in Katzenstein, ed., *Between Power and Plenty* (University of Wisconsin Press, 1978b).

Ken, Young, "Introduction : Beyond Centralism." in Young, ed., *National Interests and Local Government* (Heinemann, 1983).

King, Desmond, and Gerry Stoker, *Rethinking Local Democracy* (Macmillan, 1996).

Kingdon, J. W., *Agendas, Alternatives, and Public Policies* (Little, Brown, 1984).

Krasner, Stephen D., *Defending the National Interest* (Princeton University Press, 1978).

Krefetz, Sharon Perlman, *Welfare Policy Making and City Politics* (Praeger, 1976).

Laffin, Martin, *Professionalization and Policy : The Role of the Professions in the Central-Local Government Relationship* (Gower, 1986).

Leach, Steve, and Howard Davis, *Enabling or Disabling Local Government* (Open University Press, 1996).

Lineberry, Robert L., and Ira Sharkansky, *Urban Politics and Public Policy* (Harper & Row, 1971).

Loughlin, Martin, *Local Government in The Modern State* (Sweet & Maxwell, 1986).

Lowi, Theodore J., *The End of Liberalism : The Second Republic of the United States* (W.

W. Norton 1969/1979).

March, James G. , and Johan P. Olsen, *Rediscovering Institutions : The Organizational Basis of Politics* (The Free Press, 1989).

Newton, Ken, and Terence J. Karran, *The Politics of Local Expenditure* (Macmillian, 1985).

Oakley, Ann, and Susan A. Williams, eds. , *The Politics of the Welfare State* (UCL Press, 1994).

O'Conner, James, *The Fiscal Crisis of the State* (St. Martins Press, 1981).

Painter, Joe, *Politics, Geography and 'Political Geography': A Critical Perspective* (Arnold, 1995).

Peterson, Paul E. , *City Limits* (University of Chicago Press, 1981).

Peterson, Paul E. , Barry G. Rabe and Kenneth K. Wong, *When Federalism Works* (Brookings Institution, 1986).

Peterson, Paul E. , and M. Rom, *Welfare Magnet : A New Case for a National Standard* (Brookings Institution, 1990).

Picard, Louis A. , and Raphael Zariski, eds. , *Subnational Politics in the 1980s : Organization, Reorganization and Economic Development* (Praeger, 1987).

Polsby, Nelson W. , and Aron B. Wildavsky, *Presidential Elections : Strategies of American Electoral Politics, Second Edition* (Charles Scribner's Sons, 1968).

Pressman, J. L. , and Aaron Wildavsky, *Implementation* (University of California Press, 1973).

Putnam, Robert, *Making Democracy Work* (Yale University Press, 1993).

Ranson, Stewart, George Jones and Kieron Walsh, eds. , *Between Centre and Locality* (Allen & Unwin, 1985).

Reagan, Michael D. , *The New Federalism* (Oxford University Press, 1972).

Reed, Steven R. , *Japanese Prefectures and Policymaking* (University of Pittsburgh Press, 1986).

Rhodes, R. A. W. , *Control and Power in Central-Local Government Relations* (Sage, 1981).

Rhodes, R. A. W. , "Continuity and Change in *British Central-Local Relation : The Conservative Threat, 1979-83,*" *British Journal of Political Science,* Vol. 14 (1984).

Rhodes, R. A. W. , "Intergovernmental Relations in the United Kingdom," in Yves Meny and Vincent Wright, eds. , *Center-Periphery Relations in Western Europe* (Geroge Allen & Unwin, 1985).

Rhodes, R. A. W., *The National World of Local Government* (Allen & Unwin, 1986a).

Rhodes, R. A. W., ' "Power-Dependence' Theories of Center-Local Relations : A Critical Assessment," in Michael J. Goldsmith, ed., *New Research in Central-Local Relations* (Gower, 1986b).

Rhodes, R. A. W., "The Changing Relationships of the National Community of Local Government, 1970-1983," in Michael J. Goldsmith, ed., *New Research in Central-Local Relations* (Gower, 1986c).

Rhodes, R. A. W., "Territorial Politics in the United Kingdom : The Politics of Change, Conflict and Cordination," in R. A. W. Rhodes and V. Wright, eds., *Tensions in Territorial Politics of Western Europe* (Frank Cass, 1987).

Rhodes, R. A. W., *Beyond Westminster and Whitehall : The sub-Central Governments of Britain* (Unwin Hyman, 1988).

Robson W. A., *Local Government in Crisis* (Allen & Unwin 1966).

Rokkan, S., and D. W. Urwin, *The Politics of Territorial Identity : Studies in European Regionalism* (Sage, 1982).

Rose, Richard, *Territorial Dimension in Government* (Chatam House, 1982).

Rose, Richard, "From Government at the Centre to Nationwide Government," in Yves Meny and Vincent Wright, eds., *Center-Periphery Relations in Western Europe* (George Allen & Unwin, 1985).

Samuels, Richard J., *The Politics of Regional Policy in Japan : Localities Incorporated?* (Princeton University Press, 1983).

Samuelson, Paul, "The Pure Theory of Public Expenditure," *The Review of Economics and Statistics,* Vol 36, No.4 (1954).

Sassen, Saskia, *The Global City : New York, London, Tokyo* (Princeton University Press, 1991).

Saunders, Peter, *Social Theory and the Urban Question* (Holmes & Meier, 1981).

Schattschneider, E. E., *The Semisovereign People : A Realist's View of Democracy in America* (Holt, Rinehart and Winston, 1960).

Schmitter, Philippe C., and Gerhard Lehmbruch, eds, *Trends toward Corporatist Intermediation* (Sage, 1979).

Schmitter, Philippe C., and Luca Lanzalaco, "Regions and the Organization of Business Interests," in William D. Coleman and Henry J. Jacek, eds., *Regionalism, Business*

Interest and Public Policy (Sage, 1989).

Sharpe, L. J., "Theories and Values of Local Government," Political Studies, Vol. 18, No. 2 (1970).

Sharpe, L. J., "Central Co-ordination and The Policy Network," Political Studies, Vol. 33 (1985).

Sharpe, L. J., and Newton K., Does Policy Matter? (Clarendon Press, 1984).

Skok, James, "Policy Issue Networks and the Public Policy Cycle," Public Administration Review, Vol. 55, No. 4 (1995).

Smith, Martin J., Pressure, Power and Policy : State Autonomy and Policy Networks in Britain in the United States (Harverster Wheatsheaf, 1993).

Stewart, John, and Gerry Stoker, Local Government in the 1990s (Macmillian, 1995).

Stockman, David, The Triumph of Politics (Harper & Row, 1986).

Stoker, Gerry, "Introduction : Normative Theories of Local Government and Democracy," in Desmond king and Stoker, eds., Rethinking Local Democracy (Macmillian, 1996).

Tarrow, S,. Between Center and Periphery : Grassroots Politicians in Italy and France (Yale University Press, 1977).

Tarrow, S,. Peter J. Katzenstain and Luigi Graziano, eds., Territorial Politics in Industrial Nations (Praeger, 1978).

Tiebout, Charles M., "A Pure Theory of Local Expenditures," Journal of Political Economy, Vol. 64 (October 1956).

Truman, David B., The Governmental Process : The Political Interest and Public Opinion (Knopf, 1951).

Waldo, Dwight, The Administrative State (Holmes & Meier, 1984).

Weiss, Linda, Creating Capitalism : The State and Small Business since 1945 (Basil Blackwell, 1988).

Williamson, Richard, "Reagan Federalism : Goals and Achievements," in Lewis Bender, ed., Administering the New Federalism (Westview, 1986).

Wilson, James Q., ed., City Politics and Public Policy (John Wiley & Sons, 1968).

Wilson, James Q., ed., City Politics of Regulation (Basic Books, 1980).

Wilson, Woodrow, "The Study of Administration," Political Science Quarterly, Vol. 2 (1887).

Wolman, Harold and Michael Goldsmith, Urban Politics and Policy : A Comparative Approach (Blackwell, 1992).

Wright, Deil S., *understanding Intergovernmental Relations,* 3rd ed. (Brooks/Cole, 1988).

Wright, Deil S., "Federalism Intergovernmental Relations, and Intergovernmental Management : Historical Reflection and Conceptual Comparisons," *Public Administration Review,* Vol. 50, No. 2 (March/April 1990).

Young, Ken, ed., *National Interest and Local Government* (Heinmann, 1983).

Yusuf, Shahid, Weiping Wu and Simon Evenett, eds., *Local Dynamics in an Era of Globalization* (World Bank, 2000).

찾아보기